Heinrich Preschers

Bericht vom Colloquio zu Altenburgk

Heinrich Preschers

Bericht vom Colloquio zu Altenburgk

ISBN/EAN: 9783743603479

Hergestellt in Europa, USA, Kanada, Australien, Japan

Cover: Foto ©ninafisch / pixelio.de

Weitere Bücher finden Sie auf **www.hansebooks.com**

BERICHT VOM COLLOQUIO ZU ALTENBURGK

Artickel aus den Acten des Colloquij.

I.
Was für Ursachen sind/falsche Lere zu straffen vnd zuuerwerffen.

II.
Warumb das Colloquium sey angestellet.

III.
Vom wegziehen aus dem Colloquio.

IIII.
Warumb die Acta im Druck ausgangen.

V.
Bekentnis vom Artikel der Rechtfertigung.

VI.
Vom Verzeichnis wider die Sechsischen.

VII.
Von der Augspurgischen Bekendtnis vnd Locis.

VIII.
Von der Einigkeit.

Vom I. Stück/
Folio 143.

Vrsachen warumb alle falsche Leren/ on ansehen der Person/nach vnd aus Gottes wort zu vrteilen/zuuerwerffen/zu fliehen vnd zu meiden sein.

ERstlich erfordert solchs ernstlich Gottes gebot/Matt. 7. Sehet euch für/vnd hütet euch für den falschen Propheten etc. Es kan sich aber niemand für jnen fürsehen vnd hüten/Es sey denn/das man aus vnd nach Gottes wort sie vrteile/vnd sonderlich erkenne/welches ein verfürischer vñ reissender Wolff sey/ob er gleich in einem schafs beltz verhüllet/vnd in einer Engelischen gestalt/vber querfelt daher streichet/oder im dunckeln schleichet.

So sagt auch vnser lieber HErr vnd höchster Præceptor Jhesus Christus/Joha. 10. Meine schafe hören meine stimme/Einem frembdē aber folgen sie nicht nach. Gal. 1. So auch wir/oder ein Engel vom Himel euch würde Euangelion prediger/ anders/ denn wir euch geprediget haben/ der sey verflucht. Daraus ist ja klar vnd offenbar/ das man wol mag vnd sol vrteilen vnd verdammen/wenn jemand ein falsch Euangelion oder verkerte Lere prediget. Item/der heilige Apostel S. Johannes sagt in seiner andern Epistel ausdrücklich/ So jemand

A ij   zu euch

zu euch kömpt/vnd bringet diese Lere nicht/den nemet nicht zu hause/ vnd grüsset ihn auch nicht etc. Derhalben mag man einen falschen Lerer/ nach S. Johannis/ ja des heiligen Geistes ernstes Gebot/wol richten vnd vrteilen/vnd verwerffen. Item Tito.3.spricht S.Paulus/ Einen ketzerischen menschen meide/wenn er einmal vnd aber einmal ermanet ist/ vnd wisse/das ein solcher verkert vnd sündiget/ als der sich selbst verurteilet hat. Sol man nu ein solchen ketzerischen menschen meiden/ So mus man ja auch aus Gottes wort erkennen/ vnd vrteilen/ welcher ein Ketzer/ Schwermer/ vnd Verfürer sey.

Zum andern/ sol vns auch die liebe gegen Gott billich dazu bewegen. Denn wenn man falsche vnd schedliche Lere duldet/vñ one alle widerlegung frey dahin passiren lesst/ so wird dadurch Gottes ehre/ welche billich seinem befehl nach/in bekentnis/propagation vnd fortsetzung/leuchten vñ scheinen sol/ nicht allein verdunckelt/ sondern auch verhindert.

Zum dritten/ Gott gebeut vnd befihlt ernstlich/ 2. Thessa. 3. Das man sich entziehen sol von allem Bruder/der da vnordig wandelt etc. Viel mehr sol man meiden/ fliehen/ vnd verwerffen/falsche Lere/ welche viel mehr vnd grössern schaden thun/denn die Sünde wider die ander Tafel.

Zum vierdten/ Sol vns auch darzu bewegen die Liebe des Nehesten. Denn weil die Schrifft saget Prouerb.24. Errette die so man tödten wil/vnd entzeuch dich von denen/ die man würgen sol. Sol man derwegen viel mehr falsche vnd verfürische lere verwerffen/ das die Menschen durch Seelengifft/

gifft/nicht in ewigen Tod vnd Verdamnis geraten.

Zum fünfften/Sol man ergernis/vermöge der heiligen Schrifft/auffheben/vnd beseid bringen/ falsche Lere aber sind die allergrösten vñ schedlichste Ergernis. Derhalben sol man/so viel jmer müglich/dieselbig abschaffen.

Zum sechsten/Die Diener des Göttlichẽ worts werden in der Bibel Wechter vnd Auffseher genant/Ezech.3.18. Weil aber kein grösser noch schedlicher fewer in der KirchenGottes ist noch sein kan/ denn falsche verfürische Lere/Derwegen sol man für schedlicher Lere/die Zuhörer mit heller stimme trewlich warnen/vnd schwermerey in der Kirchen nach müglichem vleis tilgen Esa.58. Es werden Lerer vnd Prediger ruffende stimme genennet/vnd nicht *Silentiarij*/die zu allen Sünden vnd Schwermerey stillschweigen/vnd durch die finger sehen/Esa. 40. Item/Sie werden Hirten/wackere vnd bellende Hunde genant/Joh.10. Gebüret jnen derwegen/ das sie die Wolffe/das ist/falsche Lerer anbellen/ vnd dieselbige von der herde Christi abweisen/oder abtreiben sollen/Vnd das man vns nicht schuld gebe/wir brauchen in dem falle zu harte vnd scharffe Schmehewort/So ist jederman wol bewust/das der Herr Christus falsche Propheten vnd verkerte Lerer/selbst Wolffe/Diebe vnd Mörder nennet/ Matth.7. Johan.10.

Zum siebenden/Gehöret zu eines Bischoffes/ vnd eines jeden rechtscheffenen Lerers vnd trewen Seelsorgers ampt/das er nicht allein ob dem wort/ das gewis ist/fest halte/sondern auch/mechtig die

Widersprecher straffe/wie Tit.1.gesagt wird.

Zum achten/ Ist auch ernstlich in der heiligen Schrifft võ Gott verboten/das man nicht auff beiden seiten hinckẽ sol: Item aus einem Munde warm vnd kalt blasen. Item Christum vnd Belial/die Warheit vnd Lügen mit einander conciliren vnd vergleichen/Vnd wenn man sich des vnterstehet/wird dadurch beide Gott vnd seine liebe Kirche beleidiget/vnd ist wenig Glück vnd Segen darbey.

Zum neundten/Wil auch Gott/das man von dem geoffenbarten Antichrist/oder Babylonischen Hure ausgehen sol/Apocal. 18. Wenn man aber falsche Lere/vnd sonderlich diese/Gute Wercke sind zur Seligkeit nötig/beschönet vnd verteidiget/So dienet man dadurch widerumb/vnd thut vorschub dem Antichrist/Derhalben/das es das ansehen mit vertuschung vnd bementelung solcher Irrthumb habe/das es mehr ein Introite/denn Exite sey/Sol man ausdrücklich solche vnd dergleichen falsche Lere verwerffen vnd verdammen.

Zum zehenden/Die Kirchendiener sollen gleich sein/wie die Liechter der Welt/Duces vnd Leiter der Blinden. Wenn man aber falsche Lere nicht ausdrücklich verwirfft/Was ist das anders/denn das angesteckte Liecht vnter einem Scheffel verbergen/vnd des HERRN Christi Schaff im finsternis vnd Irrthumb stecken vnd verderben lassen.

Zum eilfften/Des Göttlichen Worts vrteil sol man keines weges verbergen oder einstellen/Irrthumb aber vnd falsche Lere verdammen/ist
Got-

Gottes Gericht selbst. Vnd Actor. 15. Roma. 3. 4.
Galat. 2.3. Ephes. 2. vnd anderswo mehr sind D.
Maioris/ vnd dergleichen vngereimbte Paradoxa/
vnd schedliche Schweren/ schon geurteilet vnd ver=
dampt/ auch nach D. Maioris bekendtnis vnd Vr=
teil selbst. Denn Maior selbst in der Disputation
vber die Epistel zun Römern schreibet/ das die fal=
schen Aposteln geleret haben/ Das gute Werck zur
Seligkeit nötig sind. Derwegen solten Gottes des
obersten HERRN Sententz vnd Vrteil/ seine Le=
gaten vnd Diener eröffnen/ vnd nicht verbergen.

Zum zwölfften/ Welche Menschen zu gefal=
len/ nicht ausdrücklich falsche Lere straffen/ ver=
werffen/ vnd verdammen/ die ehren Menschen
mehr/ denn Gott den HERRN. Paulus aber pro=
nuncijrt vnd saget das Widerspiel/ Galat.1. Wenn
ich Menschen gefellig were/ so were ich Christus
Knecht nicht.

Zum dreizehenden/ Gott der HERR drewet
grewliche vnd schreckliche Straffe/ nicht allein
den Anfengern vnd Stifftern/ Sondern auch den
Vertrettern/ Verfechtern/ Vertuschern vnd Fortse=
tzern der Irrthumen/ Wie Esai am 5. geschrieben
stehet/ Wehe denen/ die böses gut/ vnd gutes böse
heissen/ die aus Finsternis Liecht/ vnd aus Liecht
Finsternis machen/ die aus sauren süß vnd aus
süsse saur machen.

Zum vierzehenden/ Wenn man die Kirche Chri=
sti in Irrthum vnd falscher Lere stecken lesst/ vnd
dahin arbeitet/ das die jungen Leute *Semina errorum*/
oder Samen der irrthum/ haß vnd widerwillen ge
gen rechtschaffene getrewe Lerer schöpffen/ bey vn
A iij   mit

mit sich schlept/Das ist eine solche Sünde/welche
sich zu vnd auff viel menschen/ja alle Nachkomen
erstrecket/dafür billich jederman von gantzem hertzen erschrecken/vnd sich entsetzen solte.   Aber wir
wollen mehr Vrsachen auff dismal nicht erzelen.
Aus betrachtung solcher vnd dergleichen Vrsa-
chen/solten die Herrn Collocutorn billich bewo-
gen werden/Das sie falsche Lere vnd vnrechte
meinung/ja nicht mit jren Glossen vnd deuteln be-
menteln/noch ein gros bedencken hettē/was falsch
vnd vnrecht ist zuuerwerffen/vnd zuuerdammen/
Es treffe gleich Maiorem oder Minorem an.

Wir bitten aber die Herren Collocutorn/das
sie solche gute trewhertzige *Commonefaction* vnd erin-
nerung/im besten verstehen vnd auffnemen wollen.
Denn wir jnen ja von hertzen alles gutes an leib vñ
seel wündschen vnd gönnen/Vnd sein des gewis/ob
wir gleich nicht so grosses ansehens/noch mit solchen gaben als sie/begnadet sein/so rathen wir jnen
doch nichts böses noch schedliches. *Hactenus Acta.*

Vom 2. Stücke.

Warumb das Colloquium sey an-
gestelllet. Folio 1.

Nach dem ein zeitlang anhero in der Chur vñ
Fürsten zu Sachssen landen vnd Fürsten-
thumen/etlicher Religions artikel halben/
Irrunge vnd Spaltunge vnter den Schulen/Kir-
chen/vnd Predigern/der gestalt fürgefallen/das
ein Teil dem andern allerley Irrthum/Corruptelen
vnd abfall von der Augspurgischen Confession/zu-
meisten

meſſen wollen/Welchs aber hinwider die andern
nicht geſtendig geweſen/Daher Schrifften vnd
Gegenſchrifften/Abdruck vnd Gegenabdruck er‑
gangen/Vnd dann vnſere gnedigſte vnd gnedige
Herren/Herr Auguſtus/Hertzog zu Sachſſen
Churfürſt/vnd Herr Johan Wilhelm/Hertzog zu
Sachſſen/ſo viel befunden/das ſolche dinge zu kei‑
ner Erbawunge gereichen/Auch die ſonderliche ho‑
he Notturfft erfordert/Das zu Ausbreitung des
wort Gottes/vnd der Augſpurgiſchen Confeſſion/
zwiſchen den Schulen/Kirchen/Predicanten vnd
Theologē dieſer Landen/Chriſtliche einigkeit durch
Göttliche gnade vnd verleihunge geſtifftet/vnd rei‑
ne Lere des Göttlichen worts/gleichförmig erhal‑
ten/vnd auff die Nachkomen gebracht werde.

Als haben hochgedachte Chur vnd Fürſten vor
gut vnd rathſam angeſehen/Das ſie jre Chur vnd
F.G.etliche fürneme/gelerte/ſchiedliche Theolo‑
gen/ſampt politiſchen Rethen/zuhauff ordenen/
vnd denſelbigen Befelh geben wolten/von den ein
gefallenen ſtreitigen Artikeln freundlich/Chriſtlich
aus Gottes wort zu colloquiren/zu vnterreden/vnd
ſo viel müglich/ſich zuvergleichen. Hactenus Receſſus.

Vom 3. Stück.

Vom wegziehen aus dem Colloquio.
Folio 476.

As ſie aber das ende des Colloquij nicht er‑
wartet/das abgeriſſen/zum Thor ausgezo‑
gen/Iſt vns jrent halben nicht lieb/Achten
auch/das es von niemand gelobet könne werden.

B Denn

Denn das es jnen nicht gebüret/noch wol angestanden/also davon zu ziehen/sind diese warhafftige/beständige/vnd erhebliche Vrsachen.

Als erstlich/das im anfang der Vertrag auffgerichtet/das man von dreien Artikeln solte mit einander conferirn/vnd handeln. Derwegen sie wider den ersten Vertrag/ für F. D. eingangen vnd bewilliget/mit jhrem wegziehen gehandelt.

Fürs ander/Das in werendem Colloquio/solcher Artikel zum andernmal ernewert/beliebet/gewilliget/vnterschrieben/als den 8. Novembris Anno 1568. Vnd lauten die wort des fünfften Artikels also. Das kein Theil des Colloquium abrumpiere/Es sey deñ von allen dreien Artikeln zugleich/nach dem Proceß vnd Forma/wie jtzt gemeldet/colloquirt/Es sey auch die Vergleichung in einem oder mehren Artikeln getroffen oder nicht. Das ist der Artikel. Derwegen haben die Theologi/so zum Thor ausgezogen/vnd des Endes nicht erwartet/wider jre zusage/vnd den wol auffgerichten Vertrag gethan.

Fürs dritte/Sind sie one bewilligung E. F. G. die selbst gegenwertig/ja ehe dann E. F. G. jre meinung davon erkläret/zum Thor ausgefahren/vnd darinnen E. F. G. nicht fast sehr geehret.

Fürs vierdte/Haben sie nicht alleine solches nicht/an gebürlichem Orte zu erwegen/vorbracht/Auch nicht jrer Gegencollocutorn Resolution/bedencken vnd Antwort gehöret/Sondern auch das Recht/so sie selbst auff jre *Hypotheses* gebraucht/vns abgekürtzt/vnd mit der that benemen/vnd der Antwort auff jre *Notationes* nicht wollen erwarten/wie

sie

sie doch von E.F.G. darumb gnediglich beschickt
vnd ersucht/ vnd also vnuersehens/ vnuermelter
zeit/auffgebunden/vnd zum Thor ausgefahren.

Fürs fünffte/ Das jre eigene Politische Rethe
klar für E.F.G. bezeuget/ das jre Theologi wider
jren willen abgezogen/ Vnd sie für jre Person gerne
gesehen/ das sie ausgewartet/ Aber sie hetten sie
nicht halten können.

Fürs sechste/ Das der Churfürst die Theologen
nicht abgefordert/ Sondern sie selbst aus jrem eigenen Vornemen/ semptlich also ausgebrochen/
vnd das Colloquium/in deme sie zum Thor ausge-
faren/zubrochen/zurschlagen/ vnd abgerissen/ vnd
deme nicht auswarten wollen.

Fürs siebende/ Das sie wol hetten können blei-
ben/ vnd durch Brieue oder Abschickung einer oder
zwo Personen/eine Resolution könne holen/in massen sie es vormals in diesem Colloquio gethan/ vnd
hetten nicht semptlich dürffen zum Thor ausfah-
ren/ vnd alles auffladen/ allen Vorrath der Speise
vnd Tranck verkeuffen etc. Vnd haben in dem Falle die Herren Politischen Rethe bedacht samer ge-
than/welche one E.F.G. gnedige Erleubnis nicht
haben wollen abreisen.

Fürs achte / Das ja so nötig were gewesen/von
den folgenden Artikeln/ nemlich vom Freien Wil-
len/ vnd von den weichungen in Adiaphoris zur
zeit des Interims geschehen/zu handeln/als von
der ersten. Aber sie haben das Liecht/ so jhnen vnter augen scheinen/ vnd die Irrthume vnd Felle be-
leuchten/ vnd anzeigen/ vnd von der Busse jhnen
predigen würde/ nicht wollen erwarten. Denn sie

B ij   jre

jre sünden vnd gegebene Ergernis beschönen vn̄ preisen wollen/Vnd sind nicht gesinnet/das Peccaui mit dem lieben Dauid zu singen etc.Wollen lieber Gottes vrteil erwarten/darauff sie mit eisern Stirnen appelliren/Das wir dann jnen nicht gönnen.

Ach lieber Gott/Wenn wir armen vnd verachten Schülerlein vnsers HErrn Jhesu Christi/einen solchen Ausriß gethan/vnd wider zwiefeltige vertrege/wider E.F.G. vnd der Gegencollocutorn wollen/gleich mitten also im Colloquio/da nicht von priuat/sondern von den hochwichtigsten Sachen der Kirchen Gottes gehandelt ward/zum Thor vn verseilener weise ausgelauffen/oder ausgeflogē weren/Was würden sie für ein Frendengeschrey bereit langst in die gantze Welt/durch Schrifften/lateinisch/deudsch/Verse/Reime/gros/klein/Præceptores, Scholastici, mit Gemelden vnd arcubus triumphalibus, auff Merckten vnd allenthalben/ausgestrewet haben/Alle Boten wereen zu wenig dazu gewesen. Es hetten alle Hunde vnd Katzen/vns(mit züchten) müssen miehren: Aber nu sie Gott hat lassen in die sünde fallen/vn̄ jr hertz mit panicis terroribus/das ist/ mit plötzlichem Schrecken geschlagen/das sie im Colloquio nicht haben lenger dauren vnd harren können/So schemen sie sich doch gar nichts/Sondern prædicant/sie preisen vnd rhümen noch dazu jre Mißhandlung/vnd müssen eitel gute Werck jnen zur seligkeit nötig/eitel Ehre bey Gott vn̄ menschen sein/ vrsache/denn sie können nicht sündigen. Sie lauffen aus den Schrancken die künen Helden vnd Fechter/vnd ausserhalb denselben/in jren Löchern schreien sie:

en sie nun/ *Iò Pæan, Iò Victoria, Iò Triumphus.* Wir meinen die Helden haben gestritten/ vnd gewonnen/ in dem sie zum Thor ausgezogen. Derwegen sie das Krentzlein vnd Ritterslohn jtzt haben wollen.

Vom 4. Stücke.
Warumb die Acten im Druck ausgangen.

In Præfatione.

Vrsachen/
Warumb die Acta Colloquij zu Altenburg gehalten/ nicht sollen vnterdruckt/ Sondern der gantzen Kirchen Christi/ im Druck offentlich fürgetragen werden.

ZVm ersten/ Weil in den Actis Colloquij beide Teil sich beruffen auff das vrteil der Christlichen Kirchen/ wie solches vnzehlichmal darin zu befinden. Dennach bringt das Colloquium/ laut des Buchstabens/ mit sich/ Das die Acta des Colloquij durch den Druck/ der gantzen Christenheit offentlichen fürgetragen werden/ Damit ein jeder nach der geraden Regel des Göttlichen worts vrteilen möge/ nach dem Spruch Pauli/ Prüfet alles/ vnd das gute behaltet/ 1. Thessal. 5. Wenn aber die Acta solten vntergeschlagen oder verhalten werden/ Was were denn not gewesen/ das beiderseits Theologi so ernstlich vnd offt/ auff das Vrteil der Christlichen Kirchen sich referirt/ oder beruffen hetten? Nu ist dieses auch vnleugbar vnd klar/

Das//

Das/weil die Acta so lang vnd weitleifftig/kein ander Weg sey/dieselbe der Christlichen Kirchen für die Augen zu stellen/denn durch den Druck.

Zum Andern/Hat man sich im Colloquio nicht anders zum stilschweigen verbunden/denn so lang das Colloquium/so damals im Werck war/wehrete/Nach demselben wolte man die Acta der Kirchen mittheilen/wie es die Notdurfft vnd hochwichtigkeit der Sachen erfordert.

Zum Dritten/Ist es alle zeit in der Kirchen Gottes/welche vom offenbarten Antichrist ist ausgangen/gebreuchlich/nötig/vnd nützlich gewesen/ das man die Colloquia in Religions Sachen gehalten/hat im Druck lassen ausgehen/vnd der gantzen Christenheit mitgeteilet/danon nach Gottes wort zu richten. Derwegen solche lobliche vnd hoch nötige weise noch zu halten.

Zum Vierden/Ist dieses nicht eine priuat noch heimliche Sache/welche nur die wenigē Personen/ so in dem Colloquio gewesen/antreffe/Sondern ist eine publica & communis causa totius Ecclesiæ Christi, das ist/ Es ist ein offentliche vnnd gemeine Sache/ betreffend die gantze Christenheit/welche reine Lere durch Gott offenbaret/hat angenomen/liebet/ vnd bekennet.

Darzu/so erfordert die Kirche von vielen Ortern her/Rechenschafft vnd Bericht/als in einer gemeinen vnd offentlichen Religionssachen/Vnd wil wissen/wie vnd was darinnen gehandelt sey worden/wie solchs die stetigen Schreiben vnd ernsten anforderung so vieler Christen beweisen. Denn es ist jnen auch zum höchsten daran gelegen/Sie haben

haben/auch ausdrücklich in jren Gemeinen/für das vorstehende Colloquium gebeten. Ja sie klagen vns mit hefftigen worten an/Das wir die Acta von gemeiner der Kirchē sachen/so lange hinterhalten/vñ nicht durch den Druck jnen/wie es billich mitteilen.

Nun spricht S.Petrus/das man bereit sol sein/einem jeden/der es fordert/Rechenschafft des Glaubens zu geben. Weil dann viel Kirchen solches erfordern/So ist ja kein ander vnd besserer Weg/denselben die warheit des Colloquij zu berichten/denn durch den Druck/Sintemal ja ein jeder vernünfftiger wol zu erachten/das solche weitleufftige Acta vnmüglich ist/so offt als es von nötē/abzuschreibē.

Zum fünfften/Erfordert solches Gottes Ehre/ vnd die bekentnis (welche nicht ein Adiaphoron oder frey Mittelding ist) das man die Warheit der Actorum in diesem Colloquio nicht vnter die Banck stecke/sondern der gantzen Christenheit leuchten lassen/wie der HERR Christus selbst spricht/Es mag die Stadt/die auff einem Berge ligt/nicht verborgen sein. Man zündet auch nicht ein Liecht an/vnd setzet es vnter einen Scheffel/sondern auff einen Leuchter/so leuchtet es den allen/die im Hause sind. Also lasset ewer Liecht leuchten für den Leuten/das sie ewer gute Wercke sehen/vnd ewren Vater im Himel preisen/Matth.5.

Zum sechsten/Jenes Theil hat bisher viel vnförmliche Reden/Brieue/Schrifften/in gantz Deudschland ausgesprenget/wie offentlich/vnd vnleugbar. Ja es hat M.Selnecker nicht allein in stehenden Colloquio/wie in seinem gedruckten Comment in Esaiam zu sehen/die Personen dieses Teils

„ Teils mit vnerbarlichen verkerungen der Namen
„ angetastet/ vnd auch die Sachen vnd Disputation
„ selbs felschlich vnd vnrecht/on alle schew/ für Gott
„ vnd Menschen/ angezogen vnd gelestert/ Sondern
„ auch hernachmals widerumb im Druck/ als im
„ Comment in Genesin/vnd andern seinen Tractetlin
„ die Heubtsachen schendlich verkeret.

Derwegen die höchste vnd vnuermeidliche notdurfft erfordert/Das die Acta des Colloquij gantz ins liecht herfür komen/das jederman sehen/lesen/ vnd vernemen müge/ was beiderseits von den Religions sachen herfür bracht / damit niemand seine zunge zur falscheit vnd lesterung gebrauchen lasse. Denn es heisset ja das achte Gebot/ Du solt nicht falsch zeugnis geben. Item/ Ein falsche zunge bleibet nicht vngestrafft. Item/ Wer ergert dieser geringsten einen/die an mich gleuben/deme were besser/ das ein Mülstein an seinen hals gehengt würde/vnd er ersenfft würde im Meer/da es am tieffsten ist/ Matth.18.

Zum siebenden/ Jenes Theil hat nicht allein dem von beiderseits Theologen/ verwilligten Vertrag im 5.Artikel zuwider/das Colloquium abrumpirt/Sondern auch flugs darauff einen Synodum gehalten/von jres Teils Superintendenten/vnd dieses Teil mit einer Schrifft oder Decret damnirt.

Solche Partial/vnd von jrem eigenen Teil gefellte Verdammung/ hat man als bald in Stedte/ Fürsten/ vnd anderer grossen Herren Höfe/ so fern als man nur gekönnet/spargirt/ ausgeschickt/vnd fürbracht/da doch beide teil sich auff das vrteil der Christlichen Kirchen beruffen haben. Es

Es haben auch die Consistoria vnd Superintendenten/ den Pfarrherrn vnd Dienern des Göttlichen worts/ solch Decret/ Sententz vnd Verdammung der Actorum dieses Teils fürgehalten/ vnd suffragia decretorum/ das ist/ beypflichtung der verdammung/ wider die einbringen dieses Teils/ erfordert vnd begeret.

Derwegen erfordert ja das *Ius gentium* aller welt/ vnd das natürlich Recht/ alle billigkeit vnd gleichheit/ das die *Acta Colloquij* gantz herfür komen/ vnd die gantze Christenheit recht vnd gründlich/ nach Gottes wort richten vnd vrteilen müge/ vñ niemand sein Gewissen in deme/ das er nicht gesehen noch gelesen hat/ vertieffen oder beschweren dürffe. Vñ weil man so offentlichen fortferet/ Ists recht vnd billich/ das die *Acta* auch offentlich an den tag gegeben werden.

Zum achten/ Weil Streitbücher von dieser sachen nicht nachbleiben werden (Denn jenes Teil treibet solches on vnterlas/ als M. Selnecker/ D. Pfeffinger in jren gedruckten Büchern/ Johannes Maior in seinen *libellis famosis* vnd Lestercharten/ andere in jren Orationen etc.) So müssen ja beide Teil auff die *Acta* sich referirn/ wie allbereit M. Selnecker gethan. Derwegen ist nötig/ das die Acten offentlich ausgehen/ damit jederman sehen müge/ was warheit vnd was vnwarheit sey/ vnd des liegens vnd lesterns ein mas oder ende sein möge. Denn weil die Acta verborgẽ sind/ so nemen jnẽ etliche vnverschempte vnd freche Gesellen das maul mit tichten/ liegen/ vnd schmehen vol/ betrüben vnd verfüren viel einfel-

einfeltiger/vnd bringen viel sünde zu wegen/welche sonsten wol möchten nachbleiben.

Es ist auch sonsten in weltlichen Sachen billich/den Vnterthanen/so beschüldiget werden/ gleichmessige entschuldigung zu gestatten.

Zum neunden/ist solches auch vmb der Nachkomenden willen nötig. Denn ja dieses Colloquium nicht heimlich gehalten worden/sondern in gantz deudsch vnd andern Landen vnd Ortern erschollen. Damit man nicht durch vnrechte Bericht etwas falsches möchte geschrieben werden/Erfordert die vnuormeidliche Notdurfft/das man die Acta publicire vnd auslasse gehen/auff das vnsere Nachkomenden klerlich sehen vnd wissen mögen/ was man gehandelt/wie ferne man von einander gewesen/oder wie nahe man zusamen in diesen hochwichtigen Religions streiten komen sey.

Zum zehenden/bezeuget jenes Teil ja selber/Sie tragen der Acten Colloquij gar keinen schew. Es haben sich auch etliche vernemen lassen/in offentlichem Druck/das man die Acten würde ausgehen lassen/welches wir denn niemals gewehret/sondern bisher stets darauff gewartet haben. Derwegen auch die Publication Actorum nicht kan wider den Gegenteil geachtet werden. Vnd weil ein jedes Teil des andern vbergebene Handschrifften hat/ist sich auch keiner verfelschung zu befahren.

Was der Politischen Abrede betrifft/wird hernach etwas dauon gemeldet werden.

Was die Papisten anlangt/das dieselbe sich vber solcher zwispalt frewen werden/ist die Warheit/das die Sachen bereit von vielen jaren anher-
offen-

offenbar. Vnd das die Papisten auch in den Actis/
widerlegung jrer Gründe sehen werden. Vnd sol
die Warheit bekandt werden/ damit die Kirche
Christi vnterscheid zwischen warer vnd falscher Lere wissen vnd behalten möge.

Aus solchen gegrünten/ bestendigen/ vnd wichtigen Vrsachen/ ist klar vnwidersprechlich/ das
Gottes des Allmechtigen ehre/ der Kirchen vnd vnser Gewissen notdurfft/ ja auch vnserm nachkomenden sehr viel vnd hoch dran gelegen/ das die Acta
Colloquij durch den Druck offenbar/ vñ allen Chri
sten/ nach dem Catechismo vnd Gottes wort/ zu erkennen vnd zu vrteilen fürgelegt werden. Vnd das
solche Publication one verletzung Göttlicher Eh-
ren/ one schaden der Christlichen Kirchen/ one ver-
wundung guter Gewissen/ vnd one merckliche ver-
lengung der Warheit/ nicht könne vnterlassen werden.

Denn durch freie Bekentnis der Göttlichen
Warheit/ vnd notdürfftige widerlegung der Irr-
thume/ nimpt Gottes Reich zu. Aber mit verbergen oder vermenteln der Corruptelen vnd jrrthume/
nimpt es abe/ wie die stetige Historien der Kirchen
Gottes zu allen zeiten ausweiset.

Der Son Gottes Jhesus Christus erhalte
seine Warheit/ die er vns aus gnaden offenbart/
Vnd wehre allen Irrthumen vnd verfelschun-
gen/ vmb seines heiligen Namens/ vnd
vieler leute heil vnd Seligkeit
willen/ Amen/ Amen.

C ij Beken-

Vom 5. Stücke.
Bekentnis von der Rechtfertigung.
Folio 4.

THESES.

Wie wir anfenglich protestirt/ Also widerholen wir solches jtzt mit gantzem ernst/ vnd klaren worten/ Das wir von gantzem hertzen annemen/ für gewis vnd war halten Gottes wort/ in der Propheten vnd Apostel schrifften begrieffen/ die drey Symbola/ das Apostolicum/ Nicenum/ vnd Athanasianum/ Desgleichen die Augspurgische Confession/ wie die Anno 1530. Kay. Carolo dem 5. vbergeben/ vnd derselbigen Apologia/ die Schmalkaldischen Artikel/ vnd Schrifte des thewren Mans Gottes Doctoris Martini Lutheri. Vnd verdammen dagegen alles/ was dieser Norma oder Richtschnur entgegen vnd zu wider.

Denn wir gedencken keine newe Confession oder Bekentnis hiemit zu stellen/ Sondern bleiben bestendiglich bey der alten vnd waren/ wie oben genennet/ Vnd wollen auff dismal eben dieselbige Lere/ nur einfeltig/ kürtzlich/ vnd on alle arge list widerholen.

So viel nu den Artikel der Rechtfertigung des Sünders für Gott belangt/ leren wir nach der Richtschnur/ von vns droben gesetzt/ Das Gott sey/ der vns gerecht macht: Roma. 8.

Vnd das die Gerechtigkeit des armen Sünders für Gott/ sey das Leiden vnd Gehorsam Jhesu Chri-

hristi/ oder die erfüllung des gantzen Gesetzes/ võ
dem HErrn Christo volkömlich geleistet/ an stat
vnd von wegen des gantzen menschlichẽ geschlechts/
welche aus lauter gnade vnd barmhertzigkeit/ ge=
schenckt vnd zugerechnet wird/ deme/ der an jn gleu=
bet/ Matth.5. Rom.3.4.8.

Daher wird es auch eine zugerechnete Gerech=
tigkeit genant/ vnd eine gnedige vergebung der sün=
den/ davõ der Apostel S. Paulus Rom.4. einen für=
trefflichen Spruch setzet: Deme aber (sagt er) der
nicht mit Wercken vmbgehet/ gleubet aber an den/
der die Gottlosen gerecht macht/ dem wird sein glau=
be zugerechnet zur Gerechtigkeit. Item/ Die Se=
ligkeit ist allein des Menschen/ welchem Gott zu=
rechnet die Gerechtigkeit/ ohn zuthun der Werck/
Psalm.32. Rom.4. Der Man Gottes D. Lutherus
nennet sehr eigentlich diese Gerechtigkeit *Iusticiam
passiuam*, vnd vnterscheidet sie von der *iusticia Actrua*/
nemlich so viel als vns betrifft.

Wir halten aber vnd bekennen/ das diese Rede
gewis vnd war sey/ Allein der Glaube an Christum
macht vns gerecht vnd selig. Vnd das zwene grund
feste des Glaubens sind/ nemlich Gottes vberschwẽ=
gliche Barmhertigkeit im Euangelio verheissen/
vnd das verdienst Jhesu Christi/ Johan.3.

Durch diese Gerechtigkeit nu/ die durch das
Blut vnd Tod Christi erworben/ vnd vns durch den
Glauben geschenckt vnd zugeeignet wird/ Halten
wir vnd gleuben/ Das wir armen Sünder für Gott
gerecht geschatzt/ vnd angenomen werden/ einen
gnedigen Gott haben/ vnd des ewigen Lebens Er=
ben sein werden.

C iij

So leren wir auch von der ordnung der Bekerung/das Gott durch das wort vnd die Sacramenta/die armen sündigen Menschē bekeret/also/Das er durch die stimme des Gesetzes straffet die Sünden/vnd tödtet vns. Durch die stimme aber des Euangelij/eignet er vns zu vergebung der Sünden/aus gnaden durch Christum.

Das Instrument aber oder Mittel/damit wir die gnedige vergebung der Sünden ergreiffen/Leren wir/das es sey alleine der Glaube/welcher Gottes gabe ist/vnd kein ander gut Werck oder verdienst des Menschen.

Also leren wir auch von den Früchten der Rechtfertigung/Das Gott durch den Glauben in vnserm hertzen wonet/das der heilige Geist gegeben werde/das das Hertz mit freude vnd friede erfüllet werde/vnd einnewer Gehorsam folge etc.

Von guten Wercken leren wir/das nach dem Spruch Augustini/die guten Wercke nicht vorher gehen für der Rechtfertigung des Menschen/Sondern als denn erst/wen̄ der Mensch durch den Glauben ist gerecht worden/als Früchte folgē/Vnd das sie von der zugerechneten Gerechtigkeit/zu vnterscheiden sind/wie der Baum vnd seine Früchte/Item die vrsach vnd jre Wirckung. Auff diese weise redet auch der Man Gottes D. Lutherus/Der gerechtfertigte Mensche thut gute Werck/Aber gute Werck machen keinen gerecht.

Dennach sind gute Wercke nötig/Weil sie Gott geboten/vnd das die Art eines guten Bawms ist/gute Früchte zu bringen/vn̄ das Gott dadurch wil gepreiset sein/Matth. 5. Vnd in diesem vnd
künffti-

ifftigen Leben jhre belohnung/aus gnaden ha-
. Endlich/das wir nicht durch Sünde wider
 Gewissen/in Gottes zorn vnd straffe fallen/
 Göttliche gnade vnd gabe verlieren. Denn wo
 rechtschaffene Glaube ist/da bringt er auch gu-
 rüchte/wie ein guter Baum zu thun pflegt/das
 Er beweiset sich durch gute Wercke/welche sind
chte des Geists/Galat.5. Die bösen früchte a-
/sind eine anzeigung/das der rechte Glaube ver-
chen sey.

Gute Wercke heissen wir die/so in zehen Gebo-
fürgeschrieben/vnd an vielen Orten in der heili-
 Schrifft erkleret sind/beide innerliche vnd eus-
iche/Vnd sind demnach gute Wercke/welche
 Gott geboten/vnd geschehen im Glaubē/Gott
hren/vnd dem Nechsten zu dienste.

Aber ein gerechtfertigter vnd newgeborner
ensch/kan vnd vermag in diesem Leben/mit sei-
 guten wercken/das Gesetz Gottes volkömlich
t erfüllen. Bleiben derhalben/vnd sind auch
 gerechtfertigten gute Wercke vnuolkomen/So
g als sie hie in diesem sündlichen vnd zeitlichen
be vnd Leben wallen.

Sie gefallen aber Gott/vnd sind gut durch den
auben an Christum/nach dem Spruch 1.Pet.2.
opffern geistliche gaben/die Gott angenem sind
ch Jhesum Christum.

So ist auch daran kein zweiuel/das die Gott-
gkeit (durch welches wort allhie alle gute Wer-
/beide der ersten vnd andern Tafeln verstanden
rden) zu allen dingen nütz sein/vnd habe die ver-
ssung dieses vñ des zukünfftigen Lebens 1.Ti.4.

C iiij   Diese

Diese Lere halten wir warhafftig/gewis/vnd vnwandelbar/ der heiligen Schrifft/ Augspurgischer Confession/vnd schrifften D. Lutheri gemes/ Ziehen sie auch nicht in einen zweiuel/ Können auch nicht zulassen/das sie jemand zweiuelhafftig mache.

Antitheses oder Gegenlere.

Dieser waren/heilsamen vnd vnbetrieglichen Lere/ sind nachfolgende jrrige meinungen/ gantz vnd gar zu wider vnd entgegen/ die wir auch darumb als falsch vnd jrrig/hiermit offentlich verwerffen/Als:

1. Das man leret/das der Mensch Gottes gesetz erfüllen/vnd also durch solchen seinen eigenen gehorsam/könne für Gott gerecht vnd selig werden. Dann die wort hell vnd klar sind/das S. Paulus spricht/Denn das dem Gesetz vnmüglich war/ (sintemal es durch das fleisch geschwechet war) das that Gott etc. Rom.8.

2. Das der Mensch wol anfenglich *in primo actu*, aus lauter gnaden vnd barmhertzigkeit Gottes gerecht werde/Aber hernach/nach dem er einmal durch Christum ist gerecht worden/vnd habe die erste Rechtfertigung bekomen/Als dann könne er für der durch seine eigene Werck/die Gerechtigkeit/so für Gott gilt/erwerben vnd vollenden. Denn gewis vnd war ist/das wir allein durch Christi gerechtigkeit für Gott gerecht sind/Rom.5.

3. Das wir zugleich aus gnaden vnd guten wercken/oder durch die zugerechnete/frembde/vnd geschenckte Gerechtigkeit Christi/vnd eingegossene/ angez

ngefangene Gerechtigkeit/oder angefangene new
Gehorsam/ vñ *fidem formatam charitate*, das ist kurtz
reden/durch den Glauben vnd gute Wercke zu
leich/für Gott gerecht werden. Dann Paulus ja
usdrücklich sagt: So durch das Gesetz die Gerech
gkeit kömet/ so ist Christus vergeblich gestorben/
al.2. Item/ Ir habt Christum verloren/die ihr
rch das Gesetz gerecht werden wolt/vnd seid von
r gnade gefallen.

Das wir FVRNEMLICH durch den
lauben gerecht werden/ Dan dis wörtlin PRÆ=
PVE/ in allen Sprachen eine vergleichung bedeu=
t. Darumb weil man sagt/das wir FVRNEM
ICH durch den Glauben gerecht werden/ So
lget daraus/ das wir auch für Gott durch gute
)erck gerecht werden/ Wo nicht fürnemlichen
ntz vnd gar/doch etlicher massen vnd zum teil.

Das die zugerechnete vnd geschenckte Gerech
gkeit Christi/welche wir allein durch den Glau=
n ergreiffen/ vnd an vns bringen/in diesem Leben
olkomen sey/Vnd das wir dieselbige nicht ha=
n in Re warhafftig/vnd in der that/Sondern nur
der blossen Hoffnung/ Da doch Paulus klar
richt/ Nu wir denn sind gerecht worden durch
n Glauben/so haben wir friede mit Gott Rom.5.

Das wir wol aus gnaden/ALLEIN durch
n Glauben gerecht werden/ Aber gleichwol gute
erck zur seligkeit von nöten sind/Da doch Paulus
it hellen dürren worten spricht/ Aus gnaden seid
selig worden / durch den Glauben/vnd dasselbige
cht aus euch/Gottes gab ist es/nicht aus den wer
en/ auff das sich nicht jemand rhüme/Eph.2.

D   7. Das

7. Das die guten werck ein stück vnd teil sind vnser Gerechtigkeit/ dadurch wir bey Gott gerecht
werden/Da doch S. Paulus alle vnsere wercke von
der Gerechtigkeit/die für Gott gilt/ dadurch wir
vergebung der Sünde haben/ gantz vnd gar aus-
schleusst/ vnd das darumb/ Auff das die Verheissung fest bleibe/ vnd die erschrockene Hertzen/ gewissen vñ bestendigen Trost haben mögen/Rom. 4.
Derhalben mus die Gerechtigkeit durch den Glauben komen/auff das sie sey aus gnaden/vnd die verheissung feste bleibe allem Samen.

8. Das wir durch den Glauben vnd das Bekent-
nis/die Gerechtigkeit vnd Seligkeit ergreiffen/vnd
an vns bringen müssen/ Da doch die gantze heilige
Schrifft/solches durchaus alleine dem Glauben zu-
schreibet/ Johan. 3. Rom. 3. Item Luce 17. Dein
Glaub hat dir geholffen.

9. Das man in der Rede vnd Lere: Wir werden
allein durch den Glauben gerecht/vber dem Wort/
SOLA/ Alleine/ auch zu der zeit/ da man sonderlich
mit den feinden Göttlicher warheit dieses hochwichtigen Artikels halben zu thun /nicht streiten sol/
Da doch eigentlich der gantzen Heubtsach an diesem einigen kleinen wörtlin/ mercklich viel gelegen/
vnd die heilige Göttliche Schrifft dis vnd dergleichen wörter viel hat/ vnd offt gebrauchet vnd trei-
bet/als da sind/ἐὰν μή, Es sey dann/*Tantum*/nur/al-
leine/one Gesetz/one Werck des Gesetzes/aus Gna-
den/ vmb sonst/ Vnd Ambrosius (wie dieser sein
Spruch in der Augspurgischen Confession angezogen worden) Redet gleichfals gar wol vnd Christlich mit diesen worten: Dis ist von Gott also be-
schlos-

schlossen/Das/Wer an Christum glewbet/selig sey one Werck/allein durch den Glauben/vnd sonst empfahend vergebung der Sünden.

10. Das wir durch die wesentliche Gerechtigkeit Gottes/ die vns bewegt gut zu thun/ für Gott gerechtfertiget werden. Aber Paulus bezeuget mit dürren worten/ Das wir durch den einigen Gehorsam Christi/gerecht werden/ Rom. 4.5.

11. Wir verwerffen vñ verdamñen auch/als falsch vnd irrig/die ertichten Trewme der Papisten/ *de merito congrui & condigni*, Das ist/Wenn der Mensch thet/ so viel in jm were/ so würde jm Gottes gnade gegeben/nicht aus verdienst oder pflicht/ sondern aus Gottes güte. Wenn aber der Mensch die erste gnade empfangē hette/Als dann thete er was Gott gefiele/ vnd verdienete das ewige Leben.

12. Wir verwerffen auch ferner der jenigen *opiniones* vnd meinung/die da leren/Das gute werck nicht nötig sind. Dann Paulus saget ausdrücklich/*Debitores sumus*, Wir sind Schüldener/Rom. 8.

13. Item/Das ein Christe selig werde/ er lebe vñ thue was er wölle. Dann Paulus spricht/Die solches thun/werden das Reich Gottes nicht ererben/ Galat.5.

14. Das jm ein jeder mensch aus eigener andacht vnd guter meinung/gute Werck/Gott damit zu dienen/erwelen mag/ da doch Christus ausdrücklich sagt/Vergeblich dienen sie mir/dieweil sie leren solche Lere/ die nichts denn Menschen Gebot sind/ Matth. 15.

15. Das der Gerechtfertigte vnd Widergeborne

Mensche/Gott das seine/vnd den Menschen auch das jre geben könne. Da doch Dauid schreiet/vnd spricht/Ach HERRE/gehe nicht ins Gericht mit deinem Knechte.

16. Das gute Wercke zur Seligkeit nötig sind/ Vnd das also vnmüglich/ ohne dieselben selig zu werden/ Sey auch niemand jemals ohne gute wercke selig worden. Dann die Schrifft saget ausdrücklich/ Nicht aus den wercken/nicht aus dem Gesetze/nicht aus den Wercken des Gesetzes/etc. Vnd wird dessen alles eine hohe wichtige Vrsache gesetzt/Rom. 4. Derhalben mus die Gerechtigkeit durch den Glauben komen/Auff das sie sey aus gnaden/ vnd die verheissung fest bleibe allem Samen. So denn nu vnmüglich ist/ one gute wercke selig zu werden/So mus die verheissung der Gnaden/Vergebung der Sünden/Gerechtigkeit/vnd ewiges lebens/vngewis sein vnd werden.

17. Das die guten wercke/ die Gerechtigkeit vnd Seligkeit erhalten. Denn S. Petrus saget/Das wir aus Gottes macht/durch den Glauben bewaret werden zur Seligkeit/1. Pet. 1.

18. Das für die guten werck das ewig Leben/als eine belohnung vnd vergeltung gegeben werde. Daß Christus spricht/Wer da gleubet/der hat das ewige Leben. Item S. Paulus zun Römern am 6. Die gabe (oder geschencke) Gottes/ist das ewige Leben in Christo Jhesu vnserm HErrn.

19. Das die Rewe/Glaube/vnd newer Gehorsam/zur Seligkeit von nöten sind. Denn man mus je die *causas* vnd vrsachen von den *effectibus* oder denen dingen/so aus den vrsachen folgen vnd herfliessen/

sen/vnterscheiden. Zu deme/so ist nur ein einiges Instrument oder Mittel/dadurch wir die Seligkeit ergreiffen vnd behalten/nemlich der Glaube.

Diese Antitheses oder jrrige meinunge alle/halten wir für falsch vnd jrrig/als die heiliger Göttlicher Schrifft/der Augspurgischen Confession/vnd Lutheri Schrifften stracks zu wider. Wollen aber hiemit bedinget habē/das wir in diesem Colloquio nicht von allen/sondern nur von denen/so hernach in den *Hypothesibus* oder *speciali tractatu* folgē/vns mit dem Gegenteil einzulassen/entschlossen.

HYPOTHESES.
Das ist
Erweisung/worin vnser Gegenteil geirret.

VD wollen wir/mit Gottes hülff vnd beystand/wie vns gnediglich befohlē/one Ehrgeitz/haß vnd zorn/freundlich/einfeltig/richtig vnd klar anzeigen/In welchen stücken vnd Artikeln/etliche Lerer vnd Prediger vnsers Gegentheils/von Gottes wort/der Augspurgischen Confession/vnd derselben Apologia/vn Lutheri schrifften abgewichen/vnd wollen solchs aus jren eigenen Büchern augenscheinlich darthun/vnd das nicht der meinung/mehr zancks vnd vneinigkeit zu erregen/oder den jrrenden zu insultiren/Sondern/ob Gott gnediglich darzu seine Gnade vnd segen geben wolte/das wir sie widerumb auff den rechten Weg vnd zu warer busse bringen möchten. Denn wir ja/Gott sey vnser zeuge/nicht eiteler ehre oder gewalts halben/mit den Herren Colloquenten jenes theils

D iij zu

zu kempffen vnd zu streiten / Sondern von der ewigen Warheit Göttlichs worts/ vnd rechter heilsamer Erbawung der Kirchen / jtzt zu handeln habe.

Derhalben so sagen vn̄ zeigen wir nu/ das nachfolgende Corruptelen vnd Irrthume / nach Lutheri seligem absterben / schrifftlich in die kirchen Gottes ausgesprenget worden / als:

1. Das wir für Gott gerecht werden / beide *imputatione* vnd *inchoatione* zugleich / das ist / aus zugerechneter Gerechtigkeit / vnd aus angefangenem gehorsam.

Denn also redet Maior / Rom. 10. fol. 56. Die Seligmachung / die in diesem Leben geschicht / stehet in vergebung der Sünden / in zurechnung der gerechtigkeit / vnd in schenckung vnd ernewerung des heiligen Geistes / Domil. 2. G.

Item im Sermon von S. Pauli bekerung / Y 4. Seligkeit in diesem Leben / ist vergebung der Sünden / vnd angefangene ernewerung zum Bilde Gottes.

Diese Corruptela oder Verfelschung / ist wider Gottes wort / Denn Paulus sagt mit klaren worten / Die Seligkeit sey alleine des Menschen / welchem Gott zurechnet die Gerechtigkeit / one zuthun der Werck Roma. 4. Item / Christus vnterscheidet die vrsache / vnd was folget / vnd spricht / Ein guter baum bringt gute früchte / Vnd Paulus treibet das wörtlein *Gratis* on vnser verdienst / offt vnd dick / auff das Christo seine gebürliche Ehre gegeben werde / vnd die Gewissen in jren höchsten schrecken vn̄ streiten / einen beständigen Trost haben.

Darnach ist solchs wider die Augspurgische Confession / Artic. 4. vnd 6.

Fürs

Fürs dritte/ Streitet auch solche Lere wider die Schrifften Lutheri/ welcher Tom.1.Witen. fol.127. also schreibt: Der Artikel von der Christlichen Gerechtigkeit/ ist/ das wir gerecht vnd selig werden/ durch den Glauben an Christum/ one zuthun aller Werck/ auch der vernewerung. Nicht das dieselbigen nicht folgeten/ oder folgen solten/ Sondern das man sie nicht in den Artikel der Rechtfertigung mengen sol.

Die 11. Verfelschung.
Wir werden fürnemlich durch den Glauben gerecht vnd selig.

Diese Verfelschung ist in Actis Synodicis, folio deudsch.109. vnd 110. mit diesen worten gesetzet/ Vnd ist im buch (Interim) vnbedechtig geredt/ Gleich als sey der Mensch nicht FVRNEMLICH gerecht vnd angeneme für Gott/ vmb des Mittlers willen durch den Glauben.

Solche Verfelschung aber / ist wider Gottes wort. Denn Oseas spricht cap.13. Dein Heil stehet allein bey mir.

Nun ist ferner gewis/ das diese wörter/ fürnemlich vnd allein/ nicht gleichstirsend sein. Denn das wörtlein Fürnemlich/ bringet mit sich eine vergleichung/ vnd lesset einem noch etwas nach. Aber wenn man das wörtlin/ Alleine/ brauchet/ so nimpt man alles/ vnd eigents nur einem zu.

Dennach sagt Paulus/ das wir ohne Wercke gerecht werden. Aber nirgend gedenckt er/ das wir fürnemlich durch den Glauben gerecht werden. Ja er zeiget an/ Das diese Meinung/ Als solten gute

gute Werck zur Seligkeit nötig sein/ tilge das verdienst Christi Galat. 2. Vnd hebe auff die verheissung des Glaubens/ Rom. 4.

Es streitet auch diese Corruptela mit der Augsburgischen Confession/ welche diesen Artikel/ das wir allein durch den Glauben gerecht werden/ im 6. Artikel gründet vnd verteidiget.

Es streitet mit D. Lutheri schrifften/ Tom. 1. Jen. fol. 565. Allein durch den Glauben an Christum/ welcher vor zeiten verheissen/ aber nu gesandt ist/ wird die gantze Kirche von anfang der Welt bis zum ende gerecht. Vnd also alleine durch den Glauben/ das weder vernunfft noch Gesetz/ noch die erfüllung des Gesetzes selbst/ welche man die Liebe heisset/ nichts zur Gerechtigkeit thue. Denn der Glaube vor der Hoffnung vnd Liebe/ Alleine/ ergreifft die vergebung der Sünden vñ Christus willen etc.

Item Gal. cap. 2. fol. 47. Tom. 4. Jen. Alleine der Glaube ergreifft das Lamb Gottes/ welchs der welt Sünde tregt/ Vnd nicht die Liebe/ die zwar dem Glauben folgen sol/ aber als ein danckbarkeit. Derhalben auch die vberwindung der Sünde vnd Todes/ Seligkeit vnd ewiges Leben/ nicht komen durchs Gesetz/ auch nicht durch Gesetzes werck/ Nicht durch die kreffte des Freien willens/ oder vnsern Willen/ Sondern allein durch Jhesum Christum. Derhalben nun auch allein der Glaube/ so dieses ergreiffe/ gerecht machet/ vnd wie es die gelerten nennen/ *à sufficienti diuisione & inductione*. Die vberwindungen der Sünden vnd Tods/ ist allein in Jhesu Christo. Derwegen ist sie nicht in Wercken des

Gese-

Geſetzes/auch nicht in vnſerm Willen etc. Da wollen wir gern leiden/das vns die Widerſacher Solarios heiſſen/Welche von dieſer Diſputation S. Pauli/ gar lauter nichts verſtehen etc.   *Solariſ. N.*

Die III. Verfelſchung.

Das gute Wercke zur Seligkeit nötig ſein.

Dieſe Verfelſchung ſtehet in Actis Syn. fol. Do.4. Es iſt gewiſlich war/das dieſe Tugenden/Glaub/Hoffnung/Lieb/vnd andere/in vns ſein müſſen/vnd zur Seligkeit nötig ſeind.   *N. f.94 Majoris Dogmata*

Item/dieſe Propoſition iſt gewis war/Das niemand one Liebe vnd gute Wercke/kan ſelig werden/ ff 2.

D. Maior aber/hat dieſe Lere noch klerer geſetzt/im buch wider Amsdorffium/Anno 1552. C 1. Denn da henget er dieſe drey Propoſitiones an einander.

1. Gute Werck ſind nötig zur Seligkeit.
2. Es iſt niemand jemals ohne gute Werck gerecht vnd ſelig worden.
3. Vnd iſt vnmüglich/ohne gute Werck ſelig zu werden.

Item/Im Sermon von der bekerung S. Pauli/leret er an gar vielen örtern eben daſſelbige/Vnd zeucht es offt wider an. Item/In der Auslegung vber das Symbolum der Apoſteln/findeſtu gleiche meinungen.

Dieſe Lere/ſagt Maior/habe er alſo ſeine Lebtage gefüret/Vnd wolle hinfort ſein lebenlang alſo leren/Vnd ſpricht mit groſſem Eiuer/Das alle die verflucht ſein/die nicht alſo leren.

L   In

In seiner letzten Repetition schreibt er / Das er
solche Propositiones im werenden Streit habe gefüret / Vnd das dis alles mit der Propheten vnd A-
postel Schrifften vberein stimme.

Melanchthon

Item D. Philippus in seiner Postill / des 4. Son
tags nach Trinitatis / spricht also / Wir sollen wissen / das in denen / so selig werden sollen / müsse sein
ein angefangener Gehorsam / Vnd das on solchen /
die Menschen nicht können selig werden.

Giess.

Item / Alesius in der Disputation *De necessitate
& merito bonorum operum &c.* die zu Leipzig gedruckt
vnd approbirt ist / Anno 1560. B 8. schreibt also /
Offenbar ists / wenn wir einfeltig vnd one Sophisterey reden wollen / wie Christus vnd die Aposteln
geredt haben / So müssen wir in allwege bekennen /
Das gute werck zur Seligkeit nötig sein.

Diese Corruptel oder verfelschung streitet klerlich mit Gottes wort. Denn S. Paulus leret strack
vñ vnwidersprechlich / Das Abraham nicht durch
seine gute Werck sey gerecht worden für Gott / Roma. 4. Vnd deme / der nicht mit wercken vmbgehet /
werde sein Glaube zur Gerechtigkeit zugerechnet.
Item / das wir nicht aus wercken selig werden / E-
phe. 2. Vnd ist auch diese Antithesis wol zu mercken. D. Maior spricht / Es sey vnmüglich / one gute werck selig zu werden. S. Paulus aber spricht
dargegen / Das vnmüglich sey / mit oder durch wercke selig zu werden / Roma. 8. das dem Gesetz vnmüglich war etc.

Nimium
dicit.
Medium — sicut Catholicũ-Romanũ /
ipse beatum.

Item Maior spricht / Das niemand jemals o-
ne gute Wercke sey selig worden. S. Paulus aber
spricht / Aus den Wercken des Gesetzes wird kein
Mensch

Menſch gerecht/Rom.3. Welcher hat wol vnter die
ſen beiden die Warheit geleret?

Dieſes Stück aber iſt wider die Augſpurgiſche
Confeſſion in 6.Artic.etc.

Iſt auch zuwider den Schrifften vnd *Disputatio-
nibus* D. Lutheri. Denn er ſagt ausdrücklich/ Die
falſchen Apoſtel haben alſo geleret/Das gute wercke zur ſeligkeit nötig. In dem Commentario der
Epiſtel an die Galater cap.1.fol.20.

Item/von der Chriſtlichen Freiheit/ Ein Chriſten Menſch bedarff keiner guten werck/ das er gerecht vnd ſelig ſey. Sondern der Glaube alleine gibet jm das alles/ vnd heufftig mit einander. Wenn er
nu ſo nerriſch were/ dz er durch irgend ein gut werck
fürneme/ vnd vertrawete gerecht/ frey/ ſelig/ vnd
ein Chriſte zu werden/ Verlöre er von ſtundan den
Glauben vnd alle andere güter. Welche torheit ſehr
fein abgemalet iſt in der Fabel/ Da der Hund im
Waſſer leufft/ hat ein ſtück fleiſch im maul/ vnd leſt
ſich den Schatten betriegen/ Schnapt nach dem
Schatten im waſſer/ vnd verleurt das Fleiſch im
Maul mit dem Schatten.

Ibidem/ Dieweil die Werck niemands gerecht
machen/ vnd der Menſch mus gerecht ſein/ ehe er
was gutes thut/ Iſt offenbar/ Das allein der Glau
be ſey/ ſo aus lauter Barmhertzigkeit/ durch Chriſtum in ſeinem Wort/ rechtſchaffen vnd volkomen
gerecht vnd heilig mache/ Vnd das einem Chriſten
Menſchen gar kein Werck/ kein Geſetz/ zur Seligkeit nötig ſey/ Dieweil er durch den Glauben frey
iſt von allem Geſetze/ Vnd aus eitel freyheit alles
vmb ſonſt thut/ was er thut/ Vnd ſucht gar vberal

C ij   kein

kein nutz oder Seligkeit (dieweil er allbereit hat vñ selig ist aus Gottes gnad/ durch den Glauben) Sihet derhalben nur alleine auff Gottes wolgefallen.

So ist darüber auch die Historia wol bekandt/ Das D. Lutherus im anfang des Evangelij/ diese angehende funcken in der Wittenbergischen Kirchen/ Wie das aus Cordati/ vnd etlicher anderer Handlungen mehr erscheinet/ Nicht allein heimlich vnd in sonderheit/ Sondern auch durch ein offentliche Disputation/ mit grossem Eiuer vnd ernst/ ausgelescht vnd vertilget hat.

In gedachter Disputation/ In der Solution des 3. Arguments/ wider die erste Proposition/ stehet/ Die Proposition ist mit nichten zu leiden/ Das das jenige so nötig ist/ als bald ein vrsach sey/ Oder das es nötig sey zur Seligkeit.

Vnd bald hernacher/ Wir können vnd wollen nicht nachgeben/ oder ferner zulassen/ Das das Gesetz oder etwa ein ander dinge/ es sey was es wölle/ in vns nötig sey zur Gerechtigkeit oder Seligkeit.

Es ist auch dieses Stück/ als daran viel gelegen/ nicht zu vbergehen. S. Paulus spricht/ Das eben vmb dieser vrsach willen/ der sündige Mensch aus gnaden gerechtfertiget werde durch den Glauben/ Das die verheissung der Gnaden feste bestehe/ vnd ein erschrocken hertz einen bestendigen Trost habe. Darumb ist dieses gantz klar/ Das ein Gewissen/ welchs durch das Gesetze erschreckt/ könne seiner Seligkeit nicht gewis sein/ wenn gute werck zur Seligkeit so sehr nötig sein/ Das vnmüglich one gute werck selig zu werden. Ferner ist vnleugbar/ Das wir die Bepstische Lere von der Zweivelung/ billich straf-

straffen. Aber diese Verfelschungen geben ein gewisse vrsache der ewigen verzweiuelunge.

Wir verwerffen auch die mancherleien Erklerungen Maioris/ vnd anderer. Denn die Propositiones sind an sich selbs vnrecht vnd falsch/ So sind auch alle jre Erklerung erzwungen/ vnd reimen sich nicht mit den Papistischen Propositionibus. Item/ die Erklerungen sind auch eins teils für sich selbs gantz vnrecht.

Vnd ist sehr mercklich der Spruch D. Lutheri/ Tom. j. Witen. Es sind schlipfferige vnd vergebene Wort/ also von bösen Sachen reden/ Das der Glaube zwar auff gute Werck vnd Verdienst nicht sich verlassen sol/ Vnd sey doch gleichwol nötig gute Werck zu haben/ als nötig zur Seligkeit. Demnach kan man die Seligkeit one sie nicht bekomen/ Würden also derhalben nicht allein durch den Glauben gerecht vnd selig werden: Aber das ist falsch/ vnd ist wider die gantze heilige Schrifft.

Item Tom. 4. Jen. fol. 64. Denn es ist ein solcher krefftiger Betrug des Teufels/ derer/ so also betrogen sind/ Das sie sich rhümen/ vnd schwüren/ sie hetten die gewisse Warheit/ Ich geschweige/ das sie bekennen solten/ das sie jrreten. Vnd wiewol wir etliche/ sonderlich die Anfenger des Irrthumes vnd Secten/ aus der Schrifft vberwinden/ richten wir doch nichts aus. Denn sie haben als bald im vorrath jre Glossas/ durch welche sie der Schrifft spotten. Darumb werden sie durch vnser vermanen nichts gebessert/ sondern werden viel mehr verstockter. Ich hette es aber nimmermehr gleuben können/ wo mich das nicht die erfahrung geleret hette/ das der Teufel also mechtig were/ das er die Lügen der Warheit so ehnlich machen köndte.

So ist nu das nicht heimlich/ das die Bepstischen im Tridentinischen Concilio/ Vnd denn Lindanus vnd andere Bepstische Scribenten/ diese betriegerey in worten vnd sachen vermerckt/ vnd für jre Lere angenomen/ Vnd eine gute Hoffnung jnen geschöpfft/ das etliche der vnsern/ gar wider zu jnen tretten würden. Aber Gottes wort heisst vns ausgehen vom Endechrist/ nicht zu jm eingehen/ Apo.18.

Derhalben sind die Ausbreiter solcher Lere von Gottes wort/ Augspurgischer Confession/ Schrifften Lutheri/ wider zum Römischen Endechrist getreten.

Die IIII. Verfelschung.
Das gute Werck die Seligkeit vnd Gerechtigkeit erhalten sollen.

Diese Verfelschung ist klerlich in D. Maiors buch von der bekerung Pauli B 3. Gute wercke sind nötig/ nicht die Gerechtigkeit zu erlangen/ sondern zu erhalten.

Item/ Im Sermon vber den Spruch/ Sihe/ das ist Gottes Lamb etc. E 8. Die guten werck sind dir nicht zu der Seligkeit zu erlangen/ sondern dieselbige zu erhalten/ vnd nicht widerumb zuverliern/ hoch von nöten/ F j.fac.2.

Selneccer in seiner Pædagogia spricht pag. 423. parte 2. Von den widergebornen menschen aber/ saget man in der Kirchen Gottes recht/ Das jre gute werck nötig seind/ Nicht allein zu bezeugen die Se-
lig-

...keit / Sondern auch dieselbige zu erhalten.

Diese Corruptel oder Verfelschung/ist wider Gottes Wort. Denn der heilig Apostel Petrus ausdrücklich spricht/ Jhr werdet aus Gottes Macht durch den Glauben zur Seligkeit bewaret/ 1. Pet. 1. Item/ S. Paulus sagt 2. Corinth. 1. Gott ist/ der es befestiget sampt euch in Christum. Item/ Jhr stehet durch den Glauben etc. Denn es ist allein ein einiges Organon oder Werckzeug/ damit die Gerechtigkeit vnd Seligkeit/ beide applicirt vnd erhalten wird.

Es leufft auch solches wider die Augspurgische Confession/ vnd derselben Apologia/ Welche deutlich leren/ Das wir allein durch den Glauben gerecht/ vnd Gott gefellig sein.

Den büchern Lutheri ist solcher Jrrthum auch nit gemes. Denn er braucht solcher Rede keines weges/ Sondern leret bestendiglich/ das wir im anfang/ fortgang/ mittel vnd ende/ allein durch den Glauben an Christum gerecht vnd selig werden.

Gute Früchte zeugen zwar vom guten Baum/ Aber gleichwol erhalten sie nicht den Baum/ Sondern der Baum bringt vnd erhelt die Früchte/ Darüber bey denen/ so nur ein wenig sinn vnd verstand haben/ gar kein streit ist.

Jm 4. Jenischen Tomo fol. 404. vber den 51. Psalm/ thut Lutherus klar dar/ Das es nicht in vnsern wercken oder krefften stehet/ solche hohe gaben zu behalten/ etc. Vñ bald hernach sagt er/ Diese zwey gehören zusamen / Das wir durch den heiligen

E iiij   Geist

Geist bewaret vnd erhalten werden/ Auff das wir nicht etwan innerlich vnd eusserlich/ an Geist oder Fleisch besudelt vnd beschmitzet werden.

Zu dem/ gedencken wir allhie billich auch dieses/ So vnsere gute Werck die Seligkeit erhalten/ So ist vnsere Seligkeit gantz vngewis/ vnd stehet auff losen bawfelligen Gründen. Denn auch die Gleubigen vnd Gerechten schwach vnd mangelhafftig sein/ welchs aus Gottes wort vnd teglicher erfarung klar vnd offenbar ist.

Daher Lutherus in dem Commentario der Epistel zun Galatern cap.1. gar fein vnd deutlich sagt/ Wie vnser Gott durchs wort erstlich den Glauben den zuhörern gibt vnd schencket/ Also vbet vnd mehret/ stercket vnd volbringt er denselben Glauben durchs Wort.

Die V. Corruptel.

Das man nicht von dem wörtlin/ Sola/ Allein/ sol streiten in dieser Proposition oder Rede/ Wir werden allein durch den Glaubē gerecht. Auch nicht wider den Antichrist/ aus Gottes wort geoffenbaret.

Solche Corruptel vnd Verfelschung/ wird in den Actis Synod.gesetzt/ Darinnen sie sich vnnerholen vernemen lassen/ mit folgenden worten/ Wir streiten nicht von dem wörtlin Sola/ (Allein.)

Solche Corruptel vnd verfelschung/ ist Gottes wort entgegen. Denn dasselbige ausdrücklich sagt/ Nur oder alleine durch den Glauben Gal.2. Item/ one Verdienst/ aus Gnaden/ one werck. Nu hat der
Man

Man Gottes Lutherus den Spruch Rom.3.eigent-
lich zu dendsch gegeben/mit diesen worten/ So halten wir es nu/das der Mensch gerecht werde/ohne
des Gesetzes Werck/ALLEIN durch den Glauben. Vnd sol ein Christe bedencken/Das one erhebliche vrsachen das wort ALLEINE/ von dem
trewen Man Luthero darzu nicht gesatzt sey. Denn
darinne stehet der gantze gründliche Handel des Artikels von der Rechtfertigung des Menschen für
Gott. Nemlich/das wir allein aus gnaden/one wer-
cke/ alleine durch den Glauben gerecht werden vnd
sind/Vnd können die Gewissen keinen bessern grund
des Trostes haben.

 Vorgemelter Irrthum stimmet nicht mit der
Augspurgischen Confession vnd Apologia/ da ein
sonderlicher Artikel inne ist/von dem stücke/das der
Glaube allein selig machet/Vnd werden des viel
zeugnis aus der Schrifft vnd den Patribus gesetzet.

 Vorgemelter Irrthum stimmet nicht mit Lutheri büchern vnd Schrifften vberein. Denn er vber
die Episteln zun Galatern ca.2.also spricht fol. 47.
Wir gestehen zwar/das man auch von guten Wercken vnd der Liebe/in den Christlichen Kirchen leren
sol/mit dieser bescheidenheit aber vnd vorsichtig-
keit/Das es zu seiner zeit/ vnd an seinem ort gesche-
he/nemlich/Wenn man fraget vnd handelt von guten wercken / ausserhalb dieses Heubtartikels von
der Rechtfertigung. Das ist aber der Heubthan-
del/wodurch wir gerecht vnd seligwerden/vnd das
ewige Leben erlangen. Da antworten wir dürr vnd
klar mit S. Paulo/Das wir allein durch den Glau-
      f   ben

ben an Christum gerecht geacht vnd geschetzt werden/ Vnd keines wegs aus oder vmb der werck vnd Liebe willen. Das sol man aber nicht also verstehe/ Das wir die werck vnd die Liebe verwerffen/ wie vns vnsere Widersacher beschuldigen/ Sondern wir müssen vns vom Heubthandel in dieser Sache vnd Disputation/ nicht abfüren lassen/ welches der Sathan gerne thet/ Dieweil wir denn itzunder dauon handeln/ wie wir für Gott gerecht werden/ Da verwerffen vnd verdammen wir die guten werck/ als vnnötig zur Seligkeit. Denn der hochwichtige Handel lesst keines weges zu/ Das man in dem Zirckel viel von den guten wercken disputire. Derwegen wir in dem handel von der Rechtfertigung aller ding/ schlecht vnd recht/ alle Gesetz vnd alle Wercke des Gesetzes ausschliessen. Item/ es sagt vber das vierde cap. zun Galatern fol. 120. also/ Wir werden allein durch den Glauben gerecht/ Denn im kampff zwischen dem Gesetz vnd Christo/ seind vnsere wercke vnd verdienste gantz vnd gar keine darzu/ oder ins mittel komen/ Sondern der HErr Christus ist alleine da gewest/ welcher an vnser stat sich dem Gesetz vnterworffen hat/ Derenthalben wir Gleubigen durch Christum/ frey/ los/ vnd ledig sein/ von dem Gesetz/ der es vberwunden/ vnd daruber ein Triumph gehalten/ Derwegen dieser herrlicher Sieg vnd Triumph/ so vns der Herr Christus erworben/ nit oder durch keine werck/ sondern allein mit dem Glauben ergrieffen vnd angenomen wird/ Daraus vnwidersprechlich folget/ vnd folgen mus/ Das allein der Glaube für Gott gerecht macht.

Derhalben sie auch in diesem Stück von Gottes

de sola fide.

es wort/ Augſpurgiſcher Confeſſion/ vnd ſchrifften D. Lutheri abgewichen ſind.

Die VI. Verfelſchung.

Das ein Vnterſcheid ſey/ vnter der Gerechtigkeit vnd Seligkeit.

Dieſe Verfelſchung ſetzet Maior im Sermon von der Bekerung Pauli/ Als weren die guten werck nötig zur Seligkeit/ aber nicht zur Gerechtigkeit.

Dieſe Verfelſchung ſtreitet wider Gottes wort. Denn dieſe Reden ſind gleichſtimmig/ vnd gelten v-
ererein. Aus gnaden werden wir gerecht/ Rom. 3. Vñ aus Gnaden werden wir ſelig/ Ephe. 2.

Sie ſtreitet auch mit der Augſpurgiſchen Con-
feſſion/ welche dieſe wörter nicht vnterſcheidet.

Alſo ſtreitet ſie auch mit den Schrifften D. Lu-
theri/ welcher die Gerechtigkeit vnd Seligkeit/ im Artikel von der Rechtfertigung des Sünders nicht vnterſcheidet/ ſondern zuſamen hefftet.

Vnd dazu/ Maior vergiſt ſeiner ſelbs zu weilen/ vnd brauchet in ſeinen lateiniſchen vnd deudſchen Schrifften dieſe beide wort/ Gerechtigkeit vnd Se-
ligkeit/ one vnterſcheid.

Die VII. Verfelſchung.

Das die Gerechtigkeit der Chriſten/ dadurch ſie
für Gott gerecht ſind/ in dieſem Leben vn-
volkömlich ſey.

Dieſe verfelſchung ſetzt Maior im andern teil ſeiner Homelien fol. 56. Derhalbē die Gerechtigkeit vnd Seligkeit die in dieſem lebē allein

F ij durch

durch den Glauben kömpt/ ausgeschlossen alle verdienst der Wercke/ ist eine Gerechtigkeit vnd Heiligkeit/ so zugerechnet/ angefangen/ verborgen/ noch sol offenbart werden/ muolkomen/ vnd noch nicht ergrieffen.

Diese Corruptel oder Verfelschung/ ist wider Gottes wort/ Roma. 10. Christus ist die Erfüllung des Gesetzes allen den jenigen/ so da glauben. Item/ Er ist aufferstanden vmb vnser Gerechtigkeit willen/ Ro.4. Item/ Durch eines Gerechtigkeit kömpt die Gerechtigkeit des Lebens vber alle/ Rom.5. Item/ In Christo seid jr volkomen/ Col.2.

Sie streitet auch mit der Augspurgischen Confession/ welche gewaltig bezeuget/ Das wir allein durch den Glauben gerecht werden.

Sie streitet auch mit den Schrifften Lutheri. Denn so schreibet er Gal.ca.5.fol.155. Du solt nicht von dir vrteilen nach dem fülen deiner Sünde/ das dich erschreckt vnd jrre macht/ Sondern du solt vrteilen nach der Verheissung des Glaubens/ darin dir Christus verheissen wird/ welcher ist deine volkomene vnd ewige Gerechtigkeit.

Item/ Gal.cap.5.fol.170. Wir aber sollen festiglich dafür halten/ Das vnsere Heubt vnd volkomene Gerechtigkeit sey der HErr Christus.

Die VIII Verfelschung.

Das für die guten Wercke das ewige Leben gegeben werde.

Diese Verfelschung stehet in dem Sermon von der bekerung Pauli C 1. Hieraus ist klerlich

F iij

ich zu sehen/Das gute Werck nicht allein hie auff
Erden/sondern auch vor Gott im Himel vns von
nöten/Auff das wir dafür die herrliche Belohnung
vnd vergeltung des ewigen Lebens vnd der Selig=
keit empfahen/vnd zeitlichen vnd ewigen Straffen
entfliehen mögen.

Aber diese Corrupelta streitet wider Gotes wort.
Denn Christus spricht/Ich gebe jhnen das ewige
Leben/Johan.10. Item/Wer an mich gleubet/der
hat das ewige Leben Johan.3. S.Paulus spricht/
Nicht aus den Wercken der Gerechtigkeit/die wir
gethan hatten/sondern aus Gnaden macht er vns
selig/Tit.3. Item/Das ewige Leben ist ein Gabe
Gottes durch Christum/Rom.6.

Sie streitet mit der Augspurgischen Confessi=
on vnd Apologia/welche diesem Irrthum den gan=
tzen *Locum de Iustificatione* entgegen setzet.

Sie streitet auch mit D.Lutheri lere durchaus/
wie solchs für augen vnd vnleugbar ist.

Derhalben ist man auch in diesem Stücke von
Gottes wort/Augspurgischer Confession/vnd sch=
rifften D.Lutheri abgewichen.

Die IX. Verfelschung.

Das man die Seligkeit vnd Rechtfertigung er=
greiffe/vnd anneme durch den Glauben
vnd Bekendtnis.

Diese Verfelschung setzet Maior in der Dis
position der Epistel an die Römer/vnd spri=
cht/Droben haben wir geleret/wie wir vns
die wolthaten des Sons Gottes sollen zu eigenen/

F iij nem=

nemlich / durch den Glauben vnnd Bekendtnus.
Aber diese Corruptel streitet mit Gottes wort. Dann Christus setzet kein ander Mittel / zu ergreiffen die Seligkeit / dann den Glauben / Joha. 3. Wer an mich gleubet / der hat das ewige Leben / Wer aber nicht gleubet / der hat nicht das ewige Leben / sondern der zorn Gottes bleibet vber jm. Das Bekendtnis aber / ist eine frucht des Glaubens / wie Dauid spricht / Ich gleube / darumb rede ich / Psal. 116.

Die Augspurgische Confession Articu. 6. sagt also / Wir empfangen vergebung der Sünden / vnd werden gerecht geschetzt durch den Glauben. Item in der Apologia / Die Verheissung kan nicht denn (NISI) durch den Glauben empfangen werden.

Item die Göttliche Zusage beut vns an / als den jenigen / welche von der Sünde vnd Tod vberweltiget sein / Hülff / Gnad / vnd Versünung vmb Christus willen / welche Gnad niemand mit wercken fassen kan / sondern allein durch den Glauben an Christum.

Auch leret D. Luther allenthalben in seinen büchern / Das wir alleine durch den Glauben für Gott gerecht werden / wie solchs aus vielen Büchern kan dargethan werden.

Darumb ist man in dieser Corruptel abgewichen von Gottes wort / der Augspurgischen Confession / vnd den Schrifften Lutheri.

Wir können aber diese Ausflucht nicht eingehn / Das sie zugleich vnd darneben / auch viel gutes gesagt vnd geschrieben / die rechte meinung auch mit eingeführet. Denn es gebürt sich nicht / falsche Lere vnter die Göttliche warheit zu mengen / Vnd ist nie
kein

ein Ketzer so vnuerschampt gewesen/ der sich nicht
mit Gottes Wort hette behelffen/ vnd bementeln
wollen. Zu deme ist der Spruch wol bekandt/ Ein
wenig Sawerteig versewret den gantzen Teig.

Dieses sind nu etliche Verfelschungen der hei=
ligen Lere (welche durch Gottes gnade das heilsa=
me Werckzeug/ D. Martinus Lutherus/ aus den
Bepstischen Finsternissen der Welt fürbracht/ vnd
erkleret hat/ Das wir anderer vieler vmb geliebter
kürtz willen geschweigen) So Maior vnd andere
mehr/ nicht alleine heimlich/ sondern offentlich in
vielen Schrifften/ mit sonderer halstarrigkeit/ wi=
der vieler Gottseligen Leute vermanung/ mit gros=
sen Ergernis vnd schaden der gantzen Christlichen
Kirchen/ verteidigt/ Vnd darzu fast alle/ die sie/ wie
linde vnd glimpflich auch solches geschehen ist/
ermanet/ mit schmehworten/ lesterungen/ vnd ver=
dammungen geschendet haben.

Ja sie haben nicht alleine anfenglich aus mens
schlicher schwacheit/ solche irrthum in jre Bücher
eingesprenget/ Sondern verteidigen vnd schmücken
sie noch heutiges tages one alles auffhören. Also
hat Maior seine falsche Leren niemals verdampt
oder widerruffen/ Sondern hat dieselbige viel mehr
mit sonderlichen Glossen vnd listiger versetzung des
streits/ ferben wollen. Vber das weiset er in seinem
Bekendtnis/ das vor der letzten gedruckt ist/ den le=
ser auff sein Buch von der Bekerung Pauli/ wel=
ches gantz vnd gar voller Betriegerey stecket/ seine
Gottlose Reden fein artlich zu schmücken/ vnd dar=
mit vieler hülffe zu samen getragen vnd gemacht

F iij

Es ist auch dieses war/Das solche Leren von Maiore/in seinen Postillen gesetzt sein/mit so listigen worten/das er die vnuorsichtigen Prediger verfüre/vnd anleite/wie sie seinen Jrrthumb dem jungen vnd vnuerstendigen Volcke sollen beybringen. Machet derwegen hiemit das gantz Jsrael sündigen/Ja auch die Nachkomende/so anders die welt lang stehen solte.

Die Studenten/so von vnserm Gegenteil komen/verteidigen die vnuerschampte Leren/zu ehren jrer Præceptorn/Vnd vnterstehen sich/grewliche Jrrthum darauff zu bawen. Denn wie man im Sprichwort sagt/Was für samen ausgeseet wird/so wechsset auch Korn heraus.

Aus solchem allen erfolget/Das die jenigen/so Gott mit ernst fürchtē/vns nicht verdencken noch verargen können/Das wir nach Gottes befehl/auch vnsers Ampts halben/vnd von wegen der Christlichen Kirchen/klerlich vnd ernstlich/nach der Richtschnur Göttlichs worts/der Augspurgischen Bekendtnis/vnd den Büchern Lutheri/solche Jrrthum/so jre Meister vnd Verfechter noch nie erkandt/noch widerruffen haben/anzeigen vnd straffen. Welche aber mutwillig böse sein/die sein jmer hin böse. Vnd wer vnrein ist/der sey jmer hin vnrein. Gott helffe seiner Warheit aus Gnaden/zu seines Namens ehre/vnd heilsamer erbawung seines Reichs/Amen.

Anhang etlicher anderer Hypothesium oder Corruptelen.
Folio 164.

Wir

Ir hatten hiebevor nur etliche grobe vnd greiffliche Corruptelen in vnsere Hypotheses verzeichnet/ aus derer Büchern/ so sie ausgesprenget/ vnd zugleich bericht gethan/ auff welchem Blat sie zu finden/ Vnd hetten gehofft/ die Herrn Collocutores würden dieselbige/ da sie gleich tlicher massen hetten das ansehen der person etwas bey sich gelten lassen/ doch die Irrthumen an sich selbst/ nicht zuuerteidigen sich vnterstanden haben/ Aber es hat vnsere hoffnung weit gefeilet/ Denn sie aller derselben Corruptelen sich angenomen/ vnd vns darüber in werendem Colloquio auffs hefftigst angegriffen/ Also/ das sie auch aus vnsern vbergebenen Schrifften/ damit sie Rach an vns vben/ vnd ir mütlein an vns külen möchten/ newe Corruptelas vns auffgedichtet/ vmb welche/ wie es ein gestalt vnd gelegenheit hab/ wird man/ wils Gott/ an seinem ort befinden vnd sehen.

Alldieweil wir aber zu dieser vnbillichen Schmehung vnd aufflage nicht stillschweigen können/ sintemal sie Gottes ehre betrifft/ solte vns auch nicht schwer ankomen sein/ dergleichen viel Paradoxa/ wunderliche/ gefehrliche/ vnd irrige Reden/ aus ihrn Schrifften zuuersamlen/ vnd ordentlich anzuziehen. Doch wollen wir jtzt nur etliche Corruptelen erzelen/ vnd die verzeichnis der vbrigen zur andern gelegenheit sparen/ Nemlich/ wenn wir spüren vnd vermercken werden/ das die Herren Collocutores nicht auffhören/ auch das jenige/ was recht Christlich vnd wol geredt ist/ liederlich zu tadeln vnd cauillirn. Denn das sollen sie gleichwol wissen/ das die es der weg nicht sein wird/ dadurch sie alle recht-

B ver-

verstendige Christen/ vberteuben vnd vnterdrucken werden/ Wündscheten demnach von hertzen/ das doch die Herrn Collocutores bedechten/ das Gott derer noch viel hin vnd wider vberig habe/ die solcher Stück viel mehr verzeichnet haben/ vnd noch hinfort auffzeichnen werden/ als sie hinwider aus vnsern Schrifften thun können/ Welche Stücke/ wenn sie dennal eins solten ans Liecht komen/ mit geringen ehren der Herrn Collocutorn/ geschehen würde. Wollen darnach zusehen/ was sie mit dieser jren drawungen ausrichten werden/ Denn je mehr sie auff diese weise heraus faren/ je mehr Bekendtnisse vnd Schrifften werden sie wider sich erwecken/ wie es dann bis anher auch geschehen/ Aber alleiu die Gottfürchtigen mercken vnd erkennen Gottes fusstapffen vnd Wege.

Die erste Hypothesis oder Corruptela.

Das im Artikel der Rechtfertigung vnsere gute wercke nötig sein/ Also/ das sie müssen gegenwertig sein.

Argument.

Wer da leret/ das im Artikel der Rechtfertigung vnsere gute werck nötig sein/ also/ das sie gegenwertig sein müssen/ Der weichet ab von Gottes wort/ von der Augspurgischen Confession vnd Apologia/ vnd von den Schrifften oder Lere Lutheri.

Die Herren Collocutores vnd etliche andere thun solches.

Ergo weichen sie ab von gemelter Christlicher Lere.

Beweis des Minoris oder andern Proposition.

Die

Die Herrn *Collocutores* woltens vns zu gut halten/
das wir zum ersten etwas sagen von der historia/wie
es geschehen. Darnach wollen wir auch von der ersten Proposition/wie recht vñ wol es gethan sey/ge
bürlicher weise reden/ deñ sie verdrehen sich in diesem
stück wunderlich/schier veriahen/schier verneinen sie/
das sie also lere/vñ vberwigt doch die veriaung die
verneinuñg weit/weil sie jtzt so offt widerholet wird/
das nu bey alle verstendige kein zweiuel drã sein kã.

Die *Acta* werden bezeugen/das die Herrn *Collocutores* den zanck von diesem stück erstlich erregt haben.
Deñ da sie handelten von den *Exclusiuis*/tröppelten
sie auch das mit vnter/das die *Exclusiuen* im Artikel
der *Iustification* (dahin sie eigentlich gehöret) mehr mit
vermögen noch weiter sich erstrecken/deñ das sie nur
vnd allein das verdienst/vñ nicht auch die notwendige gegenwertigkeit der guten werck ausschliessen.

Weil vns aber nicht vnbewust war/welcher mei
nung sie sein/haben wir sie freundlich gewarnet/das
sie diesen streit von der notwendigen gegenwertigkeit nicht erregen wolten. Denn wir wol sehen/wo
sie hinaus wolten/vñ wie sie so grossen Lermen/da-
mit entweder aus vermessenheit oder aus vnwissen-
heit erregen würde. Weiseten derwegen diesen streit
an einen andern ort/vnd auff eine andere zeit. Sie a-
ber wolten vnser freundlichen bitte so gar keine stat
geben/das sie auch vermeinten/sie würden in diesem
fall vns grossen verdries thun/wenn sie diese lere võ
notwendiger gegenwertigkeit vnser guter wercke/e-
ben im artikel der Rechtfertigung auff die bane bre-
chten/vnd liessen sich düncken/sie hetten gewonnen
spiel/ D. Maiors *Proposition* desto leichter zu erhaltẽ
wolten grosse ehre hiemit einlegen.   Da-

Daher kömpts/das sie nu ein solch Comment ex professo/vnd weitleufftig herfür bringen/schmücken vnd verteidigen.

Also sein wir wider vnsern willen/zu diesem streit gleich bey den haren gezogen/das wir vns wehren müssen/ da wir anders nicht wollen die Himlische Warheit/Augspurgische Confession vnd Lutheri Lere/muthwillig verrathen/vnd vnsern widerwertigen scheuslich zuuerfelschē vbergeben haben. Auch darumb jre Proposition vnd jre Argumenta fein ordentlich nach einander setzen/vnd der gantzen Kirchen danon zu vrteilen fürlegen müssen. Aber da haben wir armen Leute/wie das Aesopische Scheflin den brun betrübet/vnd werdē nicht alleine mit scheltworten vbel ausgeholhipelt/Sondern auch deshalben noch in stehendem Colloquio/in jrem beschüldigungs zettel/als falsche Lerer verklagt. Aber diesen Lohn bringen wir danon/das wir die Warheit angezeigt haben/Also gehets vns eben recht/nach dem alten brauch/Gott sey lob vnd danck. *Hactenus Acta.*

Item die Gründe wider diese falsche Lere sind angezogen/folio 50.

Wir bezeigen auch dieses/das wir die fürgebrachte erklerung der Exclusiuen/als das durch dieselbe alle wirdigkeit/verdienst/rhum/vnd vertrawen auff gute Wercke/im Artikel von der Rechtfertigung/zu grund ausgeschlossen werde/nicht straffen/sondern für recht vnd war halten.

Aber dis haben wir allein mit gebürlicher bescheí-

cheidenheit anzuzeigen vorgenommen/das es nicht
gut noch recht sey/das man eben im Artikel von
der rechtfertigung/auff die *Necessitatem præsentiæ bo-*
norum operum, das ist/auff die notwendigkeit/von gegenwart der guten werck dringet/vnd solches so
fast vnd geschwinde/das ohne solche notwendige
gegenwertigkeit der guten werck/kein Mensch vor
Gott gerecht werden sol oder könne.

Dis sagen wir nachmals/haben wir müssen
erinnern/Nemlich/das ob wol die Herrn Collo-
cutores/daran recht vnd wol reden/das durch die
Exclusiuas aller verdienst/rhum vnd vertrawen der
Werck zu grund ausgeschlossen vnd verworffen
werde/Jedoch so schliessen/setzen vnd vermengen
sie die werck eben in vnd mit dem Artikel der Justi-
fication/oder Rechtfertigung des Menschen für
Gott/darin vnd dadurch/das sie so geschwinde
vnd sehr auff die *Necessitatem præsentiæ* oder notwendigkeit der gegenwart der guten wercken dringen
vnd treiben.

Damit aber der Christliche Leser vnd Zuhörer
den *scopum* oder Summarischen inhalt vnd heubt-
punct dieser gantzen sachen vnd streit desto leichter
sehen/besser verstehen/vnd richtiger vrteilen möge/
Ist nütz vnd gut/das der Herrn Collocutorn eigene Proposition gesetzet werde/welche also lautet.

Ob wol in krafft der Exclusiuen (Das ist/der
wort S. Pauli vnd gantzen heiligen Schrifft/Aus
gnaden: One verdienst: One werck: One gesetz: One
werck des Gesetzes) aller vnser guten Wercke ver-
dienst/Wirdigkeit/vertrawen vnd rhum zu grund

G 3 aus-

ausgeschlossen vnd verworffen wird: Jedoch/ so wird die *necessitas bene operandi*, das ist/ die notwendige gegenwertigkeit der guten werck/ keines wegs damit verstanden oder ausgeschlossen: Sondern solche notwendige gegenwertigkeit der guten wercke/ Ist aller ding vnd so hoch von nöten/ Das kein mensche one solche gegenwertigkeit/ oder beysein seiner guten Werck/ für Gott gerecht vnd selig werde.

Das aber diese Lere/ der Himlischen warheit vnd Göttlichem wort nicht gemes/ sondern zuwider sey/ beweisen vnsers erachtens gewaltiglich die se nachfolgende klare vnd hochwichtige Gründe/ Argument/ vnd Vrsachen.

Als erstlich die Sprüche vnd Zeugnis heiliger Schrifft.

ES wissen vnd gleuben alle Christen fest vngezweiuelt/ das alle Menschen in Sachen die Gerechtigkeit vnd Seligkeit betreffend/ an Gottes wort/ in der Propheten vnd Apostel bücher offenbaret/ gebunde sein/ laut dieser sprüche: Dein wort ist meiner füsse leuchte. Item/ In deine Liecht sehen wir das Liecht. Item/ Werden sie das (Gesetz vñ Zeugnis) nicht sagen/ so werden sie die Morgenröte nicht haben. Item/ So jemand Euangelium predigt anders/ denn das jr empfangen habt/ der sey verflucht.

Nun füret vnd gebraucht aber die heilige schrifft dieser art zu reden nicht/ Nemlich/ das vnsere gute werck im Artickel vnser Rechtfertigung für Gott/ aus notwendiger gegenwart darbey sein müssten/
Oder

der da sie nicht vorhanden/ die Rechtfertigung
s Menschens nicht geschehen köndte.
    Zu dem/ so weis vnd leret sie auch nichts von
sachen selbst/ so durch solche wort gemeinet vnd
rstanden werden/ Nemlich von solcher Notwen=
gkeit der gegenwart/ guter werck im Artikel von
ergebung der Sünden.
    Vnd weil der himlische Vater selbst vom Hi=
el herab/ von seinem Son vnserm Herrn JHE=
SV CHRJSTO geschrien/ Das ist mein lieber
SON/ DEN solt jr hören: So wollen wir nun
ich etliche Zeugnis aus seinem eigenen munde an
igen.
    Matth. 9. spricht Christus selbst: Jch bin ko=
en die SÜNDER zur Busse zu ruffen/ vnd nicht
e fromen oder Gerechten. Allhie helt vnser Herr
hristus einen Sünder gegen einem gerechten oder
omen/ nicht allein stückweis/ oder zum halben
l/ sondern gantz vnd gar zu grund durchaus/ als
olt Christus sagen/ Jch bin komen/ einen solchen
ünder zur Busse zu ruffen/ der erkennet vnd beken
t/ Das er mit Leib vnd seel/ haut vnd har nichts
ders denn Sünde/ oder ein Sünder sey.
    Matth. 18. Luc. 19. Des Menschen Son ist ko=
en zu suchen vnd selig zu machen das VERLO=
REN ist/ Mit diesen worten (DAS VERLO=
REN ist) bezeuget Christus/ das die jenigen/ so er
cht vnd selig macht/ gantz vnd gar KEJNE
EGENWERTJGE gute Wercke haben/ o=
r mit sich bringen können.
    Mat. 11. Kompt zu mir alle die jr mühselig vñ bela
n seid/ ich wil euch erquickē. Allhie leret Christus
            F iiij   aber=

abermal/das er allein die jenigẽ erquicke/ so die grosse schwere last jrer sünden/den zorn Gottes/Vnd die ewige verdiente straff vnd verdamnis fülen. Setzt vnd sagt aber gleichwol keines wegs dazu/Doch wil ich allein die jenigen erquicken/welche die notwendige gegenwart der guten werck haben vnd mit sich bringen.

Mit dieser vnbetrieglichen tröstlichen Stimme vnd Lere/des eingebornen Sons Gottes/komen auch der Propheten vnd Apostel Schrifften vñ Predigten vberein/Denn sie auch aus seiner Gnaden vñ erleuchtung/solche jre Lere geschöpfft/vnd genomẽ.

Gen.15.Abraham hat Gott gegleubet/vnd das ist jm zur Gerechtigkeit gerechnet. Alhie wird abermal der notwendigen gegenwart der guten Werck mit keinem wort gedacht/Sondern allein der gnedigen verheissung Gottes vnd des Glaubens Abrahe/dadurch er jme die angebotene/verheissene/himlische güter applicirt/vnd zueignet/Nemlich die zugerechnete Gerechtigkeit durch vnd vmb des verheissenen Messie vnd Heilandes willen.

Esa.53. Durch sein erkendtnis wird mein Knecht der Gerechte/viel gerecht machen. In diesem gantzen Capitel des Propheten/wird der notwendigkeit vnserer guten werck nichts gedacht/Sondern nur von vnsern Sünden/kranckheiten/wunden vnd zorn Gottes vnd ewigem verdamnis/vnd dagegen von des Herrn Christi opffer/so er für vns bezalen solte/geredt/gelert/vnd gepredigt. Vnd bezeugt der Prophet ferner/das Christus solche seine Gerechtigkeit/so er vns durch sein thewres Rosenfarbes Blut/vnd heilsame Wunden erworben/alleine de-

nen

men schencke vnd applicire/ so warhafftig an jhn
gleuben.
　Abacuc 2. Der gerechte lebet seines Glaubens.
Diesen spruch füret vnd gebraucht S. Paulus/als
eine kurtze summam vnd inhalt seiner gantzen Lere/ da er erstlich saget vnd bezenget/ das alle menschen für Gott Sünder/ schüldig vnd verdampt
sind/ vnd für jn nichts anders bringen/ dann eitel
Sünde/da er spricht:Wir haben droben beweiset/
das beide Jüden vnd Griechen alle vnter der Sünde sind/ Welches dann viel hefftiger vnd wichtiger
geredt ist/ denn wenn er schlechts gesagt hette/ Sie
sind all zumal Sünder. Darnach so beweiset er gar
gewaltiglich/ das die Gerechtigkeit aus Gnaden/
allen Gleubigen geschenckt vnd zugerechnet werde.
　Diese heilsame Lere haben nu alle Apostel aus
einhelligem munde vnd Geist geleret vnd geprediget.
　1.Timot.1. Denn das ist je gewislich war/ vnd
ein thewres werdes Wort/ das Christus Jhesus
komen ist in die Welt/ die Sünder (so gantz vnd gar
keine gute Werck haben) Selig zu machen.
　Desgleichen da der heilige Apostel zun Römern am 3. vnd 4. Vnd zun Galatern am 2. vñ 3. ca.
den artikel võ der Rechtfertigung in sonderheit/ mit
vielen herrlichen Argumenten vnd Gründen/ ausfürlich handelt vnd erkleret/ gedenckt er auch dieser Caution oder Exception von notwendiger gegenwertigkeit der guten wercken/ nicht mit einem
Buchstaben.
　Derhalben so ist offenbar/das die Herrn Collocutores solche gefehrliche art vnd weise zu reden/
nicht aus Gottes wort erfür bracht/ Sondern aus
　　　　　　　　　　　D　　　　mensch

menschlichen gedancken oder schrifften/ in die heilige Schrifft getragen vnd eingeschoben haben.

Sanct Paulus füret vnd braucht nicht allein dieser wort vnd weise zu reden/ aus dem Gesetz/ durchs Gesetz/ Sondern auch diese/ one Gesetze/ one werck des Gesetzes etc. Aber die Herren Collocutorn stehen allein auff diese vnd dergleichen reden/ Nicht aus den wercken/ Nicht durchs Gesetz etc. Welche sie zwar recht also auslegen vnd erkleren/ das durch dieselbigen alle wirdigkeit/ verdienst/ vnd vertrawen vnserer guten werck/ in diesem Artikel der Rechtfertigung gantz vnd gar ausgeschlossen werde/ Aber die andern Sprüche vnd Reden/ die zugleich zum handel gehören/ vnd betrachtet werden sölten/ darinnen auch Paulus stracks vñ gewaltig erweiset/ vnd streitet/ das wir im Artikel oder augenblick vnserer Rechtfertigung/ für Gott gantz keine gute wercke haben/ auch derselbigen gegenwertigkeit keines weges dermassen von nöten sey/ das vnmüglich einem Menschen/ one derselbigen BEYSEIN vnd gegenwertigkeit/ für Gott gerecht vnd selig zu werden/ lassen die Herrn Collocutorn aussen/ vnd vbergehen sie mit stillschweigen.

Denn dieses sind ja auch S. Pauli wort Rom. 3. So halten wir es nun/ das der Mensch gerecht werde/ ohne des Gesetzes werck/ alleine durch den Glauben.

Rom. 4. Die Seligkeit ist allein des Menschen/ welchem Gott zurechnet die Gerechtigkeit/ one zuthun der Werck.

Diese vnd dergleichen Sprüche/ sollen mit denen

ren conferirt vnd verglichen werden/ welche sagen
vnd zeugen/ Das kein Mensch aus den wercken/ o=
der durch dieselben gerecht werde. Denn S. Paulus
hat diese Leren vns wol einbilden wollen/ Das in
dem Artikel der Rechtfertigung/ oder wann vnd so
offt wir für Gott gerecht sein/ vnd geschetzt werden
sollen/wir alle nichts dann eitel Sünde sind/ vnd
das demnach nicht allein die wirdigkeit/ verdienst/
vertrawen/ vnd rhum vnserer guten werck von der
Rechtfertigung ausgeschlossen werde / Sondern
schlechter ding gantz vnd gar/ alle vnsere gute wer=
cke durchaus. Denn daselbst vnd dasumal sind wir
für Gott Sünder/ vnd nicht ertichte oder gemalte/
sondern warhafftige/ grosse/ vnd grewliche SÜN=
DER/ Bringen als denn auch für IN gantz vnd
gar NICHTS/ von vnsern guten wercken/ Son=
dern empfahen die vergebung der Sünden/ vnd die
Gerechtigkeit Christi durch den Glauben/ one ver=
dienst/ vnd auch one Gegenwertigkeit vnserer guten
Wercke/ aus lauter Gnade vnd Barmhertzigkeit.

 Daher spricht S. Paulus/ Das Gott vnd die
Schrifft alles habe vnter die Sünde/ vnd den Vn=
glauben beschlossen/ auff das er sich aller erbarme/
Rom. 11. Gal. 3.

 Wir wollen nur noch einen Spruch S. Pauli
anziehen/ In der Epistel an die Römer spricht S.
Paulus also/ Dem aber/ der nicht mit wercken vmb=
gehet (oder gantz vnd gar keine gegenwertige gute
Werck hat) Gleubet aber an den/ der die Gottlosen
recht macht / Dem wird sein Glaube gerechnet
zur Gerechtigkeit.

 Was könte doch klerers vñ deutlichers geredt wer
den/ denn dieser spruch ist?   D ij Er

Er sagt/ Die Gerechtigkeit wird zugerechnet/ Weme denn? Dem jenigen/ sagt er/ welcher nicht mit wercken vmbgehet.

Diese wort sind so helle vnd klar/das sie durch keine Sophisterey vnd spitzfündigkeit mögen vmb gestossen werden/ Denn er spricht nicht allein/ wie die Herrn Collocutorn/ Das verdienst/rhum oder vertrawen der guten Wercke/ wird zu grund von artikel der Rechtfertigung ausgeschlossen/ Sondern aller Menschen wercke.

Vber das/ so gibt er dem/ so nicht mit wercken vmbgehet/ ein scheuslich *Epitheton*, oder Namen/ Vnd heisset jhn *impium*, einen Gottlosen Menschen. Was aber ein Gottloser Mensch für gegenwertige gute Werck oder notwendige gegenwertigkeit derselben haben kan/ Als dann/ wenn jme die Gerechtigkeit zugerechnet wird/ das kan ein jeder vernünfftiger Mensch leichtlich verstehen vnd erachten.

Weme wird denn nu die Gerechtigkeit zugerechnet? Deme/ spricht S. Paulus/ der da gleubet an den/ der die Gottlosen gerecht machet. Aber vmb geliebter kürtz willen/ wollen wir anderer mehr gezeugnis auff dismal geschweigen.

So folget nu aus diesem allen/ das Christus/ die Propheten vnd Apostel von mehr gedachter lere/ der notwendigen gegenwertigkeit guter wercke im Artikel der Rechtfertigung (Davon wir itzund handeln/ vnd auff welchen auch alle Christliche leser vnd zuhörer vleissig achtung geben müssen) NICHTS bewust oder geleret haben.

II.

DEr

Der ander Grund oder Beweisung/ so genommen ist von der Eigenschafft des Artikels der Rechtfertigung.

Warlich vnd vnleugbar ist es/ das im Artikel der Rechtfertigung/ Ein armer sündiger Mensch/ vnd die Gnade/ vnd die Barmhertzigkeit Gottes vmb Christi willen verheissen/ gegen einander gestellet vnd gehalten werden. Dann also klagt vnd schreiet Dauid eben dazumal/ da er im Artikel der Rechtfertigung für Gott stehet/ vnd mit jhme zu thun hat/ *Tibi tantum sum peccatum,* Ach HERR Gott/ alles was ich bin mit leib vnd seel/ haut vnd har/ das ist nichts/ denn ein vnfletiger klumpff der Sünden für dir/ nicht allein der angebornen Erbseuche/ sondern auch aller innerlicher vnd eusserlicher Sünden halben/ welche/ wie er sonst an andern orten klaget/ so gros vnd viel sind/ das sie niemand alle wissen noch verstehen kan.

Darnach aber/ so verzweiuelt er nicht in seiner kentnis vnd fülung seiner Sünden/ Göttliches zorns/ vnd ewigem verdamnis/ wie Cain/ Saul/ Judas etc. Sondern setzt die verheissene Gnade vnd Barmhertzigkeit Gottes/ seinen grossen Sünden vnd vnwirdigkeiten entgegen/ da er spricht/ Gott sey mir gnedig nach deiner güte/ vnd tilge meine sünde nach deiner grossen Barmhertzigkeit. Derhalben wird Dauids Sünde aus vnaussprechlicher Barmhertzigkeit Gottes/ vmb des verheissenen/ vnd damals noch zukünfftigen Messie willen/ vergeben. Also auch S. Paulus weissaget/ Schreibet vnd bezeuget/ erstlich Das alle Menschen nach vnd

aus

aus dem Gesetz/ Gottes zorns/ ewiger Verdamnis vnd Straffen wirdig vnd schüldig sein/ Darnach aber setzt er fein richtig vnd klar/nach vnd aus dem Euangelio/ der Sünden/ Gottes zorn/ vnd ewigem Verdamnis zu entgegen/die gnedige zurechnung der Gerechtigkeit Christi/vergebung der Sünden/ ver= sünung vnd auffnemung zum ewigen Leben/welche woltahten mit dem Glauben ergriffen/ vnd appli= ciret werden.

So nun im Artikel der Rechtfertigung gute wer= cke nötig sind/aus vnuormeidlicher not derselben ge genwertigkeit/ vnd one welche/ so sie nicht vorhan= den/ niemand kan vnd vermag gerecht vnd selig zu werden/ Mus gewis daraus erfolgen/ Das die sün= der in vnd für diesem Göttlichen Gericht/ in welchem von seiner Barmhertzigkeit/ gnediger vergebung der Sünden/ vnd von der zurechnung der Gerech= tigkeit Christi gehandelt wird/ nicht gantz vnd al= ler ding Sünder sein/ Vrsach der Collocutorn für= geben nach ist diese/ Denn sie haben noch etliche gu te Werck gegenwertig vñ vorhanden/ Weil sie deut lich also reden: Das gute Werck notwendig gegen= wertig vnd fürhanden sein müssen.

Derhalben ob nu gleich die Herrn Collocutorn alle *causas* oder vrsachen der Rechtfertigung jrer ein= gefürten Notwendigkeit vnd gegenwertigkeit der guten Wercke/ gentzlich entziehen vnd benemen/ Je doch so nus vnwidersprechlich daraus folgen/ das die armen sünder in dem artikel der Rechtfertigung/ darinnen sie vergebung der sünden empfahen/ nicht aller ding vnd durchaus/ können vnd sollen Sün=
der ge=

der genennet werden/denn gute Werck haben: Vnd
Aller ding Sünder sein/Stimmen ja all hie für Gottes Gericht/nicht aller ding vberein/vnd jrem fürgeben nach/bleibet diese meinung vnd der verstand/
Das die armen Sünder im Artikel der Rechtfertigung/zum teil Sünder sein/Sintemal sie sich auff
das verdienst/wirdigkeit/vnd thun der Werck mit
vertrawen des hertzens nicht verlassen/zum teil aber auch nicht Sünder sein/Dieweil sie notwendig
haben/vnd haben sollen vnd müssen/gute werck als
gegenwertig/wie sie ausdrucklich dauon reden.

Item/Vnser Gerechtigkeit für Gott/ist *passiua*,
darzu wir nichts thun können noch sollen/sondern
das vns nur gegeben wird. Wenn man aber darauff
dringet/das gute werck im Artikel der Rechtfertigung notwendig gegenwertig sein müssen vnd sollen/Das heisset ja/*de nostra actiuitate*, von vnser wirckligkeit oder Wirckung geredt/Nemlich/das wir in
der Rechtfertigung auch etwas dabey oder daneben
thun/oder haben sollen vnd müssen. Derhalben die
Herrn Collocutores mit solcher jhrer fürgebrachter
Lere/vns den heilsamen vnd hochwichtigen artikel
der Rechtfertigung/nicht rein vnd vnuerfelscht bleiben lassen.

III.
Ein ander Beweisung aus vorigem Grund.

DEr artikel der Rechtfertigug ist nur ein einigs
werck/beide was die gegewertigkeit vñ auch
die krafft vnd wirdigkeit desselbigen antrifft/

von nöten / als nemlich / vnsers Herrn vnd Heilandes Jhesu Christi heilsam vnd seligmachendes Werck / welchs begreifft die volkomene erfullung des gantzen Gesetzes / an stat des Menschlichen Geschlechts / von Christo selber geleistet vnd vollbracht / wie der Son Gottes / so Mensch worden / selbst spricht Matth. 5. Ich bin komen das Gesetz zu erfüllen. Dergleichen auch zu sehen vnd zuuerstehen / Rom. 8.10.

Derwegen wir allen Christglewbigen hertzen / zu bedencken vn zu vrteilen / heimstellen / Ob nicht / so diese Lere / nemlich / Das vnsere gute werck aus notwendiger gegenwertigkeit im Artikel der Rechtfertigung / oder IN / BEY / vnd NEBEN der Rechtfertigung nötig vnd vorhanden sein müssen / dem vorhin genantem einigem vnd heilsamen wercke Christi / etwas vnd zwar nicht gerings zu entziehen / sich vermessentlich vnterstehe?

Dann man auff jenem Teil darauff dringet / vnd darüber streitet / Das kein Mensch dieses genanten vnd heilsamen Wercks Christi kan geniessen vnd teilhafftig werden / Es sey den / das es auch seine eigene gute werck notwendig alda gegenwertig habe.

Im heiligen Propheten Esaia aber / spricht Gott der HERR ausdrücklich / Ich wil meine Ehre keinem andern geben noch lassen. Item / Das Bette ist zu eng / das nichts vbrigs ist etc.

Derhalben wenn man im Artikel der Rechtfertigung (da man von des HErrn Christi erworbenen Gerechtigkeit vnd gebürlicher Ehre eigentlich redet vnd handelt) die notwendige gegenwertigkeit

mensch-

menſ... ...der ge-
...t/ ...
des L... Glau

... aus gnaden/ laut der Verheiſſung,
rechnet werden/ oder jemands widerfa...
es/ ſagen wir/ die meinung hat/ So wir...
gebürlichen Ehre Chriſti/ nicht ein geri...
...zogen/ wie alle Chriſtverſtendige g...
achten vnd verſtehen können.

IIII

Ein ander Beweiſung aus obgeſatztem Grunde.

Als im Artikel der Rechtfertigung dem men
ſchen vnvermeidlich/ oder ſo hoch von nöten iſt/ das er on daſſelbige notwendige nit
recht vnd ſelig werden/ So mus ja daſſelbige notwendige *Tale & Tantum*/ ſo gros vnd wichtig
ſein/ das mans wol kan vnd mag dem geſtrengen
Gericht Gottes opponirn vnd entgegen halten.

Aber die guten werck des Menſchens/ können
... ſollen keines weges dem geſtrengen Gericht
Gottes/ opponirt vnd entgegen geſatzt werden.

Daraus ſchlißlich folget/ das man bey leib keines weges die guten werck in den Artikel der Rechtfertigung mengen vnd miſchen ſol. Vnd thun derwegen Herrn Collocutorn daran vnrecht/ da ſie
ſagen vnd fürgeben dürffen/ Das der guten Werck
gegenwertigkeit im Artikel der Rechtfertigung/ ſo
hoch von nöten ſey/ das one dieſelbige præſentz o-
der gegenwertigkeit der Werck/ kein Menſch könne
ſelig werden.

J V. Grun-

V.
Grund aus der eigenschafft des Glaubens.

JM artikel der Rechtfertigung sihet der Glaube allein auff die versprochene gnedige barmhertzigkeit Gottes/ vnd auff das heilsame verdienst Jhesu Christi/ vnd schleusst an dem Ort alle Wercke aus.

Wenn man aber sagt vnd fürgibt/ wie die Herrn Collocutorn hart darauff dringen/ das vnsere gute Werck/ aus notwendiger gegenwertigkeit im Artikel der Rechtfertigung nötig sein/ Vnd das one dieselbige notwendige gegenwertigkeit der werck/ kein Mensch gerecht kan werden/ Wil warlich daraus folgen/ das man auch notwendig etlicher massen/ das vertrawen auff die Werck setzen sol/ Vnd mus also der Glaub auff einer seiten/ zum teil auff die Gerechtigkeit Christi/ vnd auff der andern seiten/ auch zum teil/ auff Menschliche eigene werck sehen vnd stehen/ Vnd ist vnmüglich/ wenn die Gegenwertigkeit der Werck so hochnötig/ Wie sie reden/ das der respectus/ vnd das man ja etlicher massen auff die Werck sehen solte/ man glosiere vnd deutele es wie man wolle/ köndte dauon genomen vnd gezogen werden.

Solchs ist aber wider die eigenschafft des Glaubens/ Derwegen stimmet diese fürgebrachte Lere der Herrn Collocutorn/ mit Gottes wort nicht vbereiu/ vnd ist bis anher recht vnd wol der gerechtmachende/ vnd darnach der wirckende/ oder durch die liebe thetige Glaube/ vnterschieden worden.

VI. Grund

Grund aus dem beſtendigen Troſt der erſchrockenen Gewiſſen in angſt nöten.

ES iſt vnmüglich/ das ein Gewiſſen/ ſo durch das Geſetz erſchreckt/ vnd nidergeſchlagen/ vnd aus betrachtung Gottes zorns/ verdienter vnd bedraweter Straff/ in engſten iſt/ zaget vnd zappelt/ von Gottes Gnade gewis vnd verſichert ſein könne/ So vnſere gute Wercke/ im Artikel der Rechtfertigung/ ſo notwendig gegenwertig ſein müſſen/ das one dieſelbige vnſerer Werck gegenwertigkeit/ niemand kan gerecht vnd ſelig werden.

Denn ein armes Gewiſſen/ ſo der Sünden halben angefochten vnd geengſtigt iſt/ wird alle zeit in zweiuel hangen müſſen/ Ob es deñ auch ſolche wercke habe/ vnd ob auch dieſelbigen der notwendigen gegenwertigkeit/ die Gott erfordert/ aller ding genes ſein oder nicht/ Ja das Gewiſſen eines angefochtenen Menſchen/ mus viel mehr ſo ſchlieſſen/ Du haſt vberal gar keine gute Werck/ du biſt aller ding gantz vnd gar durchaus/ inwendig vnd auswendig/ ein armer ſtinckender vnd vnfletiger Sünder/ für deinem Gott/ wie denn auch Dauid ſelber bekent/ *TIBI TANTVM SVM PECCATVM*/ Ich bin für dir nichts denn Sünde.

Da entgegen aber dringen die Herrn Collocutorn jenes teils/ in jrer ſehr langen Schrifft auff die notwendige gegenwertigkeit der Werck im Artikel der Rechtfertigung/ ſo hefftig vnd hitzig/ das ſie vnverholen *aſſeuerirn* vnd fürgeben dörffen/ Wenn vnſer werck nicht gegenwertig vnd verhanden ſein/ ſo könne

könne kein Mensche der Gerechtigkeit Christi teilhafftig vnd selig werden.

Derhalben werden durch vnd mit solcher jenes Teils Collocutorn fürgebrachte Lere/ die geengstigten vnd betrübten Gewissen nur jrre gemacht/ vnd verwirret/ *Materia* vnd vrsach denselbigen zur zweiuelung gegeben. Ferner wird auch damit den Gewissen/ des Glaubens vnd Seligkeit *certitudo* oder gewisheit/ vnd standhafftiger Trost entzogen vnd vertilget.

Vnd das ist eben die vrsach/ warumb der heilige Apostel Paulus ausdrücklich/ vnd mit klaren worten determinirt vnd schleust/ in dem er spricht/ Rom. 4. Derhalben mus die Gerechtigkeit durch den Glauben komen/ auff das sie sey aus Gnaden/ vnd die Verheissung fest bleibe allem Samen etc. An welchem ort S. Pauli Phrasis oder Rede/ in dem er spricht/ Das die Gerechtigkeit sey aus Gnaden/ nicht allein die wirdigkeit vnser wercke/ Sondern auch vnsere werck an jnen selbst/ in diesem Artikel oder Circkel der Rechtfertigung ausschleusset.

Waiter ist in der heiligen Schrifft verboten/ das man die Gewissen/ so aus erkendtnis der Sünden betrübt vnd bestürtzt sind/ ferner nicht sol jrre machen/ vnd verwirren.

Wenn man aber leret/ das vnsere gute Werck in der Rechtfertigung/ aus notwendigkeit gegenwertig sein müssen/ Damit wirfft man den hochbetrübten Gewissen/ verwirrete Stricke an/ wie wir kurtz zuuor solches bewiesen/ vnd dargethan haben.

Derhalben ist solche Lere/ von notwendiger gegenwertigkeit vnserer werck im Artikel der Rechtfertigung/

...ung/der heiligen Schrifft nicht gemes/Ist auch
...n erschrockenen Gewissen nicht heilsam noch tröst-
...h.

VII.
Grund aus der Kinder Rechtfertigung für Gott.

Die jungen Kinder werden in das Reich Gottes/vnd zu der ewigen seligkeit aus Gnaden auffgenomen/wie der HErr Christus bezuget/Matth. 18.

Aber die Kinder werden für Gott gerecht vnd se-
...z/ob sie gleich kein eigene gute werck/aus vermein-
...r notwendigkeit vnd gegenwertigkeit haben.

Derhalben werden wir alten auch/one notwen-
...ge gegenwertigkeit vnser guten Werck gerecht vnd
...ig/wie die lieben Kinder. Denn der HErr Chri-
...us sich klar hören lesset/Das wir in dem fall den
...indern gleich werden müssen.

VIII.
Grund von denen/welche in den letzten Todes Zügen bekeret werden.

Welche in den letzten Zügen zu Gott bekeret werden/die können gar keine gute Werck/ aus not gegenwertig vnd vorhanden ha-
...m. Wenn es dahin kömpt/da vergisset auch *Peter Bernhardus* aller seiner guten Werck/ vnd schreiet ...gstiglich/*Perditè vixi*. Ich hab mein leben schend-
...ch zugebracht.

Derhalben ist solche Lere der Göttlichen war-
...eit nicht gleichförmig vnd gemes.

J iij 9.Grund

Grund aus der Sterbekunst.

ES ist vnmüglich/das ein erschrocken/betrübet/vnd angefochten Gewissen/bestendigen Trost empfahen vnd haben kan in der letzten Stunde des Todes/wenn es an die Züge gehet/so jemand solchen geengstigten Gewissen diese Lere für hielte: Du wirst wol one wirdigkeit/vertrawen/verdienst/vnd rhum/deiner werck gerecht fertiget/Aber gleichwol wirstu nicht gerecht vnd selig/one necessitet oder notwendigkeit deiner gegenwertigen Werck/Davon ein solches besturtzt vnd geengstigt Gewissen würde bald gedencken oder sagen/Du sagest mir viel von meiner Werck gegenwertigkeit/Lieber vnterrichte mich doch/wie oder waserley gestalt/oder aus was notwendigkeit meine werck mir nötig vñ gegenwertig sein müssen? Item/Du sagest mir wol viel von meinen guten Wercken/die da gegenwertig sein solten vnd müssen/Aber ich armer/elender/angefochtener/betrübter Sünder/hab für Gottes gericht/das ich füle/gar keine gegenwertigkeit guter werck/kā mich auch keiner erinnern. Sünde zwar hab ich volauff vnd vber gnug/die ich mit schmertzen füle/Daher auch mein hertz vnd gewissen geengstigt wird. Weil nun dem allen also/Derhalbē berichte mich doch/wie kan vñ sol ich gerecht vnd selig werden? So niemand one notwendige gegenwertigkeit seiner guten werck selig werden kan?

Demnach hat in den letzten Zügen/wenn man von dieser welt abscheiden sol/die *necessitas* oder gegenwertigkeit vnserer werck weder stat noch raum/

Son-

ondern dahin gehöret der Glaube/ welcher al=
11 auff die verheissene vnd gnedige Barmhertzig=
it Gottes/ vnd das Blut Christi / so für vns am
tam des Creutzes vergossen/ Dadurch vnd dar=
ıb wir auch allein von Sünden gereiniget wer=
n/sihet/ sich stönet/ vnd darauff mit hertzlichem
rtrawen beruhet/ vnangesehen/ was jnen sonsten
r anfechtunge von eigener Werck notwendigkeit/
diesem Kampff gemeinlich fürzukomen vnd ein=
fallen pflegen.

Vnd können Gottfürchtige Hertzen/ die gerne
en seligen abschied aus diesem Elend haben wol
l/ allein aus diesem Stück ermessen vnd abnem̄/
is das für ein schedliche/ vñ zu verzweiflüg dienst=
he vnd förderliche Lere sey. Wenn man im Arti=
. der Rechtfertigung/ auff vnserer werck notwen=
ze gegenwertigkeit so hefftig dringet/ Gott behüt
s dafür/ das wir ja in vnserm letzten Ende/ sol=
e Werck tröster nicht haben noch hören mügen.

X.
Brund aus den Exempeln aller/ die für Gott
sind gerechtfertiget worden.

MAn kan ja nicht ein einig Exempel aus der
heiligen Schrifft/ von irgent eines menschē
Rechtfertigung für Gott fürstellē/ da eben
l Artikel vnd *Actu* der Rechtfertigung ausdrück=
h vermeldet würde/ das derselben notwendige ge
nwertigkeit jrer werck vorhanden gewesen/ oder
tte sein müssen.

Ja die widergeborne vnd heilige menschen beken
n auch frey heraus mit klaren worten/ das sie für

J iiij Gott

Gott nichts denn eitel Sünde haben vnd bringen/ wenn vnd so offt sie mit Gott handeln/ wie sie gerecht werden/vnd vergebung der Sünden erlangen mügen.

Lieber was hatten wol Adam vnd Eua für gute Werck gegenwertig? Da sie durch vngehorsam in Sünde vnd Gottes zorn gefallen waren/ Vnd da sie sich (nach dem sie aus dem gestrauche vnd schatten der Beume/ dahin sie sich versteckt/ herfür/ vnd für Gottes Gericht erscheinen vnd stehen mussten) jre begangene Sünde auch noch zu bementeln vnd zu entschüldigen vnterstunden/ Vnd da sie auch hernachmals die frölicke botschafft des Euangelij anhörten/ wie des Weibes samen der Schlangen den Kopff zutretten solte?

Was hatte auch Abraham für ein præsentz oder gegenwertigkeit seiner guten Wercke/ da er von Gott aus Vr/ das ist/ aus der abgötterey der Chaldeer beruffen vnd geführet ward?

Was hatte auch der König Dauid für gute Wercke/ als nötig vnd gegenwertig/ da jn der Prophet Nathan erstlich durchs Gesetz/ seiner begangenen Sünde halben anklagt/ Gottes zorn vnd verdiente Straffe jm ankündiget/ vnd hernachmals durch oder aus dem Euangelio/ die gnedige Absolution oder vergebung der Sünden/ von Nathan anhörete/ empfieng vnd annam?

Was hatte auch Paulus für eigene/ nötige/ vñ gegenwertige Wercke/ da jn der HErr Christus in *Actu persecutionis*/ als er eitel blut der Christen schnaubete für Damasco/ herumb nickte/ vnd zu boden schlug/ vnd darnach darauff jm gnedig zuspricht/ jn tröjn tröstet/vnd zu gnaden auff vnd annimpt/ Je. S. Paulus sagt hernachmals selber/ Jhesus Christus ist in die welt komen/ die Sünder (so für Gott keine gute werck haben) selig zu machen/ Vnter welchen ich der romembste bin/ Das ist/ Ich bin einer aus der zal der grösten vnd gröbesten Sünder gewest/ da ich zu gnaden angenomen war.

Vnd da Paulus schon durch den Glauben aus Gnaden gerecht vnd heilig war/ So schemet er sich doch nicht/ seine gute wercke/ dreck vnd kot zu nennen/ wenn er an den Artikel der Rechtfertigung gedenckt/ vnd mit Gott vmb vergebung der Sünden handelt.

Daraus ja abermal klar vnd offenbar/ was von der notwendigkeit vnserer guten werck zu halten/ Wenn man damit in den artikel der Rechtfertigung faren wil. Wir vbergehen aber auff dis mal der kürtze halben/ mehr Exempel/ als der Hurer/ Zölner/ Mörder/ vnd dergleichen.

Derhalben klar vnd offenbar ist/ Das die heilige Schrifft/ wenn vnd wo sie alle diese vnd dergleichen Exempel der Rechtfertigung für die augen stellet/ kurtzumb nicht weis noch wissen wil von dieser Lere/ Welche vnsere werck als notwendig vñ gegenwertig in die Rechtfertigung zeucht vnd setzt. Daraus denn vnwidersprechlich folget / das sie newe vngewönliche Lere vnd Rede (als die in Schulen erdacht vnd auffbracht/ gleich als ausgeseet/ vnd nu wil mit aller macht auffwachssen) herfür bringen.

Letzlich sollen wir vns bey erzelten vnd andern Exempeln erinnern/ das ein Mensch für Gott gerecht vnd selig wird/ wie der ander/ vñ in diesem fall kein vnterscheid vñ vorteil ist. 　　R　　XL

Grund aus dem Vnterscheid des Gesetz vnd Euangelij.

Das Gesetz strafft / verdampt vñ verweiset den menschen / der noch nicht gerecht ist / vnd erst noch gerecht sol werden / Denn es saget vnd offenbart vns armen sündern gar nichts von Gottes gnedigen willen gegen vns / sondern allein von vnserm sünde / von Gottes zorn vñ straffe. Das Euãgelium aber absoluiret vns in diesem artikel von sünden / verkündigt / beutet an vñ teilet vns mit des Herrn Christi heilwertiges Verdienst / richtet vns auff / tröstet vnd erquicket vnsere erschrockene vñ matte hertzen / Vnd zeiget an / wie vnd das wir mit Gott durch Christum gnediglich versönet / zu Gnadenkindern / vnd Erben des ewigen Lebens / im Glauben auff vnd angenomen werden.

Aber die notwendige Gegenwertigkeit vnserer guten Werck / so man in Artikel der Rechtfertigung zumengen sich dürstiglich vnterstehet / gehöret zum Gesetz / oder gehet das Gesetz an / welches stets von vns die notwendigkeit vnd gegenwertigkeit vnserer guten werck exigirt vnd erfoddert.

Darumb im Artikel der Rechtfertigung / die notwendige gegenwertigkeit vnserer guten Werck / so hart vnd geschwinde treiben / Ist eine solche Lere / welche schrecket / tödtet / vnd vns von Gott reisset vnd abzeucht. Item / dadurch wird die Lere des Gesetzes mit dem Euangelio im artikel der Rechtfertigung vermischt / da doch allein das Euangelium platz vnd raum haben solte.

Hieraus mögen nu alle Gottfürchtige Christen

en leichtlich mercken/vnd verstehen/Das die Le=
re von der notwendigkeit vnd gegenwertigkeit vnse=
rer werck im Artikel der Rechtfertigung/eine solche
Lere sey/die da schrecket vn̄ tödtet/weil sie aus dem
Gesetz kompt/vnd vber das auch dem Euangelio/
gleich sein ziel vnd ampt verrückt/vnd verkeret.

XII.

**Grund aus dem vnterscheid beider Artikel/
von der Rechtfertigung vnd guten Wercken.**

Dieſe zween Artikel vnſer Chriſtlichen Lere/
von der Rechtfertigung vnd guten wercken/
ſind in der Kirchen Chriſti allezeit bisanher
alſo vnterſchieden worden/das der Artikel von der
Rechtfertigung des armen ſünders vorher geſetzt/
vnd folgend der Artikel von guten Wercken/her=
nach gehandelt worden iſt.

Denn alſo ſpricht Chriſtus ſelbſt/Machet ei=
nen guten Baum/als dann werdē die früchte auch
gut ſein. Item/als er den lamen Johan.5.von ſei=
nen Sünden los geſprochen/da ſagt er auch zu im/
Gehe hin vnd ſündige nicht mehr. Alſo ſpricht S.
Paulus Ephe.2. Aus gnaden ſeid ir ſelig/Darauff
folget/Wir ſind ſein Geſchöpff/durch Chriſtum
zu guten wercken geſchaffen/auff das wir darin le=
ben ſollen.

Eben alſo leret er auch Roma.6. Das wir von
Sünden ledig werden müſſen/Als dann vermanet
er darauff/das wir auch knechte der Gerechtigkeit
ſein ſollen. Solches geſchicht aus dieſer wichtigen
vnd nötigen vrſachen/das zuuorn ein guter Brun=
quell ſein mus/da anders reine vnd heilſame bech=
lin heraus flieſſen ſollen.   K ij   Aus

Aus diesem allen ist abermal augenscheinlich zu sehen/ das diese Lere von der notwendigkeit vnd gegenwertigkeit vnserer guten Werck/ diese zween Artikel vnser Christlichen Lere/ nicht one grosse gefahr in einander menget vnd verwirret.

XIII.
Grund aus der eigenschafft vnserer guten Wercke.

S. Paulus sagt/ Was nicht aus dem Glaube ist/ das ist Sünde/ Derhalben gleich wie notwendig die Sonne mus auffgehen/ ehe dann es tag werden kan/ Also mus auch der Glaube für den guten wercken sein/ vnd dieselbigen/ gleich als seine Stralen vnd glantz wircken/ geberen/ vnd von sich geben.

Daraus denn folget/ das diese Lere im Artikel der Rechtfertigung von der notwendigen gegenwertigkeit vnserer guten Wercke/ den tag oder liecht für der Sonnen/ die Tochter für der Mutter/ die fruchte für dem Baume fordere/ gebe/ vnd bringe.

Aber dieses mag man auch noch deutlicher damit erkleren/ vnd beweisen/ Denn je allein der Gerechte gute wercke thut/ wie beide die heilige schrifft vñ Lutherus leren/ Daher auch S. Augustinus sehr wol saget :: *Bona opera non præcedunt iustificandum, sed sequuntur iustificatum.* Das ist/ Gute werck gehen nicht für der Rechtfertigung her (welches sonderlich wol zu mercken) sondern folgen aller erst dem/ der nun gerechtfertiget worden ist. Nu können aber gute Werck one Glauben nicht geschehen/ also/ das sie
Gott

Gott wolgefallen. Sondern gute Wercke sind als
ein Zeichen vnser Seligkeit/ oder zeugnis vnser Ge=
rechtigkeit/ wie S. Paulus bezeuget. Derhalben
sollen vnsere guten wercke in den Artikel der Recht=
fertigung mit nichten gemenget werden/ Wie Lu=
therus sehr ernstlich befihlet/ offtmals leret/ vnd
trewlich vermanet.

XIIII.
Grund aus dem Catechismo.

IM dritten Artikel vnsers Kinderglaubens/
sagen wir also: Ich gleube vergebung der
Sünden. Nu heisset aber gleuben an dem
ort/ da man von vergebung der Sünden handelt/
nicht die notwendigkeit vnserer guten werck. Son=
dern gleuben heisset allda/ gewis dafür halten/ vnd
vertrawen/ das der vnwirdige/ verlorne vnd verdam=
te Sünder/ vergebung aller seiner Sünde habe/
ohne ansehen/ wirdigkeit/ verdienst/ vnd gegenwer=
tigkeit seiner werck/ Allein aus lauter/ vmsonstiger
Gnade vnd Barmhertzigkeit/ im Euangelio durch
vnd vmb Christi willen verheissen etc.

Daraus abermal vnwidersprechlich folget/
das die Lere von der notwendigen gegenwertigkeit
vnserer guten Werck (one welche niemand selig wer=
den kan/ vnd in den Schulen erdichtet vnd entsprun=
gen ist) wider den Catechismum vnserer Christlichen
Kirchen sey/ Wie denn auch die andern Stück des
heiligen Catechismi/ so von vergebung der Sünden
leren/ mit diesem dritten Artikel vnsers Kindergla=
bens fein vberein stimmen/ vnd dergleichen zeugen.
Als/ Wer da gleubet (mercke/ hie wird allein vom

K. iij.   Glau=

Glauben gesagt/vnd getauffet wird/der wird selig.
Item/Das ist mein Blut/für euch vergossen/zur
vergebung der Sünden. Item/Welchen jr die Sün
de vergebet/denen sind sie vergeben. Allhie höret
man gar nichts vberal von der newen Lere der Her
ren Cotlocatom. Man möchte aber sagen/Wo las
set jr die zehen Gebot/die da auch ein stück sind vn
sers heiligen Catechismi? Darauff antworten wir
mit D. Luthero/Sie sollen vnter dem Berge Mo
riah bey Abrahams diener stehen bleiben/Denn
beide Gesetz vnd gute Werck haben jhren gewissen
ort vnd stet/da jrer denn nicht vergessen sol werden.

XV.

Grund vnd Zeugnis aus den deudschen Psal
men vnd Liedern/so man in vnsern Kirchen
zu singen pfleget.

Die gantze Kirche Christi in Deudschland/
von dem Man Gottes D. Luthero trewlich
vnd wol vnterrichtet/hat bisanher mit frö
lichem Glauben/vnd freudiger stimme gesungen.
So macht allein der Glaub gerecht/
Die werck die sind des nechsten knecht/
Dabey wirn Glauben mercken.
Mit diesen worten werden Glaub vnd werck vn
terschieden. Denn die Gerechtigkeit Christi ergreifft
allein der Glaube/Die Wercke aber dienen dem
Nechsten. Item.
Es ist mit vnserm thun verlorn/
Verdienen doch eitel zorn.
Item.
Mein guten werck die golten nicht.

Es war mit jn verdorben.

Wens dann mit vnserm Wercken verdorben ist/ vnd damit nichts anders/ als eitel zorn verdienen/ Item weil sie nichts gelten/ Warumb dringet man denn so hefftig auff die notwendige Gegenwertig= keit derselben im Artikel der Rechtfertigung?
Item.
Ob bey vns ist der Sünden viel/
Bey Gott ist viel mehr Gnaden/
Sein Hand zu helffen hat kein ziel/
Wie gros auch ist der schade/
Er ist allein der gute Hirt/
Der Israel erlösen wird/
Aus seinen Sünden allen.

Allhie werden nur Sünde vnd Gnade gegene= nander gesetzt/ vnd wird nichts gesagt von der not= wendigen gegenwertigkeit vnserer guten werck/ wie die Herrn Collocutores fürgeben.

XVI.
Grund vnd Zeugnis des Mannes Gottes D. Lutheri.

ES ist der gantzen kirchen Christi bekant vnd vnzweiuelhafftig/ sols auch/ ob Gott wil/ bis in alle ewigkeit bleiben/ das Gott der all= mechtige aus lauter Gnade vnd Barmhertzigkeit/ den Man Gottes D. Lutherum erweckt/ vnd jn mit erkentnis der heilsamen Lere/ Glauben/ bestendig= keit/ fürtrefflicher wolredenheit/ für vielen andern be= gabt vnd gezirt/ das er der gantzen welt den Römi= schen Antichrist offenbart/ dazu auch die heilsame le= re Götlichs worts/ vnd vergebung der sünde/ vn war=

B iiij   haff=

hafftigen Gottesdiensten/von vielfeltigen betriegereien vnd Papistischen Verfelschungen/reinigen vnd ausfegen solte.

Diesen thewren Man vnd werckzeug Gottes/ hören vnd folgen wir billich vnd gerne/sintemal er gantz bestendiglich die vnuerfelschte warheit/nicht allein von andern stücken der reinen Lere/Sondern auch von der Rechtfertigung des Menschen für Gott/bis in den Tod geleret/vnd verteidiget hat/ also/das er auch in der Vorrede vber die Epistel an die Galater schreibet/Das alle seine Theologische gedancken/tag vnd nacht/in vnd aus diesem Artikel her geflossen/vnd wider hinein geflossen sein.

Wiewol wir nun in vnser dritten Schrifft derselbigen Sprüche etliche verzeichnet haben/Doch wollen wir allhie itzund noch etliche mehr erzelen/ auff das alle Gottfürchtige Hertzen spüren vnd sehen mügen/Das D. Lutherus allezeit mit grossem eiuer diese Lere von Notwendigkeit vnserer guten Werck/im Artikel der Rechtfertigung/ angefochten/verdampt/vnd aus der Kirchen Gottes stracks verworffen habe.

Zun Galatern am 2.fol.47. Der Glaube machet den Menschen allein gerecht/one zuthun der Liebe/ja zuuor vnd ehe denn die Liebe darzu kömpt.

WJr gebens wol zu/das man von der Liebe vnd guten wercken auch leren sol/doch also/das es geschehe/wenn vnd wo es von nöten ist/als nemlich/Wenn man ausserhalb dieser Sachen von der Rechtfertigung/von Wercken sonst zu thun hat. Die aber ist dieses die Heubtsache/damit man zu thun hat/Das man fraget/nicht ob man auch gute werck

werck thun/ vnd lieben sol? Sondern/ wodurch
:n doch für Gott gerecht vnd selig werden möge?
ιὸ da antworten wir mit S. Paulo also/ Das
r allein durch den Glauben an Christum gerecht
rden/ vnd nicht durch des Gesetzes werck/ oder
rch die Liebe/ Nicht also/ das wir hiemit die wer
: vnd Liebe gar verwerffen/ wie die Widersacher
z mit vnwarheit lestern/ vnd schuld geben/ Son=
n auff das wir vns allein von der Heubtsachen/
mit man hie zu thun hat/ nicht auff einen andern
mbden Handel der in diese Sachen gar nichts
)öret/ abfürenlassen/ wie es der Sathan gern ha
ι wolt.

Derhalben alldieweil/ vnd so lang wir in diesem
tikel von der Rechtfertigung zu thun haben/ ver=
rffen vnd verdammen wir die werck/ Sintemal
ιmb diesen Artikel also gethan ist/ das er keiner=
Disputation oder handlung von den Wercken
ht leiden kan/ Darumb schneiden wir in diesen
achen alle Gesetz vnd Gesetzes werck kurtz abe.
ec Lutherus.

Item ca.2.fol.32. So ist nu die Warheit des E=
ngelij/ Das vnsere Gerechtigkeit alleine durch
ι Glauben kömpt/ ohn alle Werck allerley Gese=
n. Dagegen aber ist das des Euangelij verfelsch=
g/ das man leret/ wie wir wol durch den Glau=
ι für Gott gerecht werden/ doch also/ Das die
:rcke des Gesetzes zugleich dabey sein/ vnd dazu
ch helffen. Mit diesem anhang oder zusatz/ ha=
n die falschen Apostel das Euangelium geprebi=
t.

Ibidem fol.32. Allein der Glaub macht gerecht/

K der

der durchs wort Christum ergreifft/ vnd mit dem/
selben geschmücket oder gezieret wird/ vnd nicht der
Glaube/ der die Liebe in sich schleusset.

Jbidem.Wir wollen kurtzumb zu keinen guten
wercken vns zwingen/ vnd mit dem Gewissen dar/
an verbinden lassen/ Das/ wenn wir dis oder das
thun/ gerecht/ oder wenn wirs aber lassen/ derhal/
ben verdampt sein sollen.

Vnd cap.2.fol.41.S.Petrus gab andern mit
seinem Exempel vrsach zu dencken/ das man das
Gesetz von not wegē auch halten müsse/ wenn man
gerecht werden wolt. So lang aber dieser Jrrthum
stehet/ ist Christus nichts nütze.

Vnd cap.2.fol.45.Der Christen gerechtigkeit
ist Christus selbs/ durch den Glauben im Hertzen
begriffen/ vnd wonende/ vmb welcher Gerechtig/
keit willen/ vns vnser Herr Gott für gerecht sche/
tzet vnd annimpt/ vñ vns das ewige Leben gibt. Da
ist gewislich kein werck des Gesetzes/ kein Liebe/
sondern gar viel ein ander Gerechtigkeit/ vnd gar ein
newes wesen/ das weit höher ist/ denn das Gesetz.

Ferner cap.2.fol.47.Kurtzumb wir müssen vñ
können hierzu gar nichts thun/ on allein/ das wir
den Schatz/ welcher Christus ist/ in vnser Hertze
auffnemen/ durch den Glauben/ vngeachtet ob wir
fülen/ das wir voller Sünden stecken etc.

Darumb sind dieses (Durch den Glauben an
Christum) sehr wichtige grosse wort/ die viel in sich
begreiffen/ vnd ein sehr tieffes nachdencken haben
wollen/ vnd nicht so leichte vnd los zu achten/ wie
die Sophisten meinen/ vnd sie derhalben auch also
wachtsamlich vberhüpffen etc.

Vnd

vnd abermal cap.2. fol.52. Darumb sol man guten werck nicht mengen in diesen Artikel/Der eret/wie man für Gott gerecht müsse werden/ etwa die Münche gethan haben etc.

Jbidem fol.54. Gleich wie vns durch solche [th]aten/kein Gesetz noch werck/sondern alle [Ch]ristus selbst angeboten/vnd gegeben wird/Also [a]uch von vns dagegen nichts anders noch me[h] gefordert/den das wirs mit dem Glaubē fassen.

Jtem cap.2. fol.56. Wo Christus ist vnd lebet/ [mü]ssen Gesetz/Sünde/Tod/vnd alles weichen.

Jtem/S. Paulus wil gantz vnd gar abreissen vns selbst/vom Gesetz vnd Werck/vnd vns in [Ch]ristum pflantzen durch den Glauben/das wir in [di]eser Sachen/nemlich/wenn wir für Gott gerecht [werd]en werden/auff gar nichts anders sehen/noch [nich]t haben/denn auff die Gnade allein/welche wir [vom] Gesetz vnd Wercken so weit absondern sollen/ [so w]eit der Himel von der Erden ist/Denn dieselbi[gen] müssen hie als den gar nichts zu schaffen haben.

Jtem ca.3. ad Gal. fol.103. So sagt nu S. Pau[lus] /Gott hat das Gesetz darzu nicht gegeben/das [die] Leute dadurch solten gerecht werden/sondern es [ku] mb der Sünde willen darzu komen.

Derhalben so offt es sich zutregt/das man zu [han]deln hat von ewiger Gerechtigkeit/Leben vnd [seli]gkeit/sol man das Gesetz so weit aus den au[gen] thun/als were es nie gewesen/vnd würde auch [nim]er komen/Vnd sich mit höhestem vleis gewöh[nen] /auff die Verheissung von Christo allein zu se[hen] /vnd das Gesetz aus den augen zu thun.

Also wil auch D.Lutherus/dz diese zwen artikel
F ij   von

von der Rechtfertigung/ vnd guten Wercken/ sollen vnterscheidlich geleret vnd getrieben werden.

Als nemlich/ Im Argument vber die Epistel Pauli an die Galater/ Wir leren auch die Gerechtigkeit des Gesetzes/ doch also/ wenn wir die lere vom Glauben zuuor gehandelt haben.

Item cap.2.fol.43. S.Paulus/ Petrus/ vnd alle Christē/ thun des Gesetzes werck/ nach dem sie nun durch den Glauben gerecht worden sind. Item ca. 2.fo.52. So schliessen wir nun mit S.Paulo/ Das wir allein durch den Glauben an Christum gerecht werden/ on Gesetz vnd Werck. Wenn aber der mensche durch den Glaubē gerecht worden ist/ vñ Christum durch den Glauben vberkomen hat/ vnd weis nu/ das derselbige seine Gerechtigkeit vnd sein leben ist/ Als denn wird er gewislich nicht müssig/ vnd one Werck bleiben/ Sondern wie ein guter Baum/ wird er auch gute früchte bringen:c.

Item cap.2.fol.57. Man sol die Wercke thun/ als früchte der Gerechtigkeit/ die man zuuor/ vnd one die wercke/ durch den Glauben an Christum erlanget hat/ Vnd nicht/ als ob sie nach dem Glauben/ oder zugleich/ vnd neben dem Glauben vns gerecht machen könten. Geschehen sollen sie/ doch nit der meinung/ Das/ wo wir zuuorn vngerecht sind/ sie vns gerecht können machen/ Sondern die zuuor durch den Glauben gerecht sind/ thun sie/ Denn der Baum bringet die früchte/ nicht widerumb/ die früchte den baum.

Item cap.3.fol.81. Darumb sol man den gleubigen Abraham von dem andern Abraham/ der mit Wercken vmbgehet/ so weit scheiden/ als weit der Himel von der erden gescheiden ist. Ibi-

Ibidem cap. 3. fol. 83. Der Glaub richtet zum ersten die person zu/welche hernach die werck thut.

Im ersten lateinischen Tomo Jen.fol.539.Es get auch in der Philosophia also zu/ Da one vnd zu allen guten wercken/nötig ist/das zuuor die vernufft vnd der wille gut sein/Vnd wird nicht die vernufft vñ der wille gut von Wercken/Sondern das werck geschiehet von rechter vnd guter vernunfft vnd willen. Vnd die Idea eines Werckmeisters/wird nicht vom hause oder gebew/sondern der Baw geschicht durch die Ideam/welche zuuor vnd ohne das gebew in des Werckmeisters hertzen ist.

Item Gen. cap. 22. Die affirmatiuam haben wir bisher gesetzt/ Das wir allein durch den Glauben gerecht geschetzt vnd gesprochen werden etc.Die negatiua ist diese/ Der Glaub macht nicht allein gerecht/ sondern der Glaub mit den Wercken vereinigt. Vnd dieser Proposition oder Rede/ dichten sie an sehr listige Erklerung an/ Ob wir wol die wercke erfordern als nötig zur Seligkeit/ sprechen sie/ leren wir doch nicht/das man auff die Werck vertrawen sol.

Es ist zumal ein listiger Teufel/ Aber er richtet nichts aus/ denn allein das er die vernunfft vnd vnfarne Leute teuschet.

Item Gen.15.fol.189.Diese vngereimte gedancken komen her aus vnuerstand der heilige schrifft/ Daher denn folget/ das man das Gesetz vnd verheissung/Glaube vnd Werck in einander brewe vnd menge/Welche doch auffs aller weiteste sollen vnd müssen vnterscheiden sein.

K iij   17.Grund

XVII.
Grund vnd Zeugnis aus der Augspurgischen Confession vnd Apologia.

ES ist auch diese lere von notwendiger gegenwertigkeit vnserer guten Werck/der Augspurgischen Confession frembd vnd vnbekandt. Denn dieselbige saget im 4. Artikel also/ Es wird geleret/ das wir durch vnsere Werck oder gnugthuung/nicht können vergebung der Sünden verdienen/ werden auch nicht von wegen vnserer Werck gerecht geschetzt für Gott etc. Allhie wird nicht alleine das verdienst der guten Werck/ sondern auch vnsere Werck selbst/ vom Artikel der Rechtfertigung ausgeschlossen. Vnd im 20. Artikel der lateinischen edition stehet also geschrieben/ welches wol zu mercken/ *Nullo modo potest humana natura primi aut secundi Præcepti opera facere.* Das ist/ Menschliche natur vermag nicht die Werck des ersten vnd andern Gebots zu thun/auch nicht im geringsten stück.

Vnd in der lateinischen Apologia/ werden mit hellen dürren worten nicht allein die notwendige gegenwertigkeit vnserer guten Werck ausgeschlossen/ sondern auch die guten werck selbst. Denn also lauten die wort/ *Nonne Euangelium pollicetur Remissionẽ peccatorum & salutem, etiam hijs, qui nulla prorsus habent bona opera?*

Aber die Herren Collocutores setzen vnd verteidigen die notwendige gegenwertigkeit vnserer guten werck im Artikel der Rechtfertigung/ Ob wol die Augspurgische Confession sagt/ das solches in keinerley wege geschehen sol oder könne.

Es sagt auch die Apologia im Artikel/ wie man für Gott from vnd gerecht werde/ das es erdichtet/
vnd

vnd nicht war sey/ vnd eine lesterung wider Christi/ das die jenigen sollen one sünde sein/ die Gottes gebot allein eusserlich halten/ one geist vñ gnad im hertzen.

Aber die Herrn Collocutores setzen vnd mengen die Notwendigkeit vnserer guten werck in den Artikel der Rechtfertigung/ auch vor der empfangenen Gnade Gottes.

Mögen derhalben selbs sehen/ wie ernstlich vnd gewaltig sie an gedachtem orte der Apologien getrafft vnd widerlegt werden/ vnd jnen ferner zu gemüt füren/ das eben daselbst nicht allein die wirdigkeit vnd verdienst vnser guten werck/ sondern auch die werck selbst von der Rechtfertigung ausgeschlossen werden. Denn solches zu beweisen/ wird auch der Spruch S. Pauli/ Fleischlich gesinnet sein/ ist der tod/ sintemal es dem Gesetz Gottes nicht vnterthan ist/ daselbst angezogen/ Vnd ferner daran gehengt/ Ist nun die vernunfft vnd fleischlich gesinnet sein/ eine feindschafft wider Gott/ So kan kein mensche one den heiligen Geist hertzlich Gott lieben. Item/ Ist fleischlich gesinnet sein wider Gott/ So sind warlich die besten guten werck vnrein vnd sünde/ die jmer ein Adams kind thun mag. Item/ Kan das fleisch Gottes Gesetz nicht vnterthan sein/ So sündiget warlich auch ein Mensch/ wenn er gleich edle/ schöne/ köstliche gute werck thut/ die die Welt gros achtet.

Es bezeugt auch die Apologia an vielen orten/ das die liebe volge/ vnd eine frucht sey des glaubens. Item/ Wenn wir nu durch den Glauben gerecht werden/ So heben wir als denn an Gott zu fürchten zc. Welches denn je nicht ehe geschehen kan/ denn wir

C iij durch

durch den Glauben gerechtfertiget werden/ Denn der Glaube vor der Liebe hergehet/ vnd die Liebe auff den Glauben folget. Item die Apologia spricht auch/ das die guten wercke oder tugende dem Glauben folgen sollen.

Derhalben so folget nu aus diesen allen vnwidersprechlich/ das Lutherus sampt der Augspurgischen Confession vnd Apologia/ von der erdichten Notwendigkeit der guten Werck/ im Artikel vnser Rechtfertigung nichts gewust oder geleret haben.

Hieraus mag man nun von den beschwerlichen worten vrteilen/ Das sie frey heraus sagen dürffen/ Die jenigen verstehen die Augspurgische Confession noch nicht recht/ welche sagen/ Das in diesem Artikel die Gegenwertigkeit vnserer Werck ausgeschlossen werden. Vber das mögen sie nu auch sagen/ Das D. Luther die Augspurgische Confession vnd Apologia selbst nicht verstanden habe/ Ob wir vol viel Zeugnis aus seinen Schrifften an seinem orte vorbringen,

XVIII.
Grund aus der Papisten Zeugnis vnd Vrteil.

ES leren auch die Papisten fast also von den Wercken/ Nemlich/ Ob wol die Wirdigkeit vnd verdienst der guten Werck/ im Artikel der Rechtfertigung ausgeschlossen werde/ So werde doch die notwendige gegenwertigkeit der wercke keines weges ausgeschlossen. Denn also schreibet Andradius/ in lib. de orthodoxa fide. In der versönung oder bekerung des Menschen zu Gott/ ist nicht allei-

alleine vorhanden oder gegenwertig der Glaube/ auch nicht alleine die vergebung der Sünden/ oder die zurechnung der Gerechtigkeit Christi/Sondern auch die Rew/Vernewerung/Hoffnung/liebe/vnd dergleichen gute Tugenden. Vnd im 8. cap. der 6. Session des Tridentischen Concilij/wird ausdrücklich das verdienst der werck von der Rechtfertigung ausgeschlossen/mit diesen worten: Das wir aber vmbsonst vnd aus Gnaden gerechtfertiget werden/ wird darumb gesagt/das der ding keines/die vor der Gnaden vnd Rechtfertigung hergehen/ es sey Glaub oder Werck/ solche Gnade der Rechtfertigung verdiene/Denn so es Gnade ist/so ist es ja nicht aus den Wercken etc.

Jedoch ist es nur Teuscherey mit jnen/Denn sie/wie vnleugbar/die Werck einen weg wie den andern/ in die Rechtfertigung vnd seligkeit des Menschen einflicken/ Wie denn Lutherus auch bezeuget im Brieff an die zu Franckfurt am Mein geschrieben/6.Tom.ger.fol. 105. mit diesen worten/Vnsere Papisten/nach dem sie gemerckt/das jr grewlicher Grewel ist zu hell an tag komen/ da sie den Heiland Christum vnd seinen Glauben rein verdampt/ vnd auff eigen werck zu bawen/geleret/vnd fast geschrien haben/ziehen sie in die Pfeiffe ein/vnd ergreiffen auch das wort (Glauben) vnd predigen vom Glauben vnd guten Wercken. Aber heimlich bleiben sie bey jrem alten Grewel/ vnter dem wort (Glaube) Denn sie sprechen/ Es ist war/ man mus durch Glauben gerecht werden/ so fern die Werck darbey sein.

Item in der Kirchenpostill am Himelfartsta-
W ge/

ge. Das wort/Wer da gleubet/mus man recht an
sehen vnd verstehen/das wir es nicht lassen verke=
ren/durch angeschmierte Glossen vnd Zusatz/da=
mit die Papisten solchen herrlichen/gewaltigen
Spruch verdunckeln/vnd zu nicht machen/so sie i=
ren Geiffer dran hengen/vnd sagen/Man müsse ne=
ben dem wort Glauben/auch gute werck verstehen/
das es also heisse/Wer da gleubet/vnd gute wercke
thut/der wird selig.

Das sind die hoch gelerten Meister/so Christum
zur Schule füren/vnd jm die Zunge scherpffen/wie
er reden sol/Geiffern aus jrer blindheit daher/was
sie wollen/vnd wissen doch nicht/was vnd wo von
sie reden in diesen hohen Sachen.

Item Tom. 6. Jen. fol. 43. Es sind alle zeit gar
viel gewesen/so wol als jtzund/die vom Glauben
wissen viel zu sagen/vnd wollen nicht alleine des Ge
setzes/sondern auch des Euangelij Meister sein/Vñ
sagen auch wie wir/Der Glaub thuts wol/aber
doch das Gesetz vnd Werck müssen auch dazu ko=
men/sonst gelte der Glaube nichts/vnd mengen so
durch einander vnser leben vnd thun/vnd Christum.
Das heisst nicht rein vnd lauter den Glauben gele=
ret/sondern den Glauben geferbet/geschnitzt vnd
geselscht/das er nicht Glaube ist/sondern ein fal=
scher schein/vnd farbe des Glaubens.

Item/auff das vermeinte Keiserliche Edict
schreibet Lutherus also.

Weil ich sehe/das diesen Heubtartikel der Teu
fel jmer nuts meistern/durch seine Sewlerer/vnd
mit nichten ruhen noch auffhören kan/So sag ich
D. Martin Luther/vnsers HErrn Jhesu Christ
vn=

rnwirdiger Euangelist/ Das diesen Artikel / Der Glaube allein ohn alle Werck macht gerecht vor Gott/ sol lassen stehen vnd bleiben der Römische Keiser/ der Türckische Keiser/ der Tarter Keiser/ der Perser Keiser/ der Bapst/ alle Cardinal/ Bischoue/ Münche/ Nonnen/ Könige/ Fürsten/ Herrn/ alle Welt/ sampt allen Teufeln/ vnd sollen das Hellische fewer darzu haben auff jren kopff/ vnd keinen danck darzu/ Das sey mein D. Luthers ein spruch vom heiligen Geist/ vnd das rechte Euangelium.

Lutherus in 2. cap. ad Galat.

Las dichs nicht anfechten/ wie es die Sophisten felschlich glosiren/ Das sie sagen/ Als denn macht der Glaub gerecht vnd selig/ wenn die Liebe vnd gute Werck darzu komen. Solche Glosse nennet Lutherus *pestilentem glossam*/ damit die Sophisten die Sprüche Pauli verderben vnd verkeren.

Item Galat. 2. fol. 47. Wenn wir in dem *loco communi* oder Lere sind/ Nemlich von der Rechtfertigung/ so verwerffen vnd verdammen wir die Werck/ Denn der *locus* leist in keinem wege zu die Disputation von guten wercken. Derhalben schneiden wir *in hoc proposito*/ in dem handel *simpliciter* alle Gesetz vñ alle werck des Gesetzes ab. Darinne ist die Frage/ Was Christus sey/ was für wolthatē er vns erworbē/ vñ zu wegen gebracht hat. Christus aber ist ein HErr des lebens vnd Todes/ Mitler vnd Heiland der sünder/ Erlöser derer/ so vnter dem Gesetz sind. Item/ Das Lamb Gottes/ das der gantzen welt Sünde tregt. Diese Wolthaten Christi ergreifft der einige Glaube. Darumb macht der einige Glaube/ der solche Wolthaten Christi ergreifft/ gerecht/ da

M ij   dürf-

dürffen wir nichts dazu thun/Sondern allein den Schatz vnd Breutgam mit seinen Wolthaten ergreiffen vnd annemen/ In jhm sind wir durch den Glauben/ vnd er in vns/ da sol der Breutgam alleine in der Kamer mit der Braut sein/ dazu gehöret kein Gesinde. Wenn er aber die Thür auffthut/ vnd heraus gehet/ Da sollen Knechte vnd Megde zu lauffen/ vnd dienen/ etc. Da sollen die Werck angehen/ vnd die Liebe sol sich lassen sehen/ die dem Glauben folget/ als eine danckbarkeit.

Item in der auslegung der Epistel Tit. 3. Am Christage in der Kirchenpostill/ Wer die Seligkeit nicht aus Gnaden empfehet/ für allen guten Wercken/ der wird sie freilich sonst nimmermehr empfangen.

Item bald hernach/ Die Werck machen vns nicht rein/ from/ vnd selig/ Sondern wir zuuor rein/ from vnd selig thun die werck/ frey dahin/ Gott zu ehren/ vnd dem nechsten zu gut.

Letzlich/ damit wir klar darthun/ das auch die Papisten/ bisweilen die wirdigkeit vnd verdienst der guten Werck ausschliessen/ wolle wir nur noch ein Zeugnus des *Thomæ de Aquino* einfüren/ Derselbe spricht vber die Epistel S. Pauli an Titum cap. 3. lect. 1. Also/ *Deinde cum dicit, Non ex operibus &c. poni rationem saluandi, & primo excluditur ratio præsumpta, Secundo ostenditur ratio vera. ratio præsumpta est, quod propter merita nostra sumus salu sti, quod excludit, cum dicit: Non ex operibus iusticiæ, quæ fecimus nos.*

Das ist/ da S. Paulus spricht/ Nicht vmb der Werck willen macht er vns selig etc. zeiget er an/ wie wir für Gott gerecht vnd selig werden/ Vnd verwirft wirfft erstlich die erdichte/jrrige meinung aus menschlicher vernunfft gesponnen/ Darnach aber weiset er die rechte heilsame Lere vnd meinung. Die erdichte/jrrige meinung/ spricht er/ ist/ das jhm der Mensch getrawet/durch eigene verdienst vnd werck gerecht vnd selig zu werden/ Welch Verdienst oder wirdigkeit der werck S. Paulus damit ausschleusst vnd verwirfft/das er spricht/Nicht vmb der werck willen der Gerechtigkeit/die wir gethan hatten/ macht er vns selig etc. Hec ille.

Derhalben so ist offenbar/ das diese Lere/ das die guten Werck im Artikel der Rechtfertigung von nöten sein/ Vnd das nicht die werck selbst/ sondern nur die wirdigkeit/ verdienst/ rhum/ vnd vertrawen derselben dauon ausgeschlossen werde/ mit der Papisten Lere zum guten teil vberein stimme/Vnd ist kein zweiuel/ das/ Wo diese gefehrliche Lere stehen/vnd befestiget werden solte/Das die fürnembsten Gründe Bepstlicher Lere *de merito congrui*, oder vorbereitung zur Rechtfertigung von jnen selbst darauff folgen werden. Vnd wird nicht helffen/ man wehre sich dawider so offt vnd wol man jmer kan vnd mag/ man wird dadurch widerumb dem Bapstum müssen allgemach auffhelffen/ vnd je lenger mehr darzu vnd darein komen.

XIX.

Beweisung/ das diese Lere/ von notwendiger gegenwertigkeit der Werck/ falsch vnd vnrecht sey/aus dem ergangenen Schaden vñ vnrath/ so zur zeit des Interims aus derselben erwachssen vnd erfolget.

Es ist vnleugbar/ vnd mit hellen dürren worten in den Actis Synodicis selbst vermeldet/ das den Interimisten zugefallen/ etliche vorneme Lerer dieser Lande also haben angefangen zu reden/ Das die notwendige gegenwertigkeit der guten wercke in vnd von dem Artikel der Justification oder Rechtfertigung des armen sünders für Gott/ nicht ausgeschlossen werde. Denn also lauteten dazumal jre Wort/ Es müssen die Liebe vnd andere gute Tugenden in vns angefangen sein vnd bleiben. Dennoch vber dieselbigen Tugenden/ mus das vertrawen auff den Son Gottes sein/ wie gesagt ist/ vnd mus die an dem Tugenden alle vberschatten etc. Acta Synodica deudsch fol. 109. lat. S 3. T 4.

Eben durch diese Lere vnd meinung/ kam die Christliche Kirche dazumal in den schaden vnd gefehrligkeit/ das man schier aus dieser vornembsten Rede vnd Proposition/ Wir werden alleine durch den Glauben gerecht/ das wörtlein/ Allein/ gantz vnd gar verschenckt vnd verloren hatte. Denn da schrieb vnd sagt man öffentlich/ Wir streiten nicht vom wörtlin SOLA oder Allein.

Auff solches weichen vnd nachgeben/ folgete darnach auch ferner die falsche vnd schedliche Rede/ Wir sind fürnemlich durch den Glauben gerecht.

Dis ist warlich nicht ein kleiner geringer schade/ vnd verdunckelung der heilsamen Lere des Glaubens (wie mit Gottes hülffe an seinem orte weitleufftiger vnd ausfürlich sol angezeigt vnd erwiesen werden) Wenn sonderlich etliche Lerer oder Prediger in Kirchen oder Schulen/ dessen wir vns doch nicht versehen wollen/ solche Jrrthumb vnd Corruptelen/

/als Göttliche Warheit verteidingen/vnd entschuldigen wolten oder solten.

Jetzt haben wir solches kürtzlich berüren vnd dencken müssen/weil die Herrn Collocutorn wider vnsere vielfeltige bitten vnd vermanen/das man nicht new gezenck erregen/ oder darzu vrsach geben solte/diese verwirrete Lere von notwendiger gegenwertigkeit vnserer guten werck im Artikel der Rechtfertigung/ selbst auff die bahn bracht/ vnd erreget haben.

XX.

Grund/das falsche Leren aus dieser Rede leichtlich komen/ oder doch damit beschönet/vnd vermentelt werden mögen.

SO diese Lere sol bestehen/das die notwendigkeit der gegenwart vnserer guten werck im artikel der Rechtfertigung nicht ausgeschlossen werde/ vnd dasselbe so ernstlich erfordert wird/ das ohne dieselben gegenwart niemand für Gott kan gerechtfertiget werden. So werden die Papistischen jre Lere *de congruo & condigno* (Das wir durch vnsere Werck so viel können anfahen/das wir gnade erlangen/ Vnd wenn dasselbige gethan/ vnd so viel verdienet ist/ das wir vber die erste Gnade/ das Himelreich vnd ewige Seligkeit darzu verdienen) gar wol vnd herrlich verteidigen/vnd erhalten können. Dergleichen die Lere *de fide formata charitate*, das ist/Das dem Glauben die Werck oder die Liebe krafft vnd gestalt gebe/Oder das man durch werck vnd Glauben zugleich selig werde. Sonderlich weil die heutiges tages viel subtiler von diesen dingen zu reden pflegen/ denn sie vor dieser zeit gethan haben. Auch wird in der Christlichen kirchen die hochtrabende vnd vermessene Lere herrschen/ vnd vberhand nemen/Das es vnmüglich sey/one gute werck selig zu werden. Item/Niemand sey jemals one gute werck selig worden etc. Denn dieselben Redengelten eben so viel/als diese/Die notwendigkeit der gegenwart vnserer guten Werck/ wird so gar nicht aus dem Artikel der Rechtfertigung geschlossen/ Das auch one dieselbige gegenwertigkeit niemand kan gerechtfertiget werden.

Derwegen so wird man durch diese *scholasticas voces*/ Das ist/ Schulwort/ wissentlich/ williglich/ vnd vorsetzlich/ das herrliche schöne Liecht der Euangelischen Warheit/ vnd den höchsten Trost des Gewissens/verlieren/vnd also fein mehlich vnd gemachsam fus vor fus zum Papisten (wie dieselben öffentlich schon dauon jubiliren vnd rhümen) tretten/ Vnd wird nicht gnug sein/ noch viel helffen/ob man gleich schreien werde/ Das man das verdienst vnd vertrawen dauon ausschliesse.

Wir wollen aber hieher schreiben die trewe erinnerung vnsers geliebtē Vaters vnd Præceptoris Lutheri/ der in der Vorrede der Offenbarung Johannis also spricht/ Die Lere von Werckheiligkeit muste die erste sein wider das Euangelium/ bleibet auch wol die letzte/ One das sie imer newe Lerer vñ andere Namen vberkömpt: So viel saget Lutherus. Vñ solches beweiset auch die Historia zu allen zeiten.

Derhalben die Kirche Gottes sich allezeit zum höchsten zu befahren hat vor denen/ so vnsere werck in den Artikel der Rechtfertigung mengen wollen.

Denn

Denn je verstendiger vnd gelerter die menschen sind/
je subtiler vnd scheinlicher/ das ist/ Mit grösserer ge
schwindigkeiten vñ betrug bringen sie vnsere werck
hinein/ vnd schmücken sie auffs gewaltigst. Darum
sol man gute acht darauff haben/ das nicht jrgend
mit einem gleissenden vnd schön geferbten Schein/
dieser höchster Artikel vns verkeret vnd verfelschet
werde.

XXI.

Grund/ das die Herrn Collocutorn allhie selbst
Antilogias haben/ vnd wider sich selbst bisweilen reden.

Dieses sol allhier auch nicht vnangezeigt blei
ben/ Das die Herrn Collocutorn jnen selbst
zuwider sind / vnd wider sich selbst reden.
Denn vnterweilen lassen sie zu/ das wir one Gesetze
vnd alle Wercke des Gesetzes/ gerechtfertiget werden/ Bald aber nemen sie widerumb das jenige/ was
sie zuuorn nachgegeben hatten/ in dem sie streiten/
das dennoch die notwendigkeit der gegenwart vnser guten werck/ nicht ausgeschlossen werde. Ober
das stossen sie die wirdigkeit guter Werck/ aus dem
Circkel vnd foro der Rechtfertigung/ aber doch drin
gen sie dargegen hinein vnsere Werck selber.

Auch ists eine seltzame wünderliche notwendig
keit/ darüber die Herrn Collocutorn so sehr fechten vnd streiten/ Denn auff vnsere geschehene Fra
ge/ Ob dieselbigen guten Werck *causa efficiens, materia*
lis oder *formalis* vnser Rechtfertigung vor Gott weren/ Antworten sie/ Das sie gar keine *causa* vnd vrsach weren/ zwar auch nicht das *medium* oder mittel/

tel/wie etwan etliche möchten geleret haben.

Vber das halten sie dennoch nicht desto weniger so hefftig an/ vnd dringen in diesem Artikel so sehr auff die Notwendigkeit der gegenwart vnserer guten Werck/ Vnd das so viel daran gelegen sey/ das auch vnsere Rechtfertigung für Gott/ one diese gegenwart nicht geschehen möge oder könne.

Nu wollen Gottfürchtige zuhörer solches wol erwegen vnd bedencken/ das gesagt wird/ es solle ein Notwendigkeit sein/vnd eine solche/daran zum höchsten gelegen/vnd solle dennoch auff keine der jtzt benenten *causarum* vnd vrsachen / können gezogen werden. Heisset das nicht wider sich selbst/ ja wider Gott selbst streitten? Welcher die ordnung *causarum* oder der vrsachen/ also weislich gesetzt vnd gemacht hat/Das/was als notwendig gesagt wird/ in eine der obgemelten vrsachen fallen mus/welchs alle vernünfftige Menschen bekennen müssen. *Hac tenus Acta.*

Item Folio 365.
PROPOSITIO.

Die Heubtfrage aber ist diese/ das durch die *exclusiuas* (aus gnaden/ allein durch den Glauben/ nicht aus den wercken/ one wercke/ nit aus dem Gesetz/ one Gesetze/ vnd dergleichen (nur vnd allein das verdienst vnd vertrawen der guten werck ausgeschlossen werde/nicht aber die notwendige gegenwertigkeit vnserer guten wercke/im Artikel vnser Rechtfertigung vor Gott.

Allhie wölle man mit vleis auff die Heubtfrage achtung geben/ nemlich/ Das man hie allein rede vnd handele vom Artikel vnser Rechtfertigung für
Gott

Gott/ vnd nicht von den früchten der empfangenen
Gerechtigkeit des Glaubens oder guten bawms/ o-
der von der notwendigkeit vnd pflicht des newen ge-
horsams/ welcher folgen sol (davon zwischen vns
vnd den Collocutorn kein streit) vnd hat seine beloh-
nung/ beides in diesem zeitlichen/ vnd hernach im e-
wigen Leben.

Wöllen derhalben die Argumenta vnd Gründe auff den Platz stellen.

Der erste Scheingrund.

Die Rew gehet allweg vor der Rechtfertigung
des Sünders her.

Nu ist aber dieselbe Rew vnser gut Werck.

Derhalben so müssen vnd sollen vnsere gute wer-
cke/ im Artikel der Rechtfertigung/ notwendig/ ge-
genwertig/ vnd verhanden sein.

Antwort. Erstlich so ist am tage/ das die *conclusio*
oder folge mehr in sich begreiffe vnd schliesse/ denn
in den vorgehenden zweien Sprüchen gesetzt worden. Denn die *conclusio* oder folge solte also formiret
werden/ Derhalben so gehen vnsere gute Wercke
vor der Rechtfertigung her.

Fürs ander/ so ists auch/ wie mans in den Schulen nennet/ *Ignoratio Elenchi*, das ist/ eine falsche vngereimpte folge/ darumb/ das die Heubtfrage des
streits ist von der Rechtfertigung/ vnd doch das
argument oder Grund auff die Rew gerichtet.

Wiewol man nu in der Lere von der Busse oder
Bekerung/ erstlich von der Rew/ hernach vom Glau-
ben/ vnd denn erst von den guten Wercken/ als
früchte der Busse reden mus/ Jedoch so mus men

einem jeden Stück seine eigenschafft geben vnd lassen. Allhie aber redet vnd handelt man nur vnd allein/ von dem Artikel der Rechtfertigung des armen Sünders für Gott.

Ob wol auch der *Maior* oder die erste *Proposition* vnd Rede/ recht vnd war ist/ vnd keinen streit hat/ darumb/ das es Gott selbs also geordnet/ das die Rew vor der Rechtfertigung hergehē solle/ Jedoch so ist der *Minor* oder die ander *Proposition*/ nemlich/ das die Rew vnser gut Werck sey/ zum teil was dunckel vnd verwirret/ zum teil auch falsch vnrecht/ Denn nicht erkleret wird/ wie die Rewe vnser Werck sey/ Ja man entzeucht auch dadurch Gott sein gebürende Ehre/ vnd eignet sie dem Menschen zu/ wider die heilige Schrifft/ welche ausdrücklich saget vnd bezeuget/ Das ware Rew der Sünden im Menschen ein pur lauter werck Gottes sey/ welchs er durch die Predigt des Gesetzes wircket/ wie geschriebē stehet Roma. I. Es wird der zorn Gottes offenbaret vom Himel herab. Item/ Er zubrach mir alle meine gebeine/ wie ein Lewe/ Esa. 38. Item/ Durchs Gesetz kömpt nur erkentnis der Sünden.

So ist auch solcher Scheingrund wider die rechte ware Definition vnd beschreibung der Rew/ welche zeuget/ das die Rew nichts anders sey/ denn erkendtnis der sünden vnd vnserer verdamnis/ durchs Gesetze im hertzen des Menschen angezündet etc.

Wer wil aber nun sagen/ Das die Rew sey ein erkentnis vnserer guten Werck. Denn der Rew eigenschafft ist/ den Menschen von allen seinen Wercken ausziehen vnd entblössen/ vnd in zu eittler sünde vnd zu Schanden machen/ wie Daniel recht sagt/

sagt/ Du HERR bist gerecht/ wir aber müssen vns
schemen.

So leret vnd bezeuget Lutherus auch/ das die
Rew ein *Passio* oder werck Gottes in vns sey/ wie deñ
in vnserm vorigen Schrifften aus seinen Büchern an
zezeiget vnd erwiesen worden.

Vnd in Schmalkaldischen Artikeln spricht er
von der Busse also/ Das ist nu die Donnerart Gottes/ damit er beide die offenberlichen Sünder vnd
falschen Heiligen in einen hauffen schlegt/ vnd lesst
keinen recht haben/ treibet sie allesampt in das schrecken vnd verzagen/ Das ist der Hamer/ wie Jeremias spricht/ Mein wort ist ein Hamer/ der die Felsen zerschmettert/ das ist/ nicht *Actius contritio*/ eine
gemachte Rew/ Sondern *Passiua contritio*/ das rechte Hertzleid/ leiden vnd fülen des Todes.

Derhalben erscheinet aus diesen/ das durch solch
ir fürwenden/ Gesetz vnd Euangelium in einander
gemenget vnd gebrawē werden. Eben also ein gros
Onterscheid ist zwischen der Rew vnd Glauben/ als
zwischen dem Gesetz vnd Euangelio ist. Zu dem ist
die *Contritio* oder Rew one Glauben nichts anders/
denn eitel furcht/ schmertzen/ zagen/ vnd zappeln/
Ist auch nicht vnser gut Werck/ welches auch Philippus in seinen *Locis* fol. 373. bekennet. Aber das ist
es auch ein Papistische Lere/ wenn man fürgibt/ das
die *Contritio* oder Rew vnser gut Werck sey.

II.
Der ander vermeinte Grund.

Humiliatio/ das ist/ sich für Gott demütigen oder
niderschlagen/ gehet für der Justification her.

N iij   Die

Die *Humiliation*/das ist/solche erniderung/ist ein gut werck.

Darumb folget/das gute Werck aus notwendiger gegenwart/im Artikel der Rechtfertigung sind.

Antwort.

Dis Argument ist dem ersten gleich/Denn es beweiset nicht mehr/denn das gute Werck für der Rechtfertigung vorher gehen. Derwegen stimmet die *Conclusio* mit den vorgehenden *Propositionibus* nicht vbereins.

So wird auch *Minor* oder die ander Proposition on vnterscheid gesatzt. Denn der Hammer des Göttlichen Gesetzes/schmettert vnd schlegt vns zu boden/vnd vberzeuget vns/das in vns keine gute Werck sondern eitel vnd vnzeliche Sünde/vber das fülung Gottes zorns vnd straffe zu befinden.

Zu dem ist zweierley *Humilitas*/niderung oder demut/Eine ist warhafftig/vnd gehet von Hertzen/als in Dauid/Eine ist falsch vnd erdichtet/als in Pharaone/Achitophel/Ahab/vnd andern mehr.

Vber das/so wollen auch die Patron vñ Schutzherrn dieser Lere/von notwendiger gegenwart der guten Werck im Artikel der Rechtfertigung/dafür nicht angesehen werden/als solten oder wolten sie ausdrücklich leren vnd sagen/Das gute Werck für der Rechtfertigung vorher giengen/dieweil gute werck dem Glauben vnd der Rechtfertigung volgen/daruber denn in vnser Kirchen gar kein Streit ist.

Das dritte vermeinte Argument ist.

Guter vorsatz gehet für der Rechtfertigung vorher.

Guter vorsatz ist ein gut werck.

Daraus folget/das ein gut Werck im Artikel der Rechtfertigung aus notwendiger gegenwart von nöten sind.

Der *Maior* aber/oder die erste Proposition/wird der gestalt bewiesen/Das die *Contritio* sey Rew vnd Leid vber die begangene Sünde/vnd ein vorsatz gutes zu thun. Antwort.

Die *Conclusio* oder Beschlus/vermag oder begreifft mehr in sich/denn die vorgehende Reden oder *Propositiones* in sich halten. Denn der Beschlus also lauten solt/Derwegen gehen gute werck für der Rechtfertigung her/welches wider das *principium* in der *Theologia* ist/nemlich/*Bona opera non præcedunt iustificandum, sed sequuntur iustificatum.* Das ist/Gute Werck folgen in dem/der durch den Glauben gerechtfertiget ist/Vnd gehen nicht für dem her/der noch nicht gerechtfertiget ist.

Was *Maiorem* oder die erste Proposition anlanget/Antwortet Lutherus drauff/der da sagt/Guter vorsatz kan ohne Glauben nicht im Grund gut vnd Gott wol gefellig sein/Derwegen ist vnwidersprechlich war/das ein ernster vnd Gott wol gefelliger vorsatz das leben zu bessern/ein Effect/folge vnd frucht des Glaubens sey. Item der gute vorsatz ist/von sünden auffhören vn recht zu thun/nach Gottes wort. Niemand aber ist für Gott gut/den allein dieser/welcher durch den Glauben gerechtfertiget ist. Item/

Niemand thut gute Werck/ es sey denn/ das er zuvorn durch Christum zu guten Wercken geschaffen sey/ Eph.2. Item/ Er sey denn zuvorn widergeboren vnd ernewert.

So mus man auch den vnterscheid zwischen dem guten vorsatz/ so fleischlich ist/ vnd dem/ so aus dem Glauben herkömpt/ betrachten. In diesem ort aber/ wird von dem vorsatz des Glaubens geredt. Item/ newer gehorsam/ die Gerechtigkeit des guten Gewissens vnd guter vorsatz/ werden für einerley verstanden vnd genomen/ wie in den Locis Philippi zu sehen.

Minor oder die andere Proposition/ wird on vnterscheid dahin gesetzt. Denn es nicht ausdrücklich gesagt wird/ ob es ein werck des fleisches oder des Glaubens ist/ So gehet ja ein guter vorsatz nicht für dem Glauben her/ sondern folget demselben/ wie die Augspurgische Confession aus vnd nach Gottes wort solchen Grund leget/ nemlich die guten werck sollen dem Glauben folgen/ den S. Paulus nennet dieselbe früchte der Gerechtigkeit.

IIII.
Das vierdte Argument.

One welches vnmüglich ist/ das jemand gerechtfertiget werde/ das ist im Artikel der Rechtfertigung aller ding von nöten.

Es ist aber vnmüglich/ das jemand one guten vorsatz könne gerechtfertiget werden.

Derhalben sind die guten Wercke aus notwendiger gegenwart im Artikel der Rechtfertigung von nöten.

Minor

Minor oder die ander Proposition/ wird daher probieret oder erwiesen/ Denn es ist vnmüglich/ das einer/ so in Sünden wider das Gewissen verharret/ könne für Gott gerechtfertiget werden/ Denn es stehet geschrieben/ Thut Busse/ zureisset ewer Hertzen/ Höret auff böses zu thun/ vnd lernet gutes thun.

Antwort. Der Beschlus nimpt vnd begreifft viel mehr in sich/ denn die vorgehende *Propositiones* vermügen/ oder nachlassen. Denn also solte die *Conclusio* oder Beschlus formirt oder gesatzt werden. Derwegen ist guter vorsatz im Artikel der Rechtfertigung von nöten. Es sol aber der Leser wol merckē/ das hie nicht von dieser Proposition oder Rede gehandelt vnd gesagt wird/ nemlich/ Guter vorsatz ist nötig/ Denn solche Rede lesst man für sich recht vnd warhafftig sein vnd bleiben. Darumb aber ist es zu thun/ vnd darüber ist der Streit/ Ob auch vnsere guten werck im Artikel vnd *Actu* der Rechtfertigung / aus notwendiger Gegenwart von nöthen sind.

Auff die *Maiorem* oder erste Proposition/ antworten wir schlecht vñ einfeltig also/ Das nemlich das verdienst Christi/ Gottes vnmesliche Gnade/ vnd der Glaube/ aller ding vnd allein von nöten sind/ ohne welche es vnmüglich ist/ das ein mensch für Gott gerechtfertiget werde/ vnd dis ist aus Gottes wort/ Augspurgischer Confession/ vnd Lutheri Schrifften/ klar vnd offenbar.

Antwort auff *Minorem* oder andere Proposition. Dis alles/ damit man *Minorem* oder die ander Proposition zu probiern vnd zu erhalten verneint/ gehöret

höret entweder zum Gesetz/ denn es wird von der New gesagt/ welche warlich nötig ist/ wenn man von der Bekerung oder Bus redet/ Oder aber gehöret zur gantzen Bekerung/ welche New vnd Glauben/ als denn auch newen gehorsam/ als ein frucht begreifft.

Zu dem können wir andere Menschen/ allein à *posteriori* vnd aus der folge sehen/ welcher warhafftig bekeret sey/ vnd sich warhafftig zu Gott gewant hat. Denn wir können nicht *à priori*/ des hertzen bewegung erforschen vnd sehen/ welches allein Gott zusihet. Derwegen wir aus den früchten den baum erkennen/ vnd diese Lere bestehet vnbeweglich/ das nemlich dieser entweder noch nicht durch den Glauben gerechtfertiget sey/ oder aber durch den Glauben zugerechnete Gerechtigkeit wider verschertzt vñ verloren hat/ welcher in Sünden wider das Gewissen vnsinnig vnd halsstarrig verharret. Denn ein böser baum bringt böse frucht/ vnd ist erger denn der vnfruchtbar Feigenbaum. Es kan auch dis dazu gesagt werden/ Im fall das gleich in der New ein guter vorsatz sey/ So ist vnd bleibt solcher vorsatz nur fleischlich/ wo aus dem Glauben solcher vorsatz/ welcher Gott gefellig ist/ nicht her entspringet vnd kömpt. Ist derhalben klar vnd offenbar/ das jr fürgewandt Argument/ nur ein Confusion vnd verwirrung *partium pœnitentiæ, causarum & effectuum* sey.

V.

Der Collocutorn fünfft Scheinargument.

Was zur Ordnung der Rechtfertigung gehöret/ das ist im Artikel vnd Actu der Rechtfertigung von nöten.

Das

Das ist aber der Rechtfertigung ordnung/das
der Mensch von Sünden ablasse/ einen guten vorsatz bringe/ vnd im Glauben vmb vergebung der
Sünde bitte/ vnd hernachmals sich in guten wercken vbe.

Derhalben sind gute werck im Artikel der Recht-
fertigung/aus notwendiger gegenwart nötig.

Antwort. Die *conclusio* setzet hie auch die notwendige gegenwart hinzu/welche in vorgehenden Propositionen nicht begrieffen.

Auff *Maiorem* oder erste Proposition ist dis vnser
Antwort.

Diese Stück sind im Artikel vnd *Actu* der Rechtfertigung nötig/ als nemlich der heilige Geist/ als
causa efficiens fidei/ der den Glauben in den Menschen
anzündet vnd schenckt/ die predigt des Euangelij
vnd der Sacrament/ als mittel vnd werckzeug/ dadurch vns Gott die erworbene Gerechtigkeit Christi anbeut. Gottes barmhertzigkeit/ so vns one vnser
verdienst zu gnaden annimpt. Die volstendige erfüllung des gantzen Gesetzes durch Christum gelei-
stet/welchs so zu reden/*res ipsa*/ vnser Gerechtigkeit
an jm selber ist/so vns durch den Glauben zugerechnet wird/ der Glaube/welcher ist das *organon*, werck-
zeug/ oder bettelhand/damit wir die geschenckte gerechtigkeit Christi ergreiffen/ vnd vns appliciren.
Vnd ein armer busfertiger sünder/ als ein *subiectum*/
denne Christi gerechtigkeit durch den Glauben/ aus
lauter Gnade/ one alle seine werck zugerechnet vnd
geschenckt wird.

In diesem Ort/ Kreis oder Circkel/ haben vnsere guten Werck weder platz noch raum.

Was

Was *Minorem* oder die andere Proposition belanget/Antworten wir/Wir sein jtzunder im Artikel der Rechtfertigung/davon auch die erste Proposition handelt vnd redet. *Minor* aber oder die ander Proposition/redet von den *partibus* oder stücken der Bekerung. Daraus ist offenbar/das 4. *termini* in solchem jhrem Argument sein/welche das Argument verdechtig machen/vnd vmbkeren. Solt derhalben *Minor* also formirt werden/Aber gute Werck im Artikel vnd *Actu* der Rechtfertigung/gehören zur ordnung der Rechtfertigung/Denn in solchen schrencken oder kreis/solt *Minor* oder die ander Proposition geblieben sein/der gestalt/das sie nicht allein solches sagte/sondern auch gründlich vnd klar darthete vnd beweisete. Aber allhie verkreucht vnd verleurt sich aus der Streitban der Fechtschuel/ *Minor* oder die ander Proposition/gleich als die an jhr selber blos vnd schamrot bestehet/vnd stellet einen andern Fechter an die stat/der zur Sache in diesen Streit nicht gehöret. So aber hie jemand wolt Einrede thun/Das wort Gerechtfertigung/wird von etlichen *Largo modo*, weitleufftig für die Bekerung/vnd was zur Rechtfertigung des Menschen für Gott gehöret/gebraucht vnd verstanden. Darauff wissen wir kein ander Antwort zu geben/denn die vorige/nemlich das 4. *termini* in solchem Argument zugleich einlauffen/Als wenn man das wort Rechtfertigung *proprie & specifice* eigentlich in der ersten Proposition/ Jn der andern Proposition aber *improprie* vnd *generaliter*/in gemein on vnterscheid gebraucht/vnd verstehet. Werden derhalben also alle Stützen vnd Beine diesem Argument entzogen/das es keines weges bestehen kan.

6. Das

Das sechste gesüchte Argument.

WAs im Artikel vnd *Actu* der Rechtfertigung zugleich angezündet wird/ das ist in demselben Artikel aus notwendiger Gegenwart nötig.

Im Artikel aber vnd *Actu iustificationis*/ werden zugleich mit dem Glauben viel Tugend angezündet.

Derhalben sind dieselben tugend alle im Artikel vnd *Actu* der Rechtfertigung/ aus notwendiger gegenwart nötig.

Antwort. Wir gestehen *Maiorem* oder erste Proposition nicht/ Denn in dieser lere mus vnd sol man aller ding *causas & effectus*/ vrsach vnd folge vnterscheiden/ wie es alle rechtschaffene *Theologi* dafür halten. Wie denn der HErr Christus selber ein vnterscheid machet/ zwischen des Bawms gütigkeit/ vnd desselbigen früchte/ der gestalt/ das er ausdrücklich sich hören lest/ Man mus zum ersten einen guten bawm setzen oder machen/ so werden als denn gute frücht folgen. Der heilige Paulus saget auch deutlich/ Das ein armer Sünder aus lauter Gnaden/ one seine Werck/ allein durch den Glauben gerecht gesetzt vnd angenomen werde. Hernach folgen vnd finden sich gute Werck als Früchte/ zeugnis vnd anzeigung der zugerechneten vnd empfangenen durch den Glauben Gerechtigkeit.

Auff *Minorem* oder die andere Proposition antworten wir. Man sol fist vber dem *principio* vn grund m Gottes wort/ Augsburgischer Confession/ vnd

D iij Schrifft

ſchrifften Lutheri halten/nemlich/ Gute werck fol
gen dem Glauben. Item/nach dem wir durch den
Glauben gerechtfertiget/vnd widergeboren sind/
als denn heben wir an Gott zu lieben etc. Item/ſol
ches kan nicht geſcheben/ es ſey denn/ das wir zu
uor im Glaubē gerechtfertiget vnd newgeborn sind
durch den Glauben/ geberen von ſich notwendig
gute Werck/oder gute früchte. Item Johannes le
ret/das gute Wercke Früchte ſind der Buſſe. Item
das man die beiden Artikel von der Rechtfertigung
vnd guten wercken wol vnterſcheiden ſol. Item/der
arme Sünder ſol vnd mus im Artikel der Rechtfer
tigung/allein des HErrn Chriſti werck oder ver
dienſt erkennen vnd anſchawen.

VII.

Das Siebend Argument.

Was im Artikel vnn *Actu* der Rechfertigung/
nicht kan abgeſondert werden/das iſt darin oder da
zu aus notwendiger gegenwart nötig.

Die Tugend aber/ ſo mit dem Glaubē zugleich
im Artikel vnd *Actu* der Rechtfertigung angezündet
werden/können von dem ſelben Artikel nicht geſon
dert werden.

Derhalben ſind die Tugend/ ſo zugleich mit dem
Glauben angezündet/in dem Artikel der Rechtfer
tigung aus notwendiger gegenwart nötig.

Antwort. *Minorem* oder die ander Propoſition
geſtehen wir nicht/ weil ſie die Sache in vnd vnter
einander menget. Denn die heilige Schrifft vnter
ſcheidet ausdrücklich die gerechtigkeit/ ſo wir durch
den Glauben empfangen/ vnd die guten werck/ ſo
dem

dem Glauben vnd gerechtfertigten Menschen fol-
gen/das ein jeder aus klaren deutlichen Zeugnissen
der Schrifft leichtlich sehen vnd verstehen kan/es
were denn/das er im hellen mittag mutwillig blind
wolt sein. Ja die verfechter dieser Lere/von der notwendigen Gegenwart der guten werck im Artikel
vnd *Actu* der Rechtfertigung/ bekennen offt selbs/
das man *causam* vnd *effectum* vnterscheiden sol.

VIII. Das achte Argument.

So etwas ohne ein anders nicht bestehen kan/
dasselbige ist von nöten auffs wenigste aus notwendiger gegenwart.

Der Glaub aber/ kan ohne die guten werck nicht
bestehen.

Derwegen sind die guten Werck dem Glauben
nötig/im Artikel vnd *Actu* der Rechtfertigung/aus
notwendiger gegenwart.

Antwort. *Maior* oder die erste Proposition/ist
zweiuelhafftig vnd verwirret.

Auff *Minorem* geben wir diesen Bericht. Es ist
in gebreuchliche vnd warhafftige Lere der Kirchen Christi/nemlich das man Glaube vnd Werck
vnterscheiden sol/als *causam* vnd *effectum*. Item/das
gute Werck dem Glauben folgen sollen. So nennet
auch die Augspurgische Confession/ gute Werck
früchte des Glaubens/vnd dieselbige Confession er-
rt vnd zeucht des D. Ambrosij Spruch an/ nem-
lich/ *Fidem esse genitricem iustæ actionis*/ der glaub gebieret
von sich rechte Werck. Derwegen ist es von nöten/
das der Glaub zuuor muss da sein/ vnd die Früchte
als denn hernach folgē/ob wir gleich die zeit so gnaw

O iiij   nicht

nicht können vnterscheiden. Denn des Mans Gottes Lutheri Sententz vnd Meinung gewis ist/ Der Glaub macht gerecht/ ehe er gute Werck thut.

Fürs ander/ wird von Luthero ein solch Definition oder Beschreibung des Glaubens gesetzt/ nemlich/ das er sey ein vertrawen/ der sich auff die gnedige verheissung vmb des HErrn Christi willen stönet vnd verlesst. In solcher Beschreibung des Glaubens/ hören wir gantz vn gar nichts von guten wercken/ one welche der Glaube im Artikel vnd Actu der Rechtfertigung/ nicht bestehen könte.

Das man aber fürgibt vnd sagt/ das der Glaube nicht müssig sey / vnd das sich derselbige sehen lasse vnd erzeige in vnd mit guten Wercken / das bekennen wir auch als recht vnd warhafftig. Aber solcher Glaub hat zuuor *gratis*/ aus gnaden/ on alle Werck/ die zugerechnete Gerechtigkeit Christi empfangen/ Dernachmals thut vn wircket der Glaube gute werck. Daher reden etliche von dem gerecht machenden vnd fruchtbringenden Glauben/ Nicht das sie die substantz oder das wesen des Glaubens an jm selbs/ so zu reden/ zweierley machē/ Sondern das allein der Glaub im Artikel der Rechtfertigung das einige werck/ verdienst/ oder gehorsam/ so Christus an vnser stat vnd für vns geleistet/ vnd die gnedige verheissene Barmhertzigkeit Gottes anschawet vnd ergreiffet.

Dernachmals leuchtet ausser dem Artkel der Rechtfertigung der Glaube/ vnd lesset sich sehen in vnd mit guten Wercken/ damit er Gott preiset/ vnd dem Menschen dienet.

Ist derhalben *Minor* oder die andere Proposition

zum teil verwirret/zum teil falsch vnd vnrecht. Daß
sie fast dunckel ist/ vmb der vrsach willen/ Das nic
deutlich vnd vnterschiedlich gnug erkleret wird/wie
der Glaub one gute werck nicht sey. Vnd ist diese re=
de viel deutlicher vnd verstendlicher/ Der Glaub ist
nicht müssig/ der Glaub ist gescheftig/ der Glaub
gebiert oder bringt gute Früchte.

Darnach ist der *Minor* oder andere Proposition
falsch vnd vnrecht/wenn er in den Artikel der recht=
fertigung gesetzt wird/ Denn an dem ort gründet
sich der Glaub allein auff den Gehorsam Christi/
vnd vnermessliche gnedige barmhertzigkeit des him
lischen Vaters. Wenn wir aber von guten wercken
reden/leren als denn wir recht/ der Glaub sey nicht
müssig/ob es wol kein ander Glaub ist/ als der/ so
die zugerechnete Gerechtigkeit Christi aus gnaden
fasset vnd ergreiffet. Disputiren allhie keines weges
von dem *interuallo temporü*/ von kürtze oder lenge der
zeit oder augenblick/ Sondern sagen vnd bezeugen
mit dürren worten/Das der Glaub/als dann/wañ
er die zugerechnete Gerechtigkeit Christi empfan=
gen vnd erlanget/ bringe er auch rechtschaffne gu=
te Früchte/ Gott zu lob/ehr vnd preis.

Zum dritten / in der Rechtfertigung selbst/ als
wir auch droben erwehnet/ sind der armen Sünder
vnd Schüldener/das verdienst oder gehorsam Chri
sti/ Gottes barmhertzigkeit/ vnd der Glaube/ vnd
sind alda vnsere gute Wercke gar ausgeschlossen. 1.
Durch Christi verdienst. 2. Durch Gottes gnedige
barmhertzigkeit.3. Durch den Glauben. Nach dem
pruch S. Pauli Rom. 4. Derhalben mus die Gere=
htigke.t durch den Glauben kome/auff das sie sey

p

aus gnaden/vnd die verheissung fest bleibe allen sa=
men etc.

Kürtzlich köndt man also darauff antworten.
Der *Minor* oder ander *Propofition*, redet von den Artic
kel/Circkel vnd kreis der guten Wercke. Derwegen
mag der Beschlus nicht bestehen. Zu dem/das
auch one das der Beschlus für sich selbst mangel=
hafftig ist/aldieweil er die dinge einführet vñ setzet/
so in den *præmißis* oder vorgehenden *propofitionen* nicht
zu finden/als nemlich/die wort/im Artikel der
Rechtfertigung. Vnd müst dennnach also formirt
sein. Derhalben so sind die guten Werck/von we=
gen notwendiger gegenwart/dem glauben nötig/
welches man denn in dem Artickel von guten wer=
cken/nachlesset vnd gestehet/nemlich vnd also das
der glaube gute früchte bringe/Denn wo er diesel=
ben nicht bringet/sondern der Mensch wider auffs
new widers gewissen sündiget/kan der ware glaub
nicht in einem solchen vorhanden sein vnd bestehen.
Aber in dem Artikel der *Iuftification*, gilt diese *Conclufio*
oder Beschlus gar nichts. Vrsach/denn alda grün
det sich der glaube allein auff den gehorsam Christi
vnd schleust davon alle gute werck aus.

IX.

Der heiligen schrifft/sol vnd mus man gleuben.

DJe heilige Schrifft aber/schleust aus dem
Artikel vnd Actu der Iustification/nur das verdienst
vnser gute werck aus/nicht die gegenwart der werck
selbst.

DErhalben sol vnd mus man solche Lere/als
für recht vnd war annemen vnd gleuben.

DJe

DJe ander Propositio oder Minor/ wird beweisen aus S. Paulo/ denn er spricht Nicht aus den Wercken/ nicht durchs Gesetz/ auff das sich nicht jemand rhüme. Welche Phrases oder art vnd weiße zu reden/ gar mit den andern vberein komen/ da sie gleicher gestalt sagt/ one werck/ one Gesetze/ vnd dergleichen.

Antwort.

DJe ander Proposition oder Minor ist falsch vnd vnrecht/ Denn die heilige Schrifft schleust klerlich/ in dem Artickel vnd Actu der Rechtfertigung vns/ alles beides zugleich/ Nemlich/ das verdienst vnserer guten wercke/ vnd die wercke selbst. Ist dem nach der beweis falsch/ vnrecht vnd der heiligen Schrifft zu wider/ vnd das aus nachfolgenden vrsachen.

DEnn S. Paulus eben aus der Vrsach/ die er zwiefachen weis zu reden/ in vnd von dem Artickel vnd Actu der Iustification brauchet/ das er auffs allerhelleste vnd greifflichste darthu/ das beides verienst vnd vnsere werck selbst ausgeschlossen werden. Darumb spricht er one werck/ vnd nicht aus wercken. Item/ one Gesetz/ vnd nicht durchs Gesetz. Vnd sol derwegen auch bey den hellen vnd klaren worten S. Pauli/ wie sie an jhnen selbst/ vnd nach dem Buchstaben lauten/ bleiben/ vnd mit nichten sich dauon abbringen lassen/ welches noch besser aus volgenden Gründen/ wird können verstanden werden.

DEnn S. Paulus setzet vnd helt gegeneinander in diesem Artikel vnd Actu/ Gottes gnedige Barmhertzigkeit/ vnd den sündigen verdampten

P ij vnd

vnd verlornē menschen. Item den gehorsam Christi vnd die sünde des gantzē menschlichen geschlechts/ Rom. 4. 5. vn̄ thut das so krefftig/ vnd mit solchem Ernst vnd Eiuer/ das er alle gute Werck des Patriarchen Abrahe aus dem foro/ Circkel/ oder Kreis der Justification ausschleusset/ vnd schlechter ding wil aus diesem Artikel weg gethan haben/ vnd nur dieselbe bey den menschen gelten lassen/ Nemlich/ das Abrahe werck gerechtigkeit/ nur bey dem menschen etwas sey/ nicht für vnd bey Gott/ da nichts vberal gilt/ als allein der verdienst/ werck oder gehorsam Christi/ so dem armen Sünder durch glauben zugerechnet wird.

3. Denn S. Paulus setzet ausdrücklich/ vnd mit klaren worten gegen einander/ denen der mit Wercken vmbgehet / vnd denen/ der nicht mit Wercken vmbgehet/ Vnd spricht mit dürren worten heraus / Deme aber der nicht mit wercken vmbgehet. Item/ Gleubet aber an den/ der die Gottlosen gerecht macht/ dem wird sein Glaube gerechnet zur Gerechtigkeit. Lieber was kan doch klerers gesagt werden? Wenn nu hie ein tollkühner Meister klügelkeme/ vnd wolte ein solche Glossen dran schnüeren. Dem aber/ der nicht mit wercken vmbgehet/ das ist/ der zwar gute werck hat/ schleusst aber nur das verdienst dauon aus / Solt man nicht einen solchen Ausleger der Schrifft billich ausleuchten/ vnd für einen rechten verkerer des Texts Pauli halten.

4. Denn des Glaubens eigenschafft im artikel der Rechtfertigung ist / nur allein ergreiffen den gehorsam Christi/ vnd Gottes gnedige Barmhertzigkeit.

5. Denn die Gerechtigkeit des Glaubens/ ist ein

ngerechnete Gerechtigkeit/vmb Christi willen. Vñ die Rechtfertigung ist vergebung der Sünde/vnd zurechnung des verdienstes Christi/vnd die gnedige annemung des armen Sünders zur Gnade/oder Kindschafft. Die wird von vnsern guten Wercken nichts gehört. Es sollen aber die guten Werck nach der Rechtfertigung volgen.

5. Denn die Verheissung der Gnaden/kan vns nicht gewis vnd feste sein/wo eben in dem Artikel vnd Actu der Rechtfertigung selbst/vnsere gute werke/von wegen notwendiger gegenwart/nötig sind. Mehr Vrsachen vnd Gründe werden anderswo von vns erzelet.

X.

Die Rechtfertigung des Menschen in diesem Leben/ist *continua*/jmerwerend.

Derhalben sind ja vnsere gute werck/im Artikel vnd *Actu iustificationis* für Gott/von wegen notwendiger gegenwart/nötig.

Antwort.

Es erscheinet hie gar kein Grund oder Vrsach der folge in diesem Argument. Sind demnach diese Reden/wie es die Gelerten nennen/*scopæ dissolutæ*. Wenn aber das Argument also formirt würde/kön te so viel deste leichter vnd ehe der Betrug/der drinne verborgen/ersehen vnd vermerckt werden.

Die Rechtfertigung des Menschen in diesem leben/ist *continua*.

Die Rechtfertigung des Menschen aber/begreifft in sich Glauben vnd gute Werck.

Daraus volget/das Glaub vnd gute werck sind *Continua*/vnd stets an einander hangen.

P iij   Ant-

Antwort.

Die erste Propositio oder Maior dieses Arguments/ ist nicht klar gnugsam. Denn wo er diese meinung hat: Das die Rechtfertigung des Menschen in diesem Leben so lang were/ so lang derselbige gleubet/ So ists gewis das der Christen Rechtfertigung oder zugerechnete Gerechtigkeit/ dadurch wir für Gott gerecht sind/ allzeit einerley im anfang/ mittel vnd ende. Vnd bittet ein Christe teglich vmb vergebung der Sünde/ Vnd demnach mus man/ mit verstendlichen vnd deutlichen wortē/ die grosse Sachen ausreden. Wo man aber etwas anders vnter dieser Rede verbirget/ so sag mans dürre heraus/ auff das es die Kirche Christi/ aus vnd nach Gottes wort richten vnd vrteilen möge/ Denn das ist gewis/ dz der Glaub durch Gottes gnade/ wechst vnd zunimpt/ vnd das ein glembiger allweg vnd zu aller zeit/ er habe ein schwachen oder starcken glauben/ doch mit demselben/ den gantzen Christum/ die volkomene zugerechnete Gerechtigkeit/ vnd die volkomene vergebung der Sünden ergreiffet.

2. ZU dem Minor oder andern Propositio / sagen wir rund nein. Denn die Rechtfertigung begreifft allein die zurechnung des gehorsams Christi/ aus lauter gnaden/ durch Glauben. Von vnsern guten Wercken aber leret S. Paulus/ das es früchte sind eines Gerechtfertigten Menschen. Darumb sol man dieses orts nicht vermengen/ die zurechnung der Gerechtigkeit/ welche durch glauben geschicht/ mit vnsern guten Wercken. Zu dem so ist die ander Propositio gantz Papistisch vnd Antichristisch.

XI. Was

XI.

WAs von den widergebornen/nicht kan noch mag abgesondert vnd gescheiden werden/das mus er ja notwendig haben/wo nicht vmb etwas anders willen/doch zum wengsten/von wegen notwendiger gegenwart.

DEr Widergeborne/in den Artikel vnd Actum der Rechtfertigung gestellet als nemlich/wenn er vmb vergebung der Sünden bittet im heiligen Vater vnser/ist nicht one gute Wercl.

SChleust sich demnach/das gute Wercke von wegen notwendiger gegenwart/im Artikel vnd Actu der Rechtfertigung/nötig sind.

DJe ander *Propositio* oder *Minor* wird beweiset/ mit dem Exempel des Widergebornen Abrahe/ welcher viel guter werck/wie denn solches S.Paulus Rom. 4. bezeuget gehabt. Item/so ist ja ein vnterscheidt zwischen einem/der noch nicht widergeborn ist/vnd aber jtzt gerechtfertigt wird/Vnd einem/der widergeborn/ist aber in Sünde gefallen/ vnd wird wider auffs new angenomen vnd gerechtfertiget. Antwort.

DJe erste *Propositio* oder *Maior* ist *indistincta*/ist nicht fein vnterschiedlich/Sondern verwickelt vnd verwirret/Denn er zeiget nicht grund vnd vrsach an/warumb denn ebē diese notwendige gegenwart so sein müsse. Sintemal es ja billich/das *caussa* vñ *effectus*/Die Vrsach eines dinges vnd jre wirckung von einander gescheiden/vnd von einem jeden an einem ort besonderlich gehandelt werde.

Auff die andere *Propositien* oder *Minorem* antworten wir 1. Es mus dennoch gleichwol bleiben

P iij der

der vnterscheid zwischen der *causa & effectu*, vrsach vnd jrer wirckung/ Baum vnd seinen Früchten/ die werden aber in dieser Proposition in einander vermengt. 2. Wenn ein Widergeborner/ so gesündigt hat widers Gewissen/ Glauben vnd Gnade verloren vnd ausgeschüt/ Auffs newe mit Gott handelt von der Rechtfertigung/ oder gnediger vergebung seiner Sünden/ so sind seine gute werck in diesem Artikel gar ausgeschlossen. Wollen des ein Exempel setzen/ Dauid nach dem er in Ehebruch vnd Todtschlag gefallen/ hat nicht seine gute Werck gegenwertig/ Sondern stehet da für Gott als ein armer grosser Sünder/ wie er denn selbst spricht/ An dir allein hab ich gesündiget/ vnd vbel für dir gethan/ Psa.51.3. Wenn nun ein widergeborner/ von wegen seiner hinderstelligen vbrigen schwacheiten/ sie sind innerlich oder eusserlich/ durch welche er Gnad vnd Glauben nicht verschüttet vnd verloren hat 2c. Im Vater vnser vmb vergebung der Sünden bittet/ Eben in demselbigen *Articulo & Actu* der Rechtfertigung/ werden seine gute werck ausgeschlossen/ vrsach ist diese/ Denn da erkent vnd fület er nichts/ denn das er ein grosser Schüldener ist/ vnd bittet allein vmb Gnad vnd Barmhertzigkeit. Bleiben derwegen eines widergebornen Menschen gute Werck allzeit in dem Kreis vnd Circkel/ nemlich/ das sie Früchte sind der Gerechtigkeit. Sind es nun früchte/ so könne noch sollen sie in den Artikel der Rechtfertigung nicht gezelet/ vndeinvermenget werden/ damit die armen Gewissen nicht jrre gemacht/ vnd der hohe Artikel von der gnedigen vergebung der sünden oder Rechtfertigung/ nicht geschwecht werde. Ble-

Bleibet derhalben diese Lere allzeit steiff vnd
fest stehen. Ein widergeborner ist nicht one gute wer
cke/verstehe/welche dem Glauben folgen/vnd als
früchte sind der Gerechtigkeit/ vnd vergebung der
Sünden. Anders sol man die guten Werck nicht
schetzen/oder dauon reden.

XII.

Die Newgebornen haben gewislich gute wercke.

Nu nus man das verdienst absondern von den
guten Wercken der Newgebornen.

Darum sol man leren vnd halten/ das die gegenwertigkeit vnserer guten Wercke im Artikel der
Justification nötig sey.

Antwort.

Es ist mehr im Beschlus/denn in den vorgehen
den rede. Auch sein in diesem *Syllogismo quatuor termini.*

Taug derwegen dieses Argument gar nichts.

Das aber nicht jemand drüber zu klagen habe/
als assumirten oder setzten wir das Argument nicht
recht/ So wollen wirs noch auff ein ander weise for
miren vnd setzen.

Wo das Verdienst ausgeschlossen wird / da
müssen gute Wercke sein.

In den Newgebornen aber wird das verdienst
abgesondert.

Derwegen müssen die Newgebornen gute wercke haben.

Antwort.

Wie schickt sich doch das hieher/vnd auff die
Frage/dauon man jtzt handelt?

Wolte

Wolte man aber die Conclusion auff andere weise formiren oder setzen/ so müste mehr dings mit hinein gebracht werden.

Zu dem/ so kan man auch nein sagen zur ersten Proposition/ oder Rede/ Denn sie nicht aller ding war ist/ wenn man sie wol vnd mit vleis examiniret/ vnd besihet.

XIII.

Die notwendige Schuld vnd verdienst sind vnterscheiden. Item die gegenwart der schuld vnd verdienstes. Item die notwendigkeit der gegenwart vñ verdienstes.

Derhalben sind vnsere gute Werck im Artikel vnd *Actu* der Rechtfertigung von wegen notwendiger gegenwart nötig.

Antwort.

Es ist hie in diesem Argument kein Grund vnd vrsach der folge. Sind demnach/ wie es die Gelerten nennen/ *scopæ dissolutæ*/ das ist/ es henget an einander wie ein zerrissener Besem. Die vorgehende Rede ist wol recht vnd war/ Aber die nachfolgende Schlusrede oder folge/ ist ein newe Propositio.

XIIII.

Was dem Glauben oder Rechtfertigung notwendig folget/ das mus von wegen notwendiger gegenwart/ auch im *Articulo* vnd *Actu iustificationis* verhanden sein.

Nu ist aber gewis/ das gute Werck notwendig/ auff die Rechtfertigung vnd Glauben folgen.

Derhalben so müssen vnsere gute werck/ von notwendiger gegenwart willen/ auch im Artikel vñ *Actu* der Justification verhanden sein.   Ant-

Antwort.

Das ist eine vermengung der stücke warhafftiger oder heilsamer Busse/vnd sagen nein zum *Maiore* oder ersten Proposition. Denn die guten werck/welche der Rechtfertigung volgen/die können in den Artikel vnd *Actum* der Justification nicht gesetzt werden/Vnd ein jeder so nur ein wenig bey vernunfft ist/ sihet vnd mercket leichlich/ das die erste Proposition oder *Maior* dieses Arguments/vntüchtig vn falsch sey/fellet demnach das gantze Argument mit sampt seiner vntüchtigkeit in Brun.

Die ander Proposition oder *Minor* ist wol recht/ Aber der Beschlus/welcher dieselbe Proposition oder *Minorem* mit dem *Maiori* verknüpffen vnd verbinden sol/ist/wie wir von dem *Maior* oder ersten Proposition/mit gutem bescheid dargethan vnd erwiesen haben.

XV.

Wer verneinet/ das gute Werck nötig sind. Item/das gute Werck sollen gegenwertig sein/der ist ein Antinomer/vnd Feind guter Werck/ der anders nicht thut/ als den Leuten nur vrsach gibet vnd anleitung/in allen Sünden vnd Schandpfützen sich zu baden.

Wer aber verneinet die notwendige Gegenwart vnser guten Werck/ im Artikel vnd *Actu* der Rechtfertigung für Gott/ der verneinet stracks die notwendigkeit der guten Werck. Item/die notwendige gegenwart der guten Werck/ verleugnet vnd verneinet auch ferner/das die leute gute werck thun sollen.

Derwegen sind alle die jenigen/welche die notwendige gegenwart vnserer guten werck/ im Artikel

Q ij vnd

vnd *Actu* der Rechtfertigung/ verneinen/ gewislich Antinomnisch.

Antwort.

Das ist ein schedliche vñ abschewliche vermengung/ der stück oder teil rechtschaffener Busse/ *Causarum & effectuum*, der vrsach vnd derselben wirckung des Gesetzes vnd Euangelij/ Vnd ist denmach ein *fallacia compositionis & diuisionis*/ welcher Gottfürchtigen fromen Christen nicht geziemet zu gebrauchen. Gilt auch die andere Propositio oder *Minor* nichts. Denn diese *Propositiones* sind weit von einander vnterscheiden. Sintemal etliche von dem Artikel der Justification/ etliche aber von guten Wercken als früchte der Gerechtfertigten reden.

Diese *Propositiones* aber/ Gute werck sind nötig/ Die gegenwart der guten Werck/ als eine folge in den gerechtfertigten/ ist nötig. Die Menschen sollen gute Werck thun/ gehören zum Gesetz. Darnach sind sie von den gerechtfertigten/ ausgesüneten oder widergebornen zuuerstehen. Vnd sollen keines weges in den Artikel vnd *Actum* der Rechtfertigung selbst/ nach aussage der heiligen Göttlichen schrifft vnd D. Lutheri Lere/ gezogen werden.

Nu beruhet aber vnd bestehet der Heubtstreit dieser Disputation/ eben auff dieser Proposition. Nemlich/ ob vnsere gute Werck im Artikel vnd *Actu* der Rechtfertigung/ von wegen notwendiger gegenwart nötig sind? Das wollen ja alle Christliche zuhörer vnd leser mit allem vleis mercken. Denn das ist der Heubthandel vnd Heubtfrage/ Nemlich/ wie itzt gemelt/ in vnd von dem Artikel vnd *Actu* der Rechtfertigung des Sünders für Gott/ ob in denselben

ben vnsere gute Werck/ von wegen notwendiger gegenwart gehören oder nicht.

Daraus ist nun nicht schweer/ den betrug dieses nichtigen Arguments zuuermercken. Vnd müsste demnach also formirt werden.

Wer da leret/ das im Artikel der Justification für Gott/ nicht allein das verdienst/ sondern auch die Gegenwertigkeit vnser guten werck ausgeschlossen werden/ der ist ein Antinomer etc.

Solchs thun die Collocutores. Ergo &c.

Wir antworten auff die *Maiorem* oder erste Proposition also/ Das die Herrn Collocutores solchs sagen/ beweiset/ wie wir offt vermeldet/ gar nichts. Es reden vnd argumentiren die Herrn Collocutores auff gut Bepstisch. Denn derselbige ist so hofertig/ das er alle seine Satzungen nimpt vnd *promulgirt ex scrinio pectoris sui*/ aus seines Hertzen schrein/ vnd wil nicht schuldig sein/ seine meinung aus Gottes wort zu beweisen.

Das aber vnsere Kirchen alle *Antinomiam* offentlich vnd mit grossen ernst straffen vnd verdammen/ das wissen vnd bezeugen auch vnsere feinde die Papisten selbst. Denn wir je in dem Confutation buch/ welches vnsere gnedige Fürsten vnd Herren haben ausgehen lassen/ neben andern Corrupteln/ auch die *Antinomiam* mit starcken vnd statlichen Gründen vnd Argumenten/ offentlich verdammen vnd verwerffen.

Wir heissen aber *Antinomiam* das.

1. Wenn man sagt/ das das Gesetz in der Kirchen nicht solle gepredigt werden/ sondern gehöre auffs Rahthaus.

Q iij   2. Wenn

2. Wenn man die Leute nicht leret vnd vnterrichtet von den Sünden/beide wider die erste vnd andere Tafel/als von den Irrthumen/so itzt im schwange gehen. Item von deme/das man die Verfelschungen vnser Christlichen Lere/Freunden vnd hohen Leuten zu liebe vnd gefallen/beschönet vnd beschüldiget.

3. Sagen vnd leren/das gute werck nicht nötig/ noch wir sie zu thun schüldig sein.

4. Den Leuten nachhengen/das sie sündigen mügen ires gefallens. Item denen/so in Sünden wider ir Gewissen one Busse verharren/Gottes gnade vñ ewiges Leben zusagen/vnd sie zum Tisch des HErren/vnd zum Gebet bey der Tauffe zulassen.

5. Vermeinen/das die Sünden wider das Gewissen/den Glauben vnd die gnade Gottes ausstossen.

6. Vermeinen/das die Newgebornen den newen gehorsam/nach Gottes geboten zu leben/anfahen.

7. Streiten/das das Euangelium/wens in seiner eigentlichen bedeutung gebraucht vnd genomen/vñ dem Gesetz entgegen gehalten wird (Denn wir reden itzt nicht von der gemeinen Bedeutung dieses worts Euangelium) sey vnd heisse eine Predigt der Busse/vnd der vergebung der Sünden. Diese Definition oder Beschreibung findet man in den Antinomischen *Articulis* oder *Propositionibus*.

Das wir aber die Antinomische stücke (so viel vns derselben itzt eingefallen) alle in vnserm Schrifften verwerffen/ist offenbar. Aber wenn ein Christlicher Leser/auff die D. Collocutorn/vnd itziger zeit leuffte vleissig achtung gibt/So wird er befinden/ das sie viel Antinomische *Notas* an jnen haben/Deñ sie der sie der Sacramentirer vielfeltige Jrrthume offentlich vnd ernstlich nicht straffen/ wollen der andern geschweigen. So dringet Maior vnd andere vleissig brauff/ das das Euangelium nach seiner eigentlichen bedeutung genomen/ sey eine Predigt der Busse/ vnd der vergebung der Sünden. Dauon wir an seinem orte vnd zeit/ wenn wir von diesem Stücke conferirn/ weitleufftiger mit Gottes gnaden sagen wollen/ da wir auch ander ding mehr erinnern wollen.

XVI.

Wer da saget/ das mit den *Exclusiuis* im Artikel der Rechtfertigung/ nicht allein das verdienst/ Sondern auch die gegenwertigkeit der guten wercke ausgeschlossen werde/ der sagt auch/ Das der Glaube notwendig eine zeitlang/ wie kurtz die auch ist/ one gute werck sey/ *vacua bonis operibus*, oder sich nicht bemühe/ vermöge es auch nicht/ guts zu thun.

Die Collocutores reden also/ *Ergo* etc.

Antwort.

Wir sagen zu der ersten Proposition Nein/ Denn sie nicht fest vnd gewis an einander hengt. Wir disputirn aber hie nicht *de vacuitate fidei* (Denn solche *phrases* vnd wörtlein/ erdencken die/ welche rechte Meinung oder *sententias* vmbstossen oder verkeren wollen) Sondern wir sagen klar vnd ausdrücklich mit Paulo vnd Luthero/ Das vnsere gute Werck nicht zu ziehen sind in den Artikel der Rechtfertigung. Darnach bekennen wir auch mit der Augspurgischen Confession/ das der glaub gute früchte gebere. Zum dritten leren wir auch mit Luthero/ das wir zuuor

Q iiij   müssen

müssen gerechtfertiget werden/ehe denn wir gute Werck thun. Item/das der Glaube/so nu die Gerechtigkeit Christi empfangen/vnd ergrieffen hat/sich bevleissige gute Werck zu thun. Vnd in solcher ordnung bekümern wir vns nicht hart vmb die zeit/vnd wollen nicht disputiren/ob lange oder kurtze/oder auch gar keine zeit gehöre zur bringung der guten wercke/Sondern wir bleiben bey der einfeltigen meinung/welche Lutherus aus Gottes wort leret/das man nemilich diese zwo Leren vnd Artikel/als von der Rechtfertigung für Gott/vnd guten Wercken/mit grossem vleis von einander scheiden müsse/So fern nu der Glaube früchte bringet/gehöret solches in den Artikel von guten Wercken/So fern er aber gerecht macht/so ist vnd gehöret solchs in den Artikel der Rechtfertigung/vnd ist doch nur einerley Glaube.

XVII.

Welcher verneinet/das die *Contritio* von nöten sey/der ist ein Antinomer.

Welche aber auch diese Lere/Gute Werck sein im Artikel vnd *Actu iustificationis*/nur was die gegenwertigkeit belanget/von nöten/nicht recht vnd gut sein lassen wollen/Die verneinen/das die *Contritio*/das ist/die Rew/von nöten sey.

Derwegen sein sie Antinomer.

Antwort.

Also sollen argumentiren/welche Triegerey vnd falsche Lere rerteidigen. Was ist doch das für ein beweis/vnd wie henget doch *in Minori* an einander/vnd was sind die vrsachen? Ists denn gnug/also auff gut bepstisch herausser faren/vn̄ nicht viel mehr aus Gottes wort/offentlich Zeugnis vnd vnbeweglich Gründe anzeigen? Das aber *Minor* oder die ander Propositio gantz vngereimet sey/vnd sich hieher nicht schicke/sihet jederman wol/der nur vernunfft hat.

Der Heubtstreit gehet auff die Rechtfertigung/ Aber vnsere Collocutorn folgern vnd schliessen von der Rew/ Werden derhalben zweierley Propositiones vnd Reden/nicht zusamen gesetzt/denn wie einer zwo *species disparatas*/ zwey ding/ so nicht einerley art vnd natur sind/ zusamen koppeln/vnd in einander vermengen wolte.

Das die Rew nötig sey/ist gewis aus Gottes wort. Aber dieses *dogma* vnd newe Lere/Das vnsere gute Werck im Artikel der Rechtfertigung notwendig gegenwertig sein müsste/ist wider Gottes wort/ die Augspurgische Confession/vnd Schrifften Lutheri.

XVIII.

Absurda/das ist/vngereimpte ding/vnd was der Schrifft vnd vernunfft zuwider ist/sol man nicht leren.

Wenn man aber leret/ das durch die Exclusiuen im Artikel der Rechtfertigung/nicht allein das verdienst vnd wirdigkeit/ sondern auch die notwendigkeit der gegenwart der guten wercke ausgeschlossen werde/ das gebieret ein gros *absurdum*/gleich als wircke des Menschens wille nichts/bemühe sich auch nicht Gotte/der durchs wort zeuhet vnd bewegt/zu gleuben vnd zu folgen.

Ergo &c.

X   Ant-

Antwort.

Zu der andern *proposition* sagen wir nein/Denn wenn man die Exclusiuen also verstehet vnd auslegt/wie jtzt gemeldet/das gebieret gar kein *absurdum*, oder einige vngereumpte Lere/welche jrgend wider einen Artikel des Glaubens were. Das sich aber die menschliche vernunfft daran ergert/das sicht vns in solchen glaubens sachen nichts an.

Auch ist wol zu mercken/das in diesem Argument/der Pelagianische Jrrthumb etwa herfür blickt/dauon an seinem ort/wils Gott/mehr sol gesagt werden. Zum dritten/was one grund vnd gnugsamen beweis geredet wird/das ist kein Artikel des glaubens in Theologia.

XIX.

Die Lere so von anfang des Euangelischen Liechts ist geleret/sol man nicht verachten noch verwerffen.

Nun ist diese Lere/das mit den *Exclusiuis* im Artikel der Rechtfertigung/allein das verdienst/vnd nicht auch die notwendigkeit der gegenwart vnserer guten Wercke ausgeschlossen werde/von anfang des Euangelischen Liechts also getrieben worden. *Ergo &c.*

Antwort.

Wir sagen nein zu der andern Proposition/Denn die Augspurgische Confession spricht: Die guten werck sollen dem glauben notwendig VOLGEN. So sie denn volgen sollen/so weis je die Augspurgische Confession nichts von der notwendigen gegenwart vnserer guten wercke im Artikel der Rechtfertigung/Auch sagt die Apologia/das einer vergebung

bung der Sünden erlange/ wenn er gleich gar keine gute werck vberall habe/ vnd Lutherus bringet sonderlich hefftig drauff/ das man die guten Wercke nicht sol ziehen in den Artikel der Rechtfertigung/ vnd das der Sünder gerechtfertiget werde/ für allen Wercken. Item/ das die guten Wercke/ sein früchte des Baums/ Der nu durch den Glauben Gerechtfertiget ist worden. So spricht auch Christus/ Setzet einen guten Baum/ so werden die Früchte gut sein. S. Paulus nennets früchte der Gerechtigkeit/ wie wir offt geantwortet vnd erinnert haben.

XX.

Was hohe vnd treffliche Leute/ vnd sonderlich so derselbigen viel sind/ leren vnd fürgeben/ das sol man für warhafftig gleuben.

Nun haben viel gelerte vnd berhümpte Menner in vnser Kirchen/ also geleret.

Darumb volget/ das mans für eine himlische Warheit halten sol.

Antwort.

Diese Schlusrede nennen die Gelerten/ *à puris particularibus &c.* Wir aber geben die erste Proposition nicht nach. Denn hohe Leute für sich selbst/ nicht sind die *Fundamenta* vnd rechte Gründe der warhafftigen Christlichen Lere. Denn die gemeine erfarung jeder zeit ausweiset/ Das viel gelerte vnd hoch verstendige Leute/ offt gröblich von der himlischē Warheit abgetretten vñ abgefallen sind. Aber die heilige Schrifft/ so in den Prophetischen vñ Apostolischen Büchern begriffen/ ist vnsere Richtschnur Liecht vñ Leuchte/ so wir derselben volgen/ werdē wir nit jrren können/ Es ist auch recht gesagt/ das man in Sünden dem grösten hauffen nicht folgen sol.

Darnach so viel *Minorem* vnd die andern Proposition belanget/ Müssen wir anfenglich fragen/ Dieweil Lutherus diese Lere verworffen hat/ wie solches aus allen seinen Schrifften klar hin vnd wider zu befinden/ was sie denn eben von demselbigen Manne halten wollen? Ob er dann nicht auch vnter hohe gelerte Leute/ vnd herrliche Werckzeuge Gottes zu zelen sey? Denn es beweisets ja die that selbst/ das jn Gott fürnemlich erwecket/ bekrefftiget/ gezieret/ vnd erhalten habe/ die reine rechte Lere von der Rechtfertigung des Menschen (so durch den Bapst gantz verfinstert vnd verwirret war) an tag zu bringen/ das er auch darumb nicht vnbillich der dritte Helias/ von vielen Christen gerhümet wird/ so für dem Jüngsten tag hergangen ist. Dieses einigen Mannes (wiewol jr viel es mit jm nicht halten) zeugnis/ dieweil es mit Gottes wort vberein stimmet/ wider die falsche Lere/ hat billich mehr ansehens bey der rechten kirchen Gottes/ denn sonst anderer tausent/ so in diesem stück Luthero nicht volgen/ darüber den Artikel der Rechtfertigung verfelschen/ vnd die *fundamenta* vnd Grundfeste des Bapstumbs (so doch gantz gewaltig zerstöret vnd nidergelegt) zur schande Gottes/ vnd vieler Seelen verderbung/ herfür bringen vnd auffbawen.

Zu dem sol man dieses auch bedencken/ ob jhr wol viel/ diese newe Lere der Herrn Collocutorn vn andern empfangen/ vn bisher nicht also drauff achtung geben haben/ das sie dennoch nu mehr erinnert/ Darob nicht fest halten/ oder dieselbige hals-
star-

starriglich verteidigen werden. Denn ein anders ists/wenn einem etwas aus machtsamkeit entwischet/der sich doch sonst beuleisiget recht zu gleuben vnd zu reden/Vnd aber ein anders/wann einer nach gesetzlicher ernster vnd warhafftiger erinnerung/gleichwol jrgend einem ansehenlichen grossen Manne zu gefallen/nicht auffhöret/sondern nur fortferet zu höchster vnehr Gottes/Irrthumb zu bestetigen/vnd mit sonderlicher farbe zu schmücken vnd zu beschönen. Vñ was ists doch für eine frömigkeit/weisheit/oder auch Gottsfürchtigkeit/wenig personen zu gefallen/jrrthumb ferben/dadurch vnzeliche Leute verwirret werden/vnd ewig sterben vñ verderben müssen.

D.Lutheri zeugnisse/so wir in vnsern Gründen/ vnd auch sonsten fürbracht haben/wöllen wir hieher alle/als auffs new widerholet/angezogen haben/jedoch derselben noch ein wenig setzen.

Tom.6.fol.94.posteri.edit.& fol.99.prioris. Im buch von der Winckelmesse. Die allerbesten vnter jnen/ (nemlich den Papisten) verstehen durch den spruch Pauli ad Gal. 5. In Christo gilt weder Beschneidung noch Vorhaut etwas/Sondern der Glaube/ so durch die Liebe thetig ist/das der Glaub nicht für den wercken/ Sondern durch die Wercke/Gnade/ vnd Seligkeit erwerbe etc. Item/ spricht daselbst weiter/Das der Glaub Christum ergreifft/vnd vergebung der Sünden krieget on alle Werck. Item/ S.Paulus aber schreibet alles dem Glauben zu/ als der nicht allein die Gnade empfehet von Gott/ sondern auch thetig ist gegen dem Nechsten/vnd die liebe oder wercke von sich gebieret vnd wircket. Nu

R iij   ist ja

¶ ja alle lere / so vns auff wercke weiset wider die Tauffe / darin wir one werck / die gnade empfangen vnd ewiglich behalten sollen / wie das S. Paulus allenthalben gewaltig treibet.

Tomo 5. Fol. 163. Posteriori editione & fol. 143. & 144. priori, im Sendbrieffe vom Dolmetschen. Weiter sage mir / welches ist das werck / damit wir Christus Todt vñ Aufferstehung fassen vnd halten? Es mus ja kein eusserlich Werck / Sondern alleine der einige Glaube im hertzen sein / derselbige alleine / ja gar allein / vnd on alle werck / fasset solchen todt vnd aufferstehe / wo er geprediget wird durchs Euangelium.

Tom. 5. in der Glosa auff das vermeint Keiserliche Edict / Fol. 316. N.
Fol. 298.

Item / weil aber allein der Glaube vor vnd ehe die werck volgen / solchen Erlöser ergreiffet / so mus es war sein / Das allein der Glaube für vnd one werck solche erlösung fasse / welches nichts anders sein kan / denn gerecht werden / Denn von Sünden erlöset / oder Sünde vergeben haben / mus nichts anders sein / denn Gerecht sein oder werden etc.

Aber NACH solchem glauben oder empfangener erlösung oder vergebung / oder gerechtigkeit / volgen als denn gute wercke / als solches glaubens Früchte / Das ist vnser Lere vnd also leret der heilige Geist vnd die gantze heilige Christenheit / darbey wir bleiben / in Gottes Namen / Amen.

Dieses haben wir nun so einfeltig vnd klerlich durch Gottes verleihung dargethan / auff das die
War-

Wårheit (die wir alleine gerne wolten sehen obsigen) an tag kome vnd erkant werde. Hactenus acta.

II.
Die ander Corruptel.

Das die Lere von der *Iustitia Passiua*, eingefaster Irrthumb sey.

Ire Schlusrede ist diese.

WEr lehret von der *Iustitia Passiua*, derselbe weicht von Gottes Wort / Augspurgischen Confession / vnd Schrifften D. Lutheri abe.

Aber die Collocutores leren also / *Ergo* Weichen sie dauon abe.

Die andere Proposition beweisen die Herrn Collocutorn also / in irer dritten beschüldigung / die sie vns auffdichten / mit diesen worten / Hieraus ist noch klarer zusehen / das sie die *Iustification* vnd rechtfertigung des Menschen eben darumb / auff so gewisse zeit vnd *momenta* stellen / vnd abcirkeln / das inen das getichte vnd gefaster misuerstand / *De Iusticia passiua & infusa*, nicht verschwinde etc. *Hæc illi.*

Die Lere aber von der *iustitia passiua* verneinen oder antasten / ist klar wider Gottes Wort / das dürre heraus sagt / vnd bezeugt / das Christi gerechtigkeit oder gehorsam vns zugerechnet werde / So spricht auch S. Paulus klar / Nicht aus den wercken der Gerechtigkeit / die wir gethan hetten / sondern aus Gnaden macht er vns Selig.

Die Augspurgische Confession zeuget / das wir durch den Glaubē aus lauter gnad vmb des Herrn

Christi willen die Gerechtigkeit erlangen/ Welche art vnd weise zu reden/ eigentlich die *Iusticiam passiuam* beschreibt. D. Lutherus in der Epistel an die Galater/ bezeuget mit vielen worten/ vnd nach der lenge/ Das die Gerechtigkeit des Glaubens sey *Passiua iusticia*/ vnd vnterscheidet sie von der *Iusticia actiua*/ Darumb gehet diese itzt gesetzte *Hypothesis* im grund wi der D. Lutherum selbst/ welchs art vnd weise zu reden/ sie vnter eim frembden Schein anstechen vnd verdamnen. Nu ist aber der verstand klar/ Warumb vnd aus was vrsach vnser Gerechtigkeit *Passiua* genent wird/ Nemlich/ Dieweil Gott der HErr vns dieselbige/ aus lauter Barmhertzigkeit vnd reicher Gnade/ one vnd für allen vnsern Wercken schenckt vmb des HErrn Christi willen/ vnd wir sie durch Glauben ergreiffen/ one Gesetz/ vnd on alle Werck des Gesetzes.

Derhalben aber/ wird sie von den Herrn Collocutoribus/ durch falsche verkerliche deutung vnd zusatz angefochten/ das das *dogma*/ das itzt von wegē jrer halsstarrigen verteidigung gleich new wird/ Nemlich/ von der notwendigen gegenwart der guten werck/ im Artikel der Rechtfertigung/ desto besser/ vnd mit grösserm Schein könne vnterbawet/ vnd erhalten werden.

III.

Die dritte Corruptel.

Als durch den Spruch S. Pauli zun Römern am 4. Cap. Dem aber/ der nicht mit Wercken vmbgehet etc. Nur der verdienst/ vnd nicht notwendige gegenwertigkeit der Werck selbst/

selbst/ im Artikel der Rechtfertigung ausgeschlossen werde.

Wer also leret/ der weichet abe von der Norma der reinen Lere.

Die Collocutores thun das/ Ergo etc.

Die ander Proposition beweisen sie mit der antwort auff den ersten Grund/ da sie sagen/ Es sey irrig vnd falsch/ fürgeben/ das der heilige Geist nicht alleine dadurch das verdienst guter werck/ sondern auch die Werck an jnen selbst ausschliesse etc. Nu wollen aber beides die Zuhörer vnd Leser mit vleis mercken/ das alhie von der Rechtfertigung des menschens für Gott gehandelt wird.

Nu ist aber dieses eine schendliche vnd gefehrliche Corruptel göttlichs worts. Denn Gottes wort leret beides im artikel der Rechtfertigung/ das nemlich das verdienst vnserer Werck/ vnd zugleich auch die Werck selbst im Artikel der Rechtfertigung für Gott ausgeschlossen werden/ wie denn zeugnis genugsam im ersten Grunde/ vnd auch sonsten sind erzelet worden/ Vnd weil dieser Spruch/ Dem aber/ der nicht mit Wercken vmbgehet etc. So dapffer diese Corruptel widerlegt vnd vmbstösset/ ists zuuorwundern/ das sie sich so dawider legen dürffen. Den S. Paulus spricht ja klar/ Dem aber der nicht wircket/ oder mit Wercken vmbgehet. Diese wort lassen sich mit keinem lestern oder calumnirn in Ewigkeit vmbstossen.

Die Augspurgische Confession spricht/ Wir werden gerecht one Werck/ alleine durch Glauben/ aus Gnaden vfi sonst. Die Apologia spricht offt/ Das die vergebung der Sünden gegeben werde/ ob einer

S   wol

wol keine gute Werck vberal habe. Diese Wort
sind durch Gottes Gnade hell vnd klar/vnd ver-
stendlich genugsam.

So streitet D. Lutherus desgleichen auch/das
der Glaub für vnd on alle gute Werck Gerecht ma-
chet/Wie denn auch die Augspurgische Confession
vnd Apologia/auch vielmal auff die weise redet/
Das gute Werck dem Glauben folgen/Aber D.
Lutheri Testimonia oder zeugnis/sind an jrem ort
verzeichnet worden.

IIII.
Die vierde Corruptel.

FVrgeben/das die Augspurgische Confession vnd Apologia nicht allein das verdienst
der Werck/sondern auch die werck selbst/
aus dem Artikel der Rechtfertigung ausschliesse/
sey ein gantz vngereimpter handel/vnd gehab sich
nicht also.

Das wollen sie beweisen/in widerlegung vnsers 17. grundes/vnd ist one not/die Wort nach der
leng hieher zuschreiben.

Dieser Corruptel/welche im grund ausleufft/
auff die verkleinerung vnd vernichtigung der Augspurgischen Confession vnd Apologien/Widerstre-
ben die Spruch vnd zeugnis/so wir aus derselben
allegirt/vnd spricht die Apologia ausdrücklich/
Das die vergebung der Sünden gegeben werde/
auch denen/so gar vberal keine gute Werck haben.

V.
Die fünffte Corruptel.

Das

Das D. Lutherus in allen seinen Sprüchen vñ Artikel der Rechtfertigung/ allein das verdienst ausschliesse/ vñ nicht die Werck selbst.

Item/ das D. Lutherus die *Particulas Exclusiuas*, in der frag võ Artikel der Rechtfertigung für Gott/ in allen seinen Sprüchen nur also verstehe/ vnd erklere/ das durch dieselbige/ die vrsach vnd verdienst der Rechtfertigung/ Item/ das vertrawen vñ rhum der Werck ausgeschlossen werde/ in widerlegung der dritten Corruptel.

Desgleichen streiten auch die Herren Collocutores/ in der antwort auff das erste fundament/ das Doctor Lutherus nur das verdienst nicht die werck selbst/ von der Rechtfertigung ausgeschlossen.

Dieses sind der Herrn Collocutorn Wort.

Diese Corruptel vnd felschliche misdeutelung aller schrifften D. Lutheri/ wird die Kirche Christi so den tewren beylag/ so vns D. Lutherus hinderlassen/ gros vnd werd helt/ nicht so gering vnd liederlich in wind schlahē. Die Sprüche des Mans Gottes D. Lutheri/ von dieser sach haben wir an seinem ort in dieser Schrifft verzeichnet/ vnd nach der leng angezogen/ da man sie leicht finden kan.

Die summa vnd grund dieser sachen ist/ das D. Lutherus mit hellen dürren Worten heraus sagt/ das keine gute werck vberal in den Artikel der Rechtfertigung zu ziehen vnd einzumengen sein/ vnd warnet trewlich/ das man ja wolle mit sonderlichem vleis achtung geben/ auff die Wercklehre/ welche die guten Werck zu weilen grober vnd greifflicher/ zuweilen verschlagener vnd subtiler weise/ in den Artikel der Rechtfertigung mit einwermengē. Denn

S ij wo

wo dieser Artikel verfelschet wird/ da mus es alles in einen hauffen fallen/ Vnd die kirche Christi mus darüber zu sumpff vnd boden gehen.

VI.

Die sechste Corruptel.

DAs der newe gehorsam ein anfang vnd stück sey vnser Seligkeit.

Also leret D. Maior im Sermon von der Bekerung Pauli/ in der Præfation/ A 2. G 3. fac. I. Der newe Gehorsam ist ein anfang vnd ein teil der Seligkeit/ vnd des ewigen Lebens.

Item G 3. Die Werck der zehen Gebot/ seind ein teil vnd stück solcher Seligkeit/ Wie solten sie denn dazu nicht von nöten sein etc.

Diese Confusion oder mengwerck aber/ streitet mit den Sprüchen/ die nun so viel vnd offt von vns sind angezogen worden/ S. Paulus Rom. 4. heisst die seligkeit/ die zurechnung der Gerechtigkeit Christi/ oder vergebung der Sünden/ one werck durch Glauben.

Item/ er heisst die guten Werck/ nicht ein stück der Seligkeit/ sondern Früchte der Gerechtigkeit.

So weis die Augspurgische Confession auch nichts von dieser Lere Maioris.

Also ist sie auch den Schrifften D. Lutheri zu wider/ Vnd ist diese Lere im Grund anders nichts/ als der Bepstische Grewel/ *de fide formata charitate*, das ist/ vom Glauben/ der mit der Liebe vnd guten Wercken geschmücket ist.

VII.

Die

Die Siebende Corruptel.

Das der Glaube sey die *Causa efficiens*/ oder wirckliche vrsach (*propter quam*) vmb welcher willen der Glaub dem Gleubigen zur Gerechtigkeit zngerechnet werde.

Dieses *Paradoxon* setzet D. Maior in dem ersten teil seiner Postil/ vber die Epistel fol. 3.

Aber von dieser vngeheuren vnd seltzamen rede/ wissen die heilige Schrifft/ die Augspurgische Confession/ vñ Lutheris gar lauter nichts/ Vnd ist viel ein anders/ wenn die Schrifft saget/ Der Glaub wird zur Gerechtigkeit gerechnet/ Vnd wenn D. Maior schreibt/ Der Glaub sey die wirckliche vrsach/ der Gerechtigkeit *propter quam*/ Vnd lautet ja diese rede eigentlich von der Gerechtigkeit. Jedoch diese Corruptela/ wenn die wort nicht halsstarrig verteidiget würden/ köndt leichtlich geendert werden.

VIII.
Die achte Corruptel.

Das der newe Gehorsam sey das *Formale conuersioni*s oder der Bekerung.

Das leret D. *Cruciger iunior*, in *Epistola ad Romanos*, pag. 440. Weil die Bekerung die Widergeburt selbst ist/ zum ewigen Leben/ So ist sie formaliter anders nichts/ denn der anfang des newen vñ ewigen Lebens/ Das also das Formale der Bekerung vnd Widergeburt selbst recht vnd warhafftig kan genant werden/ der anfang des newen vnd Ewigen Liechts/ Weisheit/ vnd Gerechtigkeit/ vnd die vernewerung des bildes Gottes in vns.

Item Pag. 515.

Darnach das eben durch den Glauben zu gleich empfangen werde der heilige Geist/ vnd geschehe also die widergeburt/ vnd werden newe bewegungen im hertzen angezündet/die fein vbereinstimmen/ mit allen geboten Gottes/ Welche sind der newe gehorsam/vnd sind das *Formale Conuersionis* zu Gott/ oder der widergeburt zum ewigen leben selbst/nach dem spruch Jerem. 31. Ich wil mein Gesetz in jhre hertzen geben.

Nu ists aber gewis/ das weder Gottes Wort/ Augspurgische Confession/noch Lutherus auff diese weise leren.

Denn die Heubtstück der heilsamen bekerung zu Gott sind/ Rewe vnd Glaube/ die auch das *Formale* der bekerung sein. Die guten Werck aber sind Früchte der Rechtschaffenen Busse/ Wie Johannes der Teuffer/Matthei am 3. bezeuget.

Wir künten hie etliche mehr Corruptelen der reinen Lere setzen/ so von jnen ausgesprengt worden/ Als nemlich das vnsere Gerechtigkeit sey ein Liecht im hertzen/etc. Item/ Das der Trost im hertzen/ sey der heilige Geist selbst/ vnd was dergleichen mehr sind/Aber wollens auff dismal/ beruhen vnd hiebey wenden lassen/ bis das wir sehen/ob sie vns ferner vrsach dazu geben werden. *Hactenus Acta.*

Von D. Maiors Proposition. Fol. 144.

Sintemal aber dieses stück der Heubthandel ist/ müssen wir hie widerholen vnd einfüren/ etliche Argument/durch welche die Sechsi-
schen/

schen/Türingschen/Mansfeltische/Prüssische vnd
andere nicht wenig Kirchen/nu viel jar daher bewei
set vnd erstritten habe/das D. Maiors Lere falsch/
irrig vnd Gottlos/vn̄ darumb in der Kirchen nicht
zu leiden sey. Die gantzen Bücher aber vnd Bekent
nis/mag ein jeder Christ selber lesen/ weil sie Gott
lob offentlich im Druck sein. D. Maior hat drey
des Antichrists Kinder zur Ehe genomen / die alle
einander bey der Hand fassen/vnd zugleich mit ein
ander tantzen/ das wir also reden:

1. Gute Werck sind nötig zur Seligkeit.
2. Vnmöglich ists one gute Werck selig werden.
3. Niemand ist jemals one gute Werck selig worden.

Das diese aneinander hangende Propositiones/
irrig/falsch vns Gottlos sein/ Jst aus folgenden
Argumenten klar vnd offenbar.

I.

Das die Propheten nicht also geleret haben.

Denn dieser Spruch von der Gerechtigkeit
vnd Seligkeit/in Mose gantz klar ist/Wie S. Paulus solches bezeuget/ Genes.15. Rom. 4. Abraham
hat gegleubet/ vnd das ist jm zur gerechtigkeit gerechnet. Aus diesem spruch schleust S. Paulus mit
hohem freudigem Geist/ das vns in der Rechtfertigung/one Werck / one des Gesetzes Werck / vmb
sonst/allein durch den Glauben/die Gerechtigkeit
oder Seligkeit zugerechnet werde. Jtē der Prophet
Esai. cap. 53. spricht: Durch sein erkentnis/wird er
mein Knecht/ der Gerechte/ viel gerecht machen/

Denn er tregt jre Sünde. Die Psalmen sprechen/ Gott sey mir gnedig nach deiner Güte/ vnd tilge meine Sünde nach deiner grossen Barmhertzigkeit. Item/ Selig sein die alle so auff jn trawen/ vñ sprechen mit nichten/ Gute Werck sind nötig zur Seligkeit. Vnd S. Petrus spricht Act. 10. ausdrücklich/ Von diesem Jhesu zeugen alle Propheten/ das durch seinen Namen alle/ die an jn gleuben/ vergebung der Sünden empfahen sollen/ Daraus ist gewis/ das kein Prophet vberall diese Propositiones oder Lere Maioris/ Gute werck sind nötig zur seligkeit/ Es ist vnmüglich/ one gute Werck selig zu werden/ Ist auch niemand jemals one gute Werck selig worden etc. weder *implicitè* noch *explicitè*/ auch keine gleichstimmende Reden/ weder verdackter noch offentlicher weise füret oder gebraucht.

II.
Der HErr Christus hat auch nicht also geleret.

Denn er spricht ja klar vnd deutlich/ Ich bin komen die Sünder selig zu machen. Item/ Kompt her zu mir alle/ die jr mühe selig vnd beladen seid/ (verstehe mit Sünden) Ich wil euch erquicken. Item/ Wer an mich gleubet/ der hat das ewige Leben. Nu hörestu aber weder hie noch jrgend an einem andern ort/ das der HErr Christus auch mit dem aller geringsten Zeichen oder geberde sich verneinen liesse/ das gute Werck zur Seligkeit nötig weren.

III.
Die Apostel haben auch nicht also geleret.

Der

Der heiligen Apostel Schrifft setzen außdrücklich diese *Negatiuam* Rom.3.darumb das kein Fleisch durch des Gesetzes Werck für jm gerecht sein mag. Item/Nu aber ist one zuthun des Gesetzes/die Gerechtigkeit die für Gott gilt/offenbaret. Item/So halten wir es nu/das der Mensch gerecht werde one des Gesetzes Werck/allein durch den Glauben. Item Rom. 4. verneinet Paulus mit dürren worten/das Abraham sey durch die werck gerecht worden. Dem aber (spricht er) der nicht mit Wercken umbgehet/ gleubet aber an den/ der die Gottlosen gerecht machet etc. Item/das die Seligkeit sey allein des Menschen/welchem Gott zurechnet die Gerechtigkeit one zuthun der Werck. Ephes. 2. Aus gnaden seid jr selig worden/durch den Glauben/ und das nicht aus euch/Gottes gabe ist es/nicht aus den Wercken/das sich nicht jemand rhüme. Act.4.Es ist in keinem andern Heil.

Daraus folget abermal vnwidersprechlich/das dis der Apostel Schrifften vnbewegliche meinung sey/das kein Mensch aus oder mit seinen Wercken/ gerecht oder selig werde / Vnd folget demnach ferner/das D.Maiors rede/nicht der heilsamen form zu reden/in den schrifften der Aposteln gemes sein/ darnach/das diese seine Lere vielfeltig/ mit vielen fürnemen Heubtsprüchen/ vom Artikel der Rechtfertigung streite/vnd gar gröblichen zuwider lauffe.

IIII.
Das die falschen Apostel also geleret haben.

In dem ersten Concilio der heiligen Apostel/Act. r.sind D.Maiors Propositiones gehandelt worden. Denn die falschen Apostel haben geleret/Das

T gute

gute Werck zur Seligkeit nötig/ vnd das vnmögs
lich sey/one gute Werck selig zu werden/wie es denn
D.Lutherus vnd alle heilsame Lerer also ausge=
legt/auch D.Maior selbst. Wider diese Lere schlies
sen der heilige Geist vnd das Concilium zu Jerusa=
lem/das wir durch die gnade vnsers HErrn Jhesu
Christi selig werden. Allhie wird das wort Gnade/
dem Gesetz Mosi/ das ist den Wercken des Men=
schen entgegen gesetz/vnd begreifft in sich die *Negati-*
uam wider die falschen Apostel. Daraus nu erschei=
net/das D.Maior die Lere/so in diesem der heiligen
Apostel Concilio/ordentlich verdampt/wider her=
für bringe/vñ sich widersetzig mache dem Spruch
vnd Decret des heiligen Geistes/vnd sich selbst zum
falschen Apostel setze/der den einmütigen beschluss
vnd Sententz der heiligen Apostel wolle vmbstos=
sen/ Zu dieser bösen that stillschweigen/ ist wider
Gottes vnd des Nehesten Liebe.

v.

Vnser Catechismus leret nicht also.

Denn die heiligen Zehen gebot beschuldigen vnd
verdammen vns/ wie die Kirche singet: So ist es
(das Gesetz) nur ein Spiegel zart/das vns zeigt an
die sündige art/ in vnserm Fleich verborgen. Item/
Die gebot all vns gegeben sind/das du deine Sünd
O Menschen Kind/ erkennen solt etc.

Das Symbolum der Aposteln oder Glaube/
helt vns allein Christum für/vñ leret vns sprechen:
Ich gleube vergebung der Sünden/ spricht nicht/
Gute Werck sind nötig zur Seligkeit.

Das Vater vnser oder Gebet/ streitet in vielen
Bitte/wider D.Maiors vngereimpte Leren/Denn
wir

Wir bitten/das Gottes Name heilig in vns werde/ denn wir sind vnrein/ wissen nichts von Natur von Gottes Namen. Item/ das sein Reich in vns komen solt/ denn in vns ist/ von wegen vnser Natur vnd fleisches/ nichts gutes. Das sein Wille geschehe/ denn wir thun wider Gottes willen/ wie denn S.Paulus Ro.8. ein sehr ernsten Spruch hiervon hat/da er spricht: Fleischlich gesinnet sein/ ist ein Feindschafft wider Gott. Allermeist aber bitten wir/ Vergib vns vnser schuld. Sihe/ da bekennen wir ja mit hellen worten/ das wir für Gottes Angesicht komen/ als Schuldener. Wo sind denn da vnsere gute Werck/ als nötig zur seligkeit/ also das es vnmöglich sey one dieselbe/ gerecht oder selig zu werden? Zwar ein Schuldener bekent ja/ das er keine gute Werck habe/ Ja viel mehr/ das er der mangele/ vnd eitel böse Werck bringe an diesen ort/ die nichts denn Gottes zorn vnd ewige verdamnis verdienet haben/ Derhalben bittet er vmb gnedige vergebung vnd erlassung aller seiner Sünde.

Die heilige Schrifft leret/ das wir newgeboren werden/ Daraus folget/ das wir von Natur böse sind für der Tauffe/ vnd müssen erst von Gott gut vnd anders geschaffen werden/ wie zun Eph.cap.2. gesaget wird/ das wir Gott hernach dienen. Item/ Der gleubet vnd getaufft wird/ der wird selig werden.

Im Abendmal wird gesprochen/ Nemet hin/ esset mein Leib vnd trincket mein Blut/ zur vergebung der Sünden. Aus dem allem folget nu/ das D.Majoris Leren/ dem heiligen Catechismo zuwider sind/ der jn auch als ein wild Schwein den Weinberg grewlich verwüstet.

T ij Die

Die Definition oder beschreibung der Gerechtigkeit/lesset D. Maiors Lere nicht zu.

Denn der Herr Christus das wesentliche wort/ vnd ein Gott mit dem Vater vnd heiligem Geiste/ vnser Lerer vnd Erlöser/ beschreibt vnsere Gerechtigkeit oder seligkeit für Gott/auffs aller beste vnd rundeste also/nemlich/das es sey sein gehē zum Vater Joh.16.das ist/es sey ein werck Christi/dadurch er für vns/beides mit leiden vñ gehorsam/das gantze Gesetze erfüllet/ welche erfüllung des Gesetzes vns von jm selbst/ durch den Glauben geschenckt wird/Wie auch S.Paulus schreibt/Rom.4.Er ist vmb vnser Sünde willen dahin gegeben/vnd vmb vnser Gerechtigkeit willen/wider aufferstanden/ Die hört man gar nicht/das vnsere Werck/als nötig zur Seligkeit/gedacht würde.

VII.
Von der eigenschafft der Rechtfertigung.

Die heilige Schrifft/wenn sie von dem *Foro Actu* oder Artikel vnser Rechtfertigung für Gott redet/ nimpt sie nur diese zwey stück für sich vnd helt sie gegen einander/nemlich den sündigen Menschen/vnd den gnedigen Gott. Nu bringet aber der sünder für Gott nicht seine gute Werck/ sondern seine manigfeltige Sünde / Gott aber gibt vnd schencket jm/ aus lauter Gnadē vñ Barmhertzigkeit/das/so der Sünder nicht hat. Von diesem stück/wollen wir jtzt vmb kürtz willē/nur einen spruch S.Pauli einfürē.

Von vns sündigen Menschen spricht er also/Ro. 3.Es ist hie kein vnterscheid (merck wol/das er allhie alle menschen gleich machet) Warumb thustu aber das lieber Paule/spricht er ferner/Sie haben allzu all zumal gesündiget vnd mangeln des Rhums/den sie für Gott haben sollen. Die wollen doch alle Gottfürchtige hertzen auff dis nur wol acht haben/das vns sündigen Menschen one vnterscheid durchaus nichts anders/denn eitel Sünde vnd schande für Gott zugeeignet wird.

So beraubt er vns in aller guter werck/sintemal wir alle für diesem gestrengen Gericht Gottes/schendliche vnreine Sünder sind. So entzeucht er vns hernach auch allen rhum/darumb hastu hie beides/nemlich das du im Artikel der Rechtfertigung/keine Werck für Gott bringest/vnd darzu aller Ehr vnd Rhum für jm mangelst.

Von Gott aber wird gesagt/wir werden one verdienst gerecht/aus seiner gnade/durch die Erlösung/so durch Christo Jhesu geschehen ist/welchen Gott hat fürgestelt zu einem Gnadenstuel durch den Glauben in seinem Blut etc. Die mercke mit vleis/das die Gnade entgegen gesetzt wird vnsern Sünden/vnd das Christi Werck oder gnedige versönung/entgegen gehalten wird vnserer schande. Daraus denn folget/das allein aus dem tewren blut Christi/wir rhum vnd ehr für Gott erlangen/Sintemal er auch allein vnser Rhum vnd Ehre für Gott ist vnd sein sol/vnd wird also hie auch gar nichts gemeldet von vnsern guten Wercken nötig zur Seligkeit.

VIII.
Von den vrsachen der Gerechtigkeit oder seligkeit.

Vnsere gute Werck sind ja mit nichten die Causa efficiens, oder wirckliche vrsach vnser gerechtigkeit für Gott/sondern der Mittler vnd Versöner Jesus Christus allein/der allein von vnsertwegen am Creutz

Creutz gehangen/ist auch das Lemblin Gottes allein so der gantzen Welt sünde tregt.

So sind sie auch nicht die *Causa Materialis*, so zu reden/oder das vns nicht jemand alhie gefehre/sagen wir/das vnsere werck nicht sind das jenige/dadurch wir gerecht werden/Sondern die gantze erfüllung des Gesetzes/vom HERrn Christo an vnser stat geleistet/vnd vns aus gnaden durch Glauben geschenckt/ist vnsere Gerechtigkeit.

So sind sie auch nicht *Causa Formalis*, vnser Gerechtigkeit für Gott. Denn die zurechnung/schenckung/vnd zueignung des gehorsams Christi/mit seim Blut zuwegen bracht/so wir durch Glauben ergreiffen/welcher glaube auch ein pur lauter gabe Gottes ist/Diese zurechnung des gehorsams Christi/vnd erfüllung des Gesetzes/ist vnser Gerechtigkeit für Gott/vnd vnser schöner schmuck vnd Purpurock/deshalben wir gerecht gesetzt vñ gehalten werden/aus Gnaden vnd lauter barmhertzigkeit Gottes. Daraus schleust sich abermals/das D. Maiors Propositiones/zum Artikel der Rechtfertigung oder Seligkeit gar nicht gehören.

IX.
Von den worten damit die Gerechtigkeit/so für Gott gild/beschrieben wird.

Vnser Gerechtigkeit oder Seligkeit für Gott/wird in der H. schrifft genent/die vergebung der sünden/in welchen worten ja vnserer sünden/vnd nicht vnser gute werck gedacht wird/als die zu vergebung nötig weren. Item sie wird auch genant die zurechnung der Gerechtigkeit/daraus klar vnd offenbar/das das wörtlin (Zurechnung) vnser guten Werck
nicht

nicht einschleust/ja es ist vnd schleust nur in sich/die Zurechnung des gehorsams Christi/mit seinem Leiden vnd Sterben erworben/das ist ja anders nicht/ als ein werck Christi/vñ sind derhalben vnser werck nicht nötig zur seligkeit. Item vnser Gerechtigkeit vnd Seligkeit wird das genant/das vns vnsere sünde nicht zugerechnet werde. Ro. 4. Item das vns vnsere sünde zugedeckt werden. Item das Gott zurücke werffe alle vnsere sünde/Esai. 38. Daraus sichs den abermal schleust/das D. Maiors Lere/diese eigenschafft der Gerechtigkeit des Glaubens vermenge.

X.
Von der Eigenschafft der Gnaden.

Der heilige Apostel Paulus setzet gegen einander/ die beide/ Gnade vnd vnsere Werck/das er erzwinge/das die Menschen nicht aus Wercken/ sondern allein aus gnad für Gott gerecht vnd selig werden/ Denn so spricht er Ro. 11. Ists aber aus Gnaden/so ists nicht aus verdienst der werck/sonst würde Gnade nit gnade sein. Ists aber aus verdienst der werck/ so ist die Gnade nichts/ sonst were verdienst nicht verdienst/Wie denn nu? Das D. Maiors Propositiones suchen/das erlangen sie nicht etc.

XI.
Von der Ehre so Christo allein gebüret.

Denn Christo allein sol vnd mus diese Ehre gegeben vnd zu geschrieben werden/das allein sein eigen werck/nötig sey zur Seligkeit/Also das vnmöglich sey/one daselbige selig zu werden. D. Maiors Reden aber streiten/das vnsere gute Werck also nötig sein zur seligkeit/das one die niemands könne selig werden. Daraus sichs denn auch schleust/das D.

Maiors Reden/den HErrn Christum seiner gebür=
licher Ehre berauben/welches denn mit keiner wol=
redenheit/noch einiger Sophisterey sich vertuschen
lest.Vnd das noch mehr ist/S. Paulus zun Gal.2.
schreibet/Denn so durchs Gesetz die Gerechtigkeit
kömpt/so ist Christus vergeblich gestorben.Nu re=
det aber der Apostel Paulus alhie nicht allein/vom
verdienst vnd wirdigkeit der Wercke/sondern auch
von den Wercken selbst. Denn alle die/so viel jr ist/
die Menschen werck in den Artikel der Rechtferti=
gung eintragen vnd eindringen/denen ist Christus
vergeblich gestorben. Der starcke vnd feste grundt
dieser Lere ist dieser/Nemlich/das in diesem Artikel
allein/das ewige Werck Jhesu Christi gehöret/
vnd drinnen gelten sol.

XII.
Die Art vnd Natur des Glaubens lest solche
Lere D. Maiors nicht zu.

Im Artikel der Rechtfertigung lest der glaub
keines einiges Menschen werck vberal zu/sondern
das einige Werck Jhesu Christi allein/in welchem
vnser Seligkeit stehet. Aus dieser vrsach/spricht der
HErr Christus/wer an mich gleubet/der wird
das ewige leben haben.

Item so ists gewiss/das der glaub vorher gehet
vor den guten wercken/vnd der newe gehorsam fol=
get dem glauben. Darumb so stossen vnd verkeren
D.Maioris Propositiones oder reden den rechten
waren glauben stracks vmb.

XIII.
Von vnterscheid des Gesetzes vnd E=
uangelij.

Vnter

Vnter den fürnemisten Heubtstücken/der erklerten Lere Göttliches Worts/durch D. Lutherum in diesen letzten zeiten der welt/ist dieses nicht das geringste/das die Lere vom vnterscheid des Gesetzs vnd Euangelij/so herrlich vnd klar ist erfür vnd an tag gebracht/das dergleichen von der Apostel zeit an nicht geschehen ist.

D. Maiors aber vnd andere seiner mitgesellen Propositiones vn reden/vermengen den vnterscheid des Gesetzes vnd Euangelij/vermengen auch den Artikel von der Rechtfertigung vnd guten wercken. Denn in die Seligkeit oder Rechtfertigung selbst/mischen vnd bringen sie gute Werck hinein/also vnd dergestalt/das sie das wort vnd band der vnmögligkeit darzu setzen/das es vnmöglig sey/jrgend einem menschen/one dieselben selig zu werden.

Derhalben ists gewis/das durch D. Maiors reden/dasselbige Liecht vnd Warheit verdunckelt/vnd die vorigen Finsternis wider eingefürt werden. Welches denn darumb desto mehr zubeklagen/das es die jenigen selbst thun sollen/so auff Lutheri stuel sitzen/vnd seine Discipel vnd Gesellen gewesen.

XIIII.
Vom trost der Gewissen.

Vnmüglich ists/das die verheissung der Gnaden/dem Gewissen/so von Sünden erschreckt vnd bekümmert/könne fest vnd vnbeweglich sein/wenn gute Werck also nötig sind zur Seligkeit/das es vnmöglich one dieselben selig zu werden/Wie S. Paulus bezeuget Rom. 4. Derhalben mus die Gerechtigkeit durch den Glauben komen/auff das sie sey aus Gnaden/ vnd die Verheissung fest bleibe allem Samen.   D   Der

Derwegen so die Sterbenden wollen vnd sollen/ gewissen vnd bestendigen trost haben/darauff sie beruhen können/ists jnen zum höchsten nötig/das sie D. Maioris Propositiones oder Reden/gantz vnd gar vermeiden/ausm Hertzen vñ Sinne schlagen/ vnd allein auff das einige blosse Werck Christi/der vns von vnsern Sünden abgewaschen vnd gereiniget/sich gründen vnd verlassen. Wil nu jemand diese Stockmarter vnd grausame zerrüttung der armen Gewissen/so D. Maiors Propositiones verursachen vnd mit sich bringē/für ein gering vnd veracht ding halten/der mags auff sein ebentheur thun. Wir zwar fur vns wolten nicht gerne/das wir an vnserm letzten ende/solchen Wercktröster hören vnd haben solten/ Vnd sind das nur vergebliche wort/da sie viel geschreies machen/das sie ja auch vom verdienst Christi erinnert. Denn wo nach D. Maiors worten/vnserer Werck notwendigkeit zur Seligkeit/mit einermengt wird/so bieten sie ein süssen Wein/mit Gall vnd Gifft vermischet/das heist denn treflich getröstet/wenn man durch das Gesetze/so ein Ampt des Todes ist/die Seelen erquicken vnd Sterbende lebendig machen wil.

XV.

Von den Exempeln.

Es kan auch aus gar keinem Exempel der heiligen schrifft erwiesen vnd dargethan werden/das jrgend einem zu seiner Seligkeit oder Rechtfertigung/gute Werck weren nötig gewest/Also das jm vnmöglich gewesen were/on dieselben gerecht vnd selig zu werden. Ja das widerspiel wird in allen Exempeln

empeln klerlich angezeigt / Nemlich/das alle/vnd so viel jr gerecht vnd selig worden / one alle jre gute Werck/ gerecht vnd selig werden. Ein solches schönes Bildnis vnd Exempel/ mahlet der Herr Christus in dem Schuldener Matth. 18. Denn dieser Schuldener bringet nur die vnmesliche Schuld für seinen Herrn/ vnd weil er nu das Recht füllet/ fellet er auff sein Angesicht nieder / vnd gleich als ob er nicht bey sinnen/ redet vnd verheisset er solche ding/ so jm nicht allein von der Schuld nicht helffen/ oder die geringer vnnd weniger machen können/ Sondern auch dieselbe heuffen vnd schwerer machen / denn er erbeut sich zur bezalung / die jhm doch vnmöglich war/ Vnd das ist die ernste vnd schreckliche stimme des Gesetzes/ vnd der Hammer der die Felsen zuschmettert. Darnach aber ensehet er aus lauter Gnade vnd Barmhertzigkeit/ erlassung der vnmeslichen Schuld vnd ewige straffen. Zum dritten/ da er nu seiner Schuld vñ Straffen erlassen war/ vnd von seinem Herrn ausgieng/ vnd zu seinen Mitknechten kam / hette er sich mit guten Wercken beweisen sollen/ aber weil ers nicht thet/ sondern halstarrig in der Hartneckigkeit gegen seinem Bruder bleibet/ verleuret er billich die Gnade/ vnd wird beraubet aller andern von Gott aus gnaden empfangenen Gütern.

Gleicher gestalt ist es auch mit dem Zölner zugangen / Luc. 18. Der bringet in *actu Iustificationis* nichts anders / denn eitel Sünde/ vnd erlanget aus gnaden/ durch den Glauben vergebung der sünden/ So ists auch mit allen andern. Denn was etliche

D ij

unruge vnd verblendte Köpffe allhie einführen von
Wercken/sind entweder (wenn mans beim liechte
besihet) Werck des fleisches/oder solche Wercke/
so auff die Rechtfertigung vnd Glauben folgen/die
warlich in den Artikel der Rechtfertigung keines
weges einzumengen sein.

Nu wündschen aber wir alle/anderst nicht selig
zu werdē/als der Zölner/der Schecher am Creutz/
Paulus etc. sind selig worden. Sollen derhalben al=
le die jenigen/ so von hertzen die Gerechtigkeit vnd
Seligkeit begeren/ mit rechtem vnd gantzem eyser
vnd ernst/diese D. Maiors Lere/ da er spricht: Das
one gute Werck vnmöglich sey selig zu werden/flie=
hen/vnd als ein Seelengifft/hassen vnd meiden.

XVI.
Von der Ordnung dieser Sachen.

Der Herr Christus spricht: Das kein böser
Baum gute Früchte tragen könne/ vnd das man
erst solle vnd müsse den Baum gut machen/Matth.
12. Nu kan aber niemand ein guter Baum genennet
werden/er sey deñ zuuor gerechtfertiget/Derhalben
müssen wir erst one alle gute werck gerecht werden/
wie die gantze heilige schrifft durchaus/vnd D. Lutherus reichlich vnd gewaltig bezeugen/ vnd denn
erst die guten Werck folgen. Also nennet S. Paulus
die guten Werck Früchte der empfangenen Gerech-
tigkeit/daraus sichs denn auch schleusset/ das vnsere gute Werck nicht in der Rechtfertigung vorher
gehen/sonden wie der heilige Augustinus recht gesagt hat/nach der Rechtfertigung folgen. So schrei
bet desgleichen auch D. Lutherus wider Cochle-
um Tom. 2. Jhen. fol. 600. das die guten Wercke
sind

sind Früchte eines solchen Baumes/der albereit gerechtfertiget ist/Derwegen sind D.Maioris Paradoxa/das vnmöglich one gute Werck selig zu werden etc. wider die ordnung dieser Sachen selbst.

Item/So ists ja klar/das der Glaube gute Werck gebieret/Wie S. Ambrosius gesagt hat: Nu entpfehet aber der Glaube zuvor vnd ehe vergebung der Sünden/ehe denn er etwas gutes gebieret. Daraus abermal zuersehen ist/das D.Maior/beides der Sachen vnd Natur ordnung verkere/da er spricht: Es sey vnmöglich/das jemand one gute Werck selig werde.

XVII.
Von der Ordnung zu leren.

Dit gantze heilige Schrifft/wenn sie vns leret/von der heilsamen bekerung des Menschen/helt sie allewege diese ordnung/das sie zu erst/durch Gesetze/den Menschen anklage vnd beschuldige/seiner Sünden halben/vnd entblösse jn von allen seinen guten Wercken/so viel Gottes Gericht betrifft. Darnach verkündiget sie dem Armen Sünder/durchs Euangelium/die gnedige vergebung der Sünden durch Christum/allein durch Glauben/on alle seine gute Werck/als der in diesem Kreis oder Circkel der Rechtfertigung/nichts denn den sündigen Klumpen fleisch bringet. Zum dritten leret sie von den Früchten/so auff die Rechtfertigung folgen/Gott zu ehren vnd dem Menschen zu dienst vnd frommen. Diese ordnung ist beide in der Propheten vnd Aposteln Büchern je vnd allwege gehalten/vnd ist nicht dunckel oder vnverstendlich.

D iij Aber

Aber D. Maioris Paradoxa/schieben vnsere gute Werck in den Artikel vnd Circkel der Rechtfertigung hinein/dieweil er leret/das die gute werck also nötig sind zur Seligkeit/ das vnmöglich sey one dieselbige selig zu werden/ vnd sey auch niemand jemals on dieselbige selig worden.

Daraus folget abermal/das D. Maior mit solchen seinen Reden vnd Paradoxis/ die Ordnung zu leren.von der Bekerung zu Gott/ verkert. Zwar der HErr Christus selbst auch/ Absoluirt erstlich von den Sünden/darnach spricht er:Gehe hin vnd sündige nicht mehr.

XVIII.
Es ist ein Philosophische Lere.

D.Maiors Lere/das gute Werck nötig sind zur Seligkeit/ vnd das es vnmöglich/ one gute Werck selig zu werden/ ist Aristotelis Lere/ welche dieser treffliche weise Philosophus wol verstanden vnd fein geleret hat.Denn das Gesetz der Natur gibt in aller vernünfftigen Menschen hertzen selbst zeugnis/von D.Maiors sprüchen vnd Propositionen.

Nu aber spricht S.Paulus/das das geheimnis des Euangelij/von der gnedigen vergebung der sünden/durch den Glauben an Christum eine solche Weisheit sey/ welche keiner von den Fürsten dieser Welt erkent hat/1.Corint.2. Auch sonst kein ander Mensch auff Erden/ sondern allein durch Gottes offenbarung herfür bracht sey.

Derhalben lassen billich alle Christen D.Maiorem/mit seiner Philosophischen/ Aristotelischen/ vnd Ciceronischen Gerechtigkeit oder Seligkeit fahren.

Es

XIX.
Es ist eine Papistische Lere.

Das aber ist so klar/ offenbar vnd gewis/ das vns wunder nimpt/das jrer etliche/ diese des Antichrists eigene Leren/nicht erkennen/vnd aus fürsatz dieselbigen nicht bekennen vnd weg werffen wollen/ wiewol es eine schwere straffe Gottes ist/in verkerten sinn gegeben werden/ welches denn geschicht/ wo man wider das Gewissen/ Gottlose vnd schedliche Lere/ vmb Ehre/ Gunst oder neides willen verteidiget.

Im Augspurgischen Interim stehet klar/im Artikel von der Liebe vnd guten Wercken/ das gute Werck von Gott geboten als zur Seligkeit nötig/ vleissig zu treiben sein.

Item/Maior selbst verreth sich in seinem Buch de Conuersione Pauli e 2. vnd bezeuget/das er aus der Schrifft/ so die Theologen zu Meissen Anno 1548. versamlet/ von wegen des Interims/gestelt/ diese Propositiones entlehnet vnd genomen habe.

Tom.1.Latino Jenensi fol. 580. im eilfften Artikel der Theologisten zu Löuen/stehet diese Proposition eben mit den worten: Gute werck sind allen denen/ so zu jren jaren komen/ zur seligkeit von nöten.

Staphilus schreibet/ das die Maioristen mit jnen/den Papisten/gleich leren/das ein Mensch one gute Werck nicht könne selig werden. Desgleichen rhüme sich auch Wicelius/Lindanus/Andradius/ vnd andere in jren gedruckten Büchern vnd Schrifften wider vnsere Kirchen.

D iij　　　　Der

Der Man Gottes aber D. Lutherus/ hat aus Gottes klarem Wort erweiset vnd dargethan/ das des Antichristischen Reichs Grundtfist/ auff dieser einigen Seule beruhe vnd stehe/ vnd darneben geleret/ das menniglich von demselben ausgehen sol.

Daraus schleust sichs nu/ das D. Maior dem offenbarten Antichrist/ mit seinen Paradoxis zu hofe reite/ vnd den schendlichen verfluchten Bapst/ der durch den Geist Gottes kaum ein wenig verstöret war vnd nidergeschlagen/ wider auffrichtet vnd schmücket.

Darumb ist auch kein wunder/ das sie jn also zu loben/ vnd hilfft D. Maiorem gar nichts vberall/ das er sonst sich hefftig gegen den Papisten stellet/ denn wo man dem Endechrist diese grunde vnd Propositiones stehen vnd bleiben lest/ so hat er allbereit gewonnen.

Wir wollen alhier nur ein Exempel vnd Historien der Maioristischen Fruchte/ welchs wert ist das mans mercke/ anziehen vnd erzelen. In der Herrschafft Mansfelt/ war für etlichen wenig jaren ein Pfarrherr/ mit Namen Stephanus Agricola/ derselbige nam D. Maiors Lere an/ da D. Maior noch zu Eisleben Superintendens war/ des deñ D. Maior fro ward/ das er jemande hatte der jm beyfal gabe/ stercket jn auch nicht wenig in dieser seiner jrrigen meinung. Endlich aber/ als D. Maior wider gen Wittenb. kömpt/ vñ Stephanus Agricola zu Eisleben in eine offentliche Synodo/ welcher vnter dem Herrn Sarcerio gehalten war/ nach dē er nit von der jrrige Lere D. Maiors abstehen wolt/ seines Ampts entse-

entsetzet/vnd aus der Herrschafft verweiset wurde/ hat jn dafür D.Maior zum Wittenbergischen Magister gemacht. Darnach wird er denen zu Merselburg zu einem Pfarrherr zugeschickt/da er denn von wegen gedachter Lere/dem Bischoff Sidonio des Römischen Bapsts Diener/lieb vnd werd gewest/ wie er denn selbs bezeuget/das er auch also lere.

Vor: dem an tregt sichs zu/das er von wegen dieser Lere des Maions/auch Julio dem Bischoff zur Naumburg ein Stifftspfarrherr wird/Dis alles geschicht für den augen Maioris/Noch ruffet er den armen Menschen nicht wider zu rück/sondern lesst jn so fortfaren.

Demnach kömpt er ferner in des Bischoffs von Augspurg kundschafft/vmb dieser Lere willen.Letzlich beweisen sich die Maioristischen Früchte noch besser/das er Weib vnd Kind sitzen lesst/zeucht gege Rom/fellet alda dem Antichrist zun füssen/thut offentliche Busse/vnd einen widerruff der Lutherischen Lere. Höre nun weiter/Man wil für gewis sagen/das nicht lang hernach/als er zu Schiff auff dem Adriatischen Meer gefaren/nicht weit von Venedig/aus verzweiflung sich selbst ins Meer gestürtzet habe/Also ist er in diesem Reich/dem er mit der Lere von notwendigkeit der Werck zur Seligkeit gedienet/welche er von D.Maior gelernet/hinab gefaren. Dieses schreckliche Exempel wollen doch alle die anschawen/ die mit gleissenden Sophistereien D.Maioris Lere bementeln/ vnd schmücken wollen. Wer es nun veracht/der veracht jmer hin auff sein ebentheuwer/Er wird gewislich wider verachtet werden.

X Von

XX.
Von vnbestendigkeit dieser Lere.

D. Maior vnd seine Mitgesellen/ verdrehen sich wünderlich in beschönigung vnd vermentelung dieser jrer falschen Lere. Denn bisweilen sagen sie/ das die Werck/ so für dem Artikel der Rechtfertigung vorher gehen/ zur Seligkeit nötig sein/ Zu weilen das gute Werck im Artikel der Rechtfertigung/ von wegen jrer notwendigen gegenwart mit einlauffen/ also/ das sie notwendig da sein müssen/ Zu weilen geben sie für/ Das die guten Werck/ so auff die Rechtfertigung vnd Glauben folgen/ zur Seligkeit von nöten sein. Es wolle der Christliche Leser doch nur achtung geben/ auff die seltzame weitschweiffende/ irrige/ vngewisse Reden vnd Glossen/ welche Maior im Sermone von der Bekerung S. Pauli braucht/ so wird er sich drüber verwundern vnd entsetzen/ das der arme Man mit ein solchen hefftigen Schwindelgeist vmbgetrieben wird.

Zuweilen lesst sichs ansehen/ als redet er etwas wares/ Aber bald krümmet vnd wendet er sich wie eine Schlange/ zu seinen Sophistischen betriegereien.

Nu ist es aber vnleugbar/ Das ein weiser Man in seinen worten auffrichtig vnd bestendig sein sol/ wie auch der Heide gesagt hat.

Darnach so ist die Göttliche Warheit nicht so vnbestendig vnd wanckelmütig/ sondern warhafftig/ gewis/ bestendig vnd offentlich/ das nur darüber dennoch etliche erfunden werden/ die nichts desto weniger diese ding verstreichen vnd schmücken/ geschicht aus Gottes wunderbarlichem Gericht/

Dieweil leider viel sind/ so der Himlischen Warheit/ jrer vnd anderer Leute Seligkeit der Menschen gunst vnd willen fürziehen.

XXI.

Das dieser Lere durch keine vergleichung mag geholffen werden.

Etliche einfeltige vnd auch wol etliche verschlagene Köpffe/ bemühen sich zuweilen Rencke zuerdencken/ dadurch sie diese lügenhafftige Leren mit der himlischen Warheit vergleichen köndten/ Lassens jnen demnach hefftig sawer werden/ in der heiligen Schrifft etliche Reden zu suchen/ so mit diesen gleichstimmen/ vnd vberein treffen sollen. Aber in der warheit/ so bemühen sie sich nicht allein vergeblich/ sondern versündigen sich auch schwerlich daran/ beide gegen Gott vnd Menschen/ da sie sich einer vnmüglichen vergleichung vnterstehen/ Denn es sind keines weges gleichstimmende Reden/ Aus gnaden/ one werck werden wir selig/ Vnd es ist vnmüglich/ one gute Werck selig zu werden. Also sind auch diese reden nicht gleichstimmend/ Gute werck sind nötig/ Vnd/ Gute werck sind nötig zur Seligkeit. Auch nicht diese/ Gute werck haben die verheissung des Lebens/ Vnd/ Niemand wird one gute wercke selig/ vnd die andern alle.

Was der Prophet Esaias cap. 5. solchen vergleichem der Warheit vnd Jrrthum/ für gutes weissaget/ ist nicht vnbekand. So spricht S. Paulus Gal. 1. das der verflucht sey/ so ein ander Euangelium prediget etc. Nu ists gewis vnd vnleugbar/ das D. Maiors Propositiones ein ander Euangelium bringen.

X ij   22. Das

XXII.
Das vnmüglich sey/ diese Corruptelas mit glossiren zuuerteidigen.

War ists/ das D. Maiors Propositiones/ wie sie an jnen selbst lauten/ nach aller vernünfftigen Menschen vrteil/ vom verdienst verstanden werden. Denn was jrgend zu einem ding nötig ist/ das begreifft ein vorlauffende vrsach/ So hat auch D. Maior mit seinen gesellen allen vleis fürgewandt/ diese Propositiones zu glossiren. Aber es sind entweder die Glosen für sich selbst falsch/ oder reimen sich je nicht auff den Text/ denn es mag doch nicht sein/ das aus ein Teufel ein fromer Engel werde/ man schmücke jn wie man wolle/ Vnd spricht der Prophet Esaias cap. 5. recht/ Wehe denen/ so böses gut heissen.

XXIII.
Von der thewren Beylag D. Lutheri.

Alle Gottselige Christen/ so zu dieser zeit gelebet/ oder noch beim leben sind/ erkennen vnd rhümens für der allergrösten Wolthaten Gottes eine/ Das der Man Gottes D. Martinus Lutherus/ den Artikel von der Rechtfertigung des Sünders für Gott/ so reissendlich/ deutlich/ gründlich vnd ausfürlich erkleret/ vnd der Kirchen Gottes hinderlassen hat. Nu ists aber gewis vnd vnleugbar/ das er diese dogmata Maioris/ als Papistisch vnd schedlich/ in offentlichen Schrifften verdampt vnd verworffen hat. Wollen aber hieher dismals nicht viel Sprüche aus Luthero setzen/ weil wir allbereit in diesen Schrifften derselben hin vnd wider viel angezogen haben. So

So schreibt D. Luther in der auslegung der Epistel S. Pauli an die Galater/ Tom. 4. Jen. fol. 20. cap. 1. Die falschen Apostel haben also geleret/ das neben dem Glauben an Christum/ auch die Werck des Gesetzes nötig weren zur Seligkeit.

Item Gen. 22. die Negatiua ist diese/ Der Glaub allein macht nicht gerecht/ sondern wenn er mit vnd neben sich gute Werck hat/ Vnd dieser Proposition hengen sie eine listige vnd verschlagene Glossam an Sprechen/ Ob wir gleich leren/ das gute Werck nötig sind zur Seligkeit/ So leren wir doch gleichwol nicht/ das man auff die Werck vertrawen sol/ Wolan der Teufel gibts hie listig vnd verschlagen gnug für/ aber richtet doch nichts mehr damit aus/ als das es vnerfaren Leuten/ vnd der Vernunfft ein blawen dunst für die augen mache etc.

XXIIII.
Von Zeugnissen anderer Kirchen.

Die Propositiones vnd Lere D. Maioris/ sind bisanher auch võ vielen fürnemẽ Kirchen in deudschland/ beides in sondern vnd auch offentlichen im Druck ausgegangenen Schrifften/ gestrafft/ verworffen vnd verdampt worden/ Als nemlich die Sechsischen Kirchen in jrem Buch wider das Interim/ vnd hernach in einem andern Buch/ des Titel lautet also/ *Sententia ministrorum Christi in Ecclesia Lubecensi, Hamburgensi, Luneburgensi, & Magdeburgensi, de corruptelis doctrinæ Iustificationis, quibus D. Georgius Maior adserit, bona opera ad salutem esse necessaria. Anno Domini 1553.*

Item im Synodo zu Lüneburg Anno 1561. gehalten/ welches Synodi Artikel also lautet/ Von den

Maioristen/ D. Maior hat diese Rede geführet/ das gute werck von nöten sind zur Seligkeit/ vnd gantz vnmüglich sey/ one gute werck selig zu werden/ Welche rede nicht allein der Augsp. Confession offentlich zu entgegen/ wie für augen/ Sondern auch Gottes wort zu wider ist/ darinnē die *Exclusiua gratiæ* ja so wol stehet bey der Seligkeit/ als bey der Gerechtigkeit für Gott/ wie Paulus spricht/ *Gratia estis saluati, non ex operibus,* Vnd Petrus/ Es ist kein ander Name gegeben dem Menschen/ darinnen wir sollen selig werden etc. Wie derhalben diese Rede *propter exclusiuam* billich verdammet wird/ Gute werck sind nötig zur Seligkeit oder Rechtfertigung für Gott. Eben der vrsach ist auch diese Rede falsch vnd vnrecht/ Gute werck sind nötig zur Seligkeit/ weil sie die *Exclusiuam* ja so starck hat/ beide in Gottes wort/ vnd der Augspurgischen *Confession*/ als die andere/ *Et paulo post,* Können also demnach Maioris Propositionen vnd Lere/ als eine grewliche Verfelschung wider Gottes wort vnd die Augspurgische *Confession*/ auch keines weges billichen/ dulden noch leiden etc.

Dieser *Censur* vnd vrteil haben die beide Superintendenten zu Rostoch vnd Wismar/ so dabey gewest im Synodo/ mit eigner hand vnterschrieben.

Die Braunschweigische Kirche hat in offentlichen Schrifften/ durch D. Mörlinum vnd D. Kemnicium/ diesem Irrthum widersprochen.

Die Kirche zu Magdeburg hat viel Bücher wider diesen verfürischen Irrthum drucken lassen.

Also ist auch ein sonderliche Censur der Kirchen zu Rostock/ wider Maiors Lere ausgangen.

Item/ die Prediger zu Wismar haben vielfeltig in jren

in jren Schrifften diese jrrthum Maioris widerlegt.

Desgleichen die Preussische Kirchen haben auch in jren offentlichen Bekentnis/ die falsche Lere D. Maioris verdampt vnd verworffen.

Die Kirchen in der Herrschafft Mansfeld/ haben in etlichen Synodis/ offentlichen versamlungē/ vnd gedruckten Bekentnissen/ diese Corruptelen widerlegt vnd verdampt.

Die Thüringischen Kirchen/ haben auch in etlichen Büchern vnd Schrifften die Göttliche warheit wider die betriegereien D. Maioris verteidiget.

Die Kirche zu Northausen hat auch D. Maiors Irrthumb verworffen.

Die Kirche zu Regenspurg hat desgleichen auch gethan.

Die kirche Gottes in der öbern Fürstliche Pfaltz/ hat auch D. Maiors Irrthumb mit Namen verdampt vnd verworffen.

Desgleichen haben auch andere mehr Kirchen/ so von den Antichristischen jrrthumen erlediget sind/ auch gethan.

Dieser treffliche *Consensus* der kirchen Gottes/ diese heuffige vnd dapffere vermanungen vnd widerlegungen so vieler Kirchen/ sind warlich nicht zuuerachten/ oder geringschetzig zu halten/ Denn das ist Gott lob bekant/ das dieselbigen Kirchen keine jrrthumen verteidigen/ sondern alles nach dieser Norma vnd Richtscheid vrteilen/ nemlich nach Gottes wort/ Augspurgischer *Confession*/ vnd Schrifften D. Lutheri/ der in der erkanten vnd bekanten Warheit allzeit ist bestendig blieben.

XXV.

Es ist auch dis Stück wol zu mercken vnd zu behertzigen/ Das D. Maior vnd seine Mitgesellen auch nicht ein einiges vrteil/ oder einer reinen Kirchen offentliche Censur für sich haben/ in welcher die Bepstische/ D. Maiors vnd etlicher seiner Mitgesellen Lere offentlich bestetigt/ vnd für recht gesprochen were/ Drumb ist sichs vber alle massen vnd desto mehr zuverwundern/ das die Herrn Collocutores diese schedliche vñ vnnütze dogmata mit aller hand zusamen gesuchten ferblein zuuerstreichen/ vnd die armen vnwissenden damit zu betriegen/ vnd zuuerfüren/ sich vnterstehen dürffen.

XXVI.
Vom Zeugnis etlicher fürtrefflicher Theologen.

Wir wollen hie nicht nach der lenge/ vieler fürtrefflichen Theologen Censuras/ wider die Propositiones D. Maioris/ anziehen vnd heuffen/ damit diese vnsere Schrifft nicht gar zu lang werde. Denn was hie wir thun oder gethan/ dazu haben vns die Herren Collocutores vrsach geben/ vnd gleich genotdrenget. Wöllen nur eine oder zwo setzen/ vnd wo es die not erfordern würde/ köndten wir derselben noch mehr mit Gottes hülff anziehen.

D. Schneppius in seiner Disputation zu Jena/ Anno Christi 1555. offentlich gehalten/ Proposi.23. spricht also/ Also ist auch zuuerwerffen vnd zuuerdammen/ die zweiuelhafftige vnd zweyzüngige Rede/ Gute Werck sind nötig zur Seligkeit/ welche/ ob sie wol für vielen Jaren von dem Man Gottes dem Ehrwirdigen Herrn D. M. L. aus den Schu-

len vñ d

len vnd Kirchen/ mit grossem Ernst vnd Eiuer/billich ist verworffen vnd verdampt worden/ Doch gleichwol zu dieser zeit/ mit grosser zerrüttung vieler armer Gewissen/wider in die Kirche Gottes eingefüret wird.

Item Anthonius Corvinus im Betbüchlein fol. 7. Was wollen wir sagen von den folgenden Secten/so von fürnemen Theologē/ gleichsfals nicht one mercklich ergernis der Kirchen eingefüret sind/ Wir hetten den Artikel von der Justification so gar rein vnd klar/ das wir frey sagen dürffen/ er sey sind der Apostel zeit in der Kirchen kaum so rein gewesen/als zu vnser zeit/Aber der Teufel kondte solches nicht leiden. Erwecket erst etliche/die nicht allein den Glaubē/ so Gottes gnade in Christo ergreiffet/ vnd also durch Christum gerechtfertiget wird/ sondern auch den Wercken zugleich die Gerechtigkeit zuschreiben/ mit den worten/ Werck sind auch zur Seligkeit nötig. Vnd fol. 85. Verleihe vns auch lieber Vater in dem allen deine gnade/ das wir ja nicht in die falsche meinung gerathen/als sein auch solche von dir selbst gebottene Werck zur Seligkeit nötig/ welche Ehre alleine den herrlichen Verdiensten deines eingebornen Sons Jhesu Christi/seinem Gehorsam vnd Gerechtigkeit zugeschrieben werden mus. Sondern das wir viel mehr erkennen vnd wissen mögen/ das sie von vns als gewisse Zeichen vnsers Glaubens/ vnd zur dancksagung gegen dir/ für alle empfangene wolthaten gefordert werden/desgleichen das wir mit solchen guten Wercken viel Leute bessern/ mit einem vnchristlichen/ vnerbarlichen Wandel niemand ergern.

D   Item/

Item/D.Hieronymus Wellerus in seiner Postilla/ Dominica 3.Trinit. Man sol sie keines weges hören in der Kirchen Gottes/welche streiten/das gute Werck zur Seligkeit nötig sein/oder ein Causa sine qua non.

Vnd ob man dieser Rede/Gute werck sind nötig zur Seligkeit/jrgend mit einem Glöslin helffen wolt/Als das der Glaub nicht one gute Werck sein kan/So sol mans doch in der Kirchen nicht leidē/ Denn damit zerstört man frome Hertzen/ vñ bringet sie in verzweiuelung/Denn es gleubt kein Mensche/was solche Paradoxa vñ wunder Reden für schadē in den gewissen thun. Darumb nur hinweg damit.

Item in l.lib.Reg.fol.550. Wenn die Gottlosen Doctores vnd Schwermer komen/vnd geben jre sache mit prechtigen worten vñ grossem trefflichem schein für/damit sie vns gern von der Warheit wolten abfürē/ sollen wir jnen keines wegs folgē/ sondern vns steiff vnd starck an das wort Gottes halten/Als wenn einer leret/Wir werden nicht allein gerecht durch den Glauben/ sed fide forma charitate, das ist/ durch solchen Glauben/dem die Liebe zur seligkeit nötig/auch eingeschlossen wird/ Oder gute Werck sind nötig zur seligkeit/ Sollen wir solche Lere als ein Fluch vnd verbannet ding/fliehen/vnangesehē/ wie sie es mit schönen listigen Glossen stercken/das sie einen gewaltigen hauffen sprüche bey den haren vnd felschlich anziehen/vnd schmücken damit jhre schwermerey/das es niemand mercken sol/das es lauter verfürung ist. Aber lasset vns die lere des Euangelij rein vnd vnuerfelschet behalten/das wir allein durch den Glauben an Christum on alle werck

des

des Gesetzes/gerecht vnd selig werden/Vñ wir sollen jren Schwarm getrost mit folgenden sprüchen vmbstossen/ Der gerechte lebet seines Glaubens. Item/ Wer gleubt vnd taufft wird/ der wird selig. Item Rom.3. So halten wir es nu/das der mensche gerecht werde ohn des Gesetzes werck/allein durch den Glaubẽ. So sind auch in heiliger schrifft wol mehr Sprüche/ die man solchen impijs Doctoribus kan fürhalten. Hæc VVellerus. Dergleichen schreibet auch D. Wellerus in der Auslegung vber den Diob/ vnd anderswo an vielen orten mehr/ so allhie zu lang alle zu setzen.

Item Justus Menius (ehe in der Schwindelgeist eingenomen) schreibet auff diese meinung auch recht vnd wol im büchlein der Wiederteuffer im 2.Artikel.

Es ist je des Glaubens art vnd Natur entgegen/ vnd aller ding zuwider/das er sich durch Christum an Gottes gnade/ vnd zugleich an seine eigene wercke/leiden vñ verdienst halten sol/Vnd kan der Rottenmeister hie nicht helffen/ ob sie lang vnd viel sagen wolten (wie sie denn hie auff gar schlipfferiger Ban zu gehen/vnd imerdar von einer seiten auff die ander zu wancken pflegen) Ey man sol ja den Glauben auff die werck/ leiden vnd verdienst nicht setzen. Aber mã sol vns nuns sie dennoch gleichwol haben als nötige ding zur seligkeit/Das ist nichts geredt/ Denn sind sie zur Seligkeit nötig/ so kan man die Seligkeit one sie gewislich nicht erlangen/So machet der Glaub alleine nicht gerecht/ Das ist aber falsch/ vnd wider die gantze heilige Schrifft/ Deñ wir reden vom Glauben/ der durch Gottes gnade in Christo selig macht. Hæc Mænius.

XXVII.
Vom Zeugnis D. Philippi.

Wiewol der Herr Philippus aus menschlicher schwacheit/ in den Interimistischen handlungen es etlich mal versehen/ vnd Menschen zu gefallen/ vnd der gefehrlichen zeit willen/ wie sie selbst durch das Buch *Acta Synodica* genent/ von jhme in aller Welt zeugen/ etwas gethan/ Jedoch treibet jn bisweilen die krefftige Warheit/ vnd sein eigen Gewissen dahin/ das er die Maioristische Lere verdampt/ welches wir allhie nicht verschweigen können.

Tomo 4. operum fol. 811. schreibt er also/ Das er dieser Proposition nicht gebrauche/ aus dieser vrsach/ dieweil sie den trost des Euangelij gantz vñ gar verdunckele etc. Den gantzen Spruch haben wir anderswo in dieser vnser Schrifft gesetzt/ da man jhn lesen mag.

So schreibet auch der berhümete vnd bewerete Man/ D. Joachimus Mörlin/ Bischoff auffm Samland in Preussen etc. in der Refutation auff die Præfation D. Maiors/ D. Maior (spricht er) ist nit der geringste auch nicht der jüngste aus den Discipeln Lutheri/ hat vnter vns newe Rotten vnd Irrthumb eingeführet/ wider die Lere Lutheri/ Derhalben wir auch not halben jm haben müssen widerstehen. Wie auch D. Philippus sagte Anno 57. Ich lobe es/ vnd jr thut recht/ das jr Maiors Proposition widerfechtet/ vnd jm nicht lasset gut sein etc. *Hæc Mörlinus.*

XXVIII.
Der Beschlus.

Aus

Aus dem allen ist un offenbar/das D. Maiors falsche Lere beide von Gott/ Engeln/ vñ Menschen verdampt vnd verworffen wird. Lieber/warumb vnterstehen sich denn die Herrn Collocutores/die selbigen zu schmücken vnd zuuerteidigen? Es ist je vnleugbar/das sie Gott in seinem wort verdamsiet/ da er spricht/ Ir werdet nicht gerecht oder selig aus den wercken. Item/ Ir werdet one Werck oder aus Gnaden gerecht.

Die heiligen Engel verdammen sie auch/vnd sprechen/ Er sol Ihesus heissen/ denn er wird sein Volck selig machen von jren Sünden. Item/ Euch ist heute der Heiland geborn/daraus ist gewis/das sie per Antithesin D. Maiors Lere verwerffen.

Die Kirche Gottes zu dieser zeit/wie droben an gezeigt/hat in offentlichen censuris/diese dogmata Maioris gestrafft vnd verdampt.

Darumb mögen sie sich ringen vnd winden wie sie können oder wollen/so ists doch gewis/das kein mensch/kein Teufel/noch kein Sophisterey so gros vnd mechtig sein wird/so diese falsche Lere D. Maiors wird für Göttliche warheit verteidigen vnd erhalten können. Vnd gehet auch gar vbel hinaus/ wenn man mit vnd wider Gott kriegen wil.

Das haben wir also auff dismal wollen erhalte/das man doch in dieser versamlüg möchte grund vnd vrsachen sehen vnd anhören/warumb man nicht alleine jtzt/sondern auch für vielen Jaren D. Maiors Leren oder Propositiones gestrafft/ vnd in offentlichem Druck widerfochten/auff das man hiedurch verursachet vnd gereitzet werde/den herrlichē Consens vieler Gottfürchtigen in dieser Sachen/

vnd

vñ d hergegen die halsstarrigkeit/ vnd vermessentli=
cher kühnheit etlicher desto vleissiger zu betrachten/
vnd zu erwegen/ welche nicht vnterlassen bis auff
heutigen tag/ diese grewliche Irrthume mit Glös=
lein vnd Ferblein zuverstreichen/ vnd der lieben Ju=
gend vnd allen nachkomen beyzubringen vnd einzu=
bilden. Es ist hie kein Wortstreit oder wortgezenck/
Sondern ist vmb die aller grösten Sachen/ die vn=
ser Seelen heil vnd Seligkeit betreffen/ zu thun.

Vom 6. Stücke.
Von jrem Verzeichnis wider vns.
Folio 183.

Es setzen die Herrn Collocutores eine lange vor=
rede vor jre Beschüldigung/ damit sie vns also
plötzlich vnd vnversehens gleich vber=
schütten wollen.

Jr lassen aber Gott vnd alle Gottfürchtige
hertzē/ welchen die Religion ein ernst vñ kein
schertz ist/ richten vnd vrteilen/ Ob vnd wie
sie hiemit jre furcht gegen Gott/ vnd die Christliche
Liebe gegen vns beweisen. Sie trösten vns in einem
hönischen Gespött/ Das wir vns ja nicht wolten/
in deme sie vnsere jrrthumen/ wie sie es dafür halten
wollen/ erzelen/ bewegen vnd entrüsten lassen/ Auch
nicht denckē/ das wir gar vnschuldig/ vnd vns nicht
zu trawen were/ das wir Irrthume vñ Corruptelen
jemals geleret solten haben/ Das wir auch nicht
wolten jre langmütigkeit beschüldigen/ sondern jh=
rer gedult vnd gütigkeit zuschreiben/ das sie vnser
bis doher verschonet/ Vnd sagen/ sie haben damit
dem

dem gemeinen friede/ vnd der Kirchen raten vnd dienen wollen/ Vnd thue jnen vber die massen wehe/ das wir in dem Fundament vnd Heubtlere mit jhnen nicht eins sein. Also trencken sie vns sehr fein in jrem so lieblichen Exordio/ mit so gar süsser Gall vnd Essig.

Wir dancken aber dem lieben Gott/ von Grund vnsers hertzẽ/ so viel wir es durch den heiligen Geist vermögen/ das er vns in so grewlichem der Collocutorn donnern vnd hönischem Gespötte/ gnediglich gestercket/ das wirs mit gedult haben an vnd aushören können.

Vnd zwar/ vnsere Ohren sind solches hönens vnd spottens/ zum teil aus jrer vnd jhres anhangs vielfeltigen Jnvectiuen vnd lesterschrifften/ zum teil auch aus gegenwertigẽ vnserer Collocutorn brauch zimlich wol gewonet/ Darumb wir auch diese jhre hönische verlachung gedültig vnd gerne leiden/ vnd habens zuuor wol bedacht/ das wir für die Bekentnis der Warheit/ vnd für die anzeigunge der Jrrthume/ wie gelinde vnd demütig wir es auch theten/ bessern Lohn dauon nicht bringen würden.

Es sollen aber die Herrn Collocutores wissen/ das/ wie wir jre vngestüme vnd harte wort gedültig angehört/ Also haben sie auch daheim mit sanfftmütigem vnd gedültigem gemüte widerumb verlesen vnd bewogen/ Vnd sagen hiemit zu/ das wir auch mit gebürlicher Bescheidenheit / mit Gottes beystand drauff antworten wollen.

Vnd erstlich erkennen vnd bekennen wir gerne/ Das wir Menschen sein/ die nach menschlicher gebrechligkeit vnd Schwacheit fallen/ vnd etwa aus

vnbe=

vnbedacht solche wort reden können/mit welchen/ so es zur Prob vnd Disputation keme/ nicht bestehen können. Sagen derwegen Gott vnd allen Gottfürchtigen hiemit zu/ das wir mit gutem Grunde vberwiesen/ vnd vnterrichtet werden/ Das wir in vnsern schrifften etwas vnvorsichtig/ vn̄ nicht recht geredt haben/ das wir dasselbe nicht halsstarriglich verteidigen/ sondern hertzlich gerne nach notturfft corrigirn/ endern/ vnd recht machen wollen/ Vnd sagen mit Augustino/ Irren können wir wol/ Aber halsstarrige Ketzer wollen wir/ob Gott wil/ nicht erfunden werden.

Ja so etwas in vnserm Schrifften/ wenn wir von Glaubens Artikeln handeln/ gefunden wird/ das mit Gottes wort/ Augspurgischen Confession vnd Apologia/ vnd mit Lutheri Schrifften nicht vberein stimmet/ wollen wir dasselbige in keinem wege für gewisse Warheit gehalten haben/ wie wir auch droben bezeuget haben.

Ehe denn wir aber das jenige/ das sie vns in jhren *Hypothesibus* beschuldigen/ gegen Gottes wort/ vnd andere vnsere *Autentica scripta* oder Richtschnuren halten/ vnd nach denselbigen erwegen/ müssen wir zuvor etlicher weniger stück halben erinnerung thun/ welche zum eingange nicht one sonderlichen nutz bedacht werden mögen.

Vnd ist das erste/ das die Herren Collocutorn itzt allererst/ da sie mit vns gleich privatim vnd in sonderheit conferirn vnd reden/ von vnserm Irrthumen vnd falscher Lere/ die allerersten Erinnerunge thun/ so sie doch zuvor zwentzig gantze Jar sehr offt darüber geklagt/ das jre Kirchen mit bezichtigung

gung falscher Lere beschwere worden/vnd doch auch nicht mit einem einigen wörtlein/weder in priuat brieuen/noch in offentlichen Schrifften/wie zornig e auch gewesen/vns einiges Jrrthums erinnert haben/zuwider der Regel Christi/Matth.18. Wir aber haben sie jrer Jrrthumb/beide mündlich in geheim/oder priuatim/vnd auch in Schrifften offentlich erinnert.

Das and t/das in jrem Zeddel bald im anfang einer jgl b ldigung/ehe denn die Hypothesis oder Bes igung geweiset vnd beweiset ist/nach jrer angemaster autoritet vrteil fellen mit diesen worten/*Reijcimus & da us*. Wir verwerffen vnd verdammen/Geschicht also von jnen beide die verdammung vnd erinnerung zugleich auff einmal/Wir aber haben vnsern Beschlus bis ans ende der Hypothesen gesparet/wie denn solchs die Ordnung erfordert.

Zum dritten/D sie nu eine Hypothesin oder Beschuldigung/sampt derselben Beweisungen setzen solten/Da nemen sie für sich etliche Propositiones/vnd verwirren die Beschuldigungen also in einander/das man schi kaum errathen kan/was sie doch damit meinen/Das wir vns auch darüber verwundern/das so gelerte Leute/die in den hohen Schulen erzogen/vnd viel Jar darinne gelebt haben/die Sachen/dauon sie reden/so gar ohne alle ordnung in einander mengen/das man nicht wissen noch sehen kan/wo kopff oder schwantz/anfang oder ende stehet. Aber daraus scheinet/das sie gewislich böse Sachen haben/derer sie nicht trawen dörffen/weil sie das Liecht hassen/oder nicht sehen.

J Zum

Zum vierden/Sie beschuldigen nicht allein die/ so in diesen Landen geleret haben/Sondern auch auslendische/die mengen sie auch vnter vns/nach jrer angemaster freyheit. Gleicher weise beschuldigen sie auch etliche Bücher/so ausserhalb dieser lande geschrieben vnd ausgangen sein. Also wollen sie gar *Exleges* sein/Vnd meinen/es stehe jnen frey/sie mögen nach der Constitution des Colloquij sich halten/wenn sie es gelüstet/Wenn sie es aber nicht gelüstet/so mögen sie wol dawider thun.

Zum fünfften/das wir erst in diesem priuat Colloquio geredt oder geschrieben haben/das schreiben sie vns als balde/als eine Corruptela oder falsche Lere zu/Vnd wir werden also on alle Barmhertzigkeit/noch in stehendem Colloquio/in jrer beschuldigungs schrifft verdammet. Solcher brauch vnd proceß/ist bis daher in der kirchen Christi/vnerhöret/nie gesehen noch gelesen worden/Denn auch die Papistischen *Concilien* jre *Anathemata* erst am ende/vñ auff die letzte zu machen pflegen. Aber vnsern HerrnCollocutores/das sie den Papisten ja nichts zuvor geben/zeigen/verwerffen/verdammen die Jrrthume fast im anfang des Colloquij. Ja für der Collation oder vnterredung võ den *Hypothesibus*/weil man noch *de Thesi* handelt/So fein halten sie die *Constitution* des Colloquij/das ist jre *bonitas*/gütigkeit/davon sie rhümen/darumb sie auch von vns gerhümet sein wollen. Den betrug aber/das sie zuweilen die Bücher citirn/oder anziehen/Kan ein jglicher Leser leichtlich spüren vnd mercken.

Von der ersten Beschuldigung.
Folio 184.

Hypothesis.

Das die hulde Gottes vnd annemung zur kindschafft vnd Erbschafft ewiger Seligkeit/seind *Effectus* oder früchte der Gerechtigkeit.

Argument.

Wer da leret/wie die *Hypothesis* oder der gesatzte Spruch lautet/Der ist von Gottes wort/der Augspurgischen Confession/ vnd Lutheri Schrifften abgewichen.

Illyricus/Wigandus/vnd die Collocutores leren also.

Derwegen weigen sie von der Norma abe.

DE MAIORI.

Wir wollen nu besehen/aus was grund die Herren Collocutores den ersten Theil jhrer Schlusrede beweisen.

Die erste Beweisung nemen sie aus Paulo Roma.5. Da die beide wörter/ Gerechtfertigt vnd versünet werden/ für eins oder in einerley verstand sollen gebraucht/ vnd nicht schlecht ein wort durchs ander erkleret werden.

Aber lieber/ Was ist doch das für eine Beweisung? Ey die Herren Collocutores sagens, also. Wenn aber das beweisen heisst/So wirds den bepstischen nicht schwer sein/mit gleicher *autoritet* wider vns obzusiegen.

Die ander Beweisung ist/Das ist nicht die fürnembste Frage/ Ob des HErrn Christi gehorsam etwas

etwas erlangt vnd verdienet habe/ Sondern was daſſelbe eigentlich ſey/vnd worinne doch vnſer Gerechtigkeit beſtehe.

Antwort. Wir haltens dafür/ das die Herrn Collocutores allhie noch von dem 5. cap. S. Pauli an die Römer handeln. Wie wollen ſie denn das erweiſen/das S. Paulus in dieſem 5. cap. nicht handele/was der HErr Chriſtus vns mit ſeinem Gehorſam/ für Gaben verdienet habe: Denn jr ausſpruch iſt noch lang in der *Theologia* kein beweiſung. Wenn aber die Herrn *collocutores* das 3. 4. vnd 5. ca. alſo an einander hefften/das in den allē zugleich allein gehandelt werde/was vnſere Gerechtigkeit ſey/ vnd nicht zugleich auch an ſeinem ort/ eben in gedachtem Capitel mit vntergeſprengt werde/ was der HErr Chriſtus mit ſeiner Gerechtigkeit vns ferner erworben habe/ ſo mangelts jnē ja abermal an klarer beweiſung/ Vnd vermercken hieraus alle verſtendige vnd gottfürchtige Chriſten/Das an dieſem ort durch die Herrn Collocutores mit groſſer/ vnd gleich pebſtiſcher vermeſſenheit vñ kühnheit/ S. Pauli eigene Sachen durcheinander vermenget werden.

Nu können wir aber jrer Auſſage nicht Beyfall geben/ Es ſey dann/ das ſie dieſelben aus S. Pauli hellen worten darthun vnd beweiſen/ Denn wir begeren aus S. Paulo vnterrichtet zu werden/ Antworten demnach alſo:

Wir haben niemals mit jemands vmb dieſer Rede willen geſtritten/ der geſagt hat/ Das die Rechtfertigung ſey die Verſönung mit Gott/ oder das die Rechtfertigung die verſönung in ſich begreiffe/ oder das die gerechtfertigten verſünet ſein/ oder das wir durch

durch den Glauben an Christum gerechtfertiget vnd versönet werden/ Vnd das die Rechtfertigung vnd versönung für einerley gebraucht werden/ Wollen auch jtzt mit niemands darüber streiten/ also vnd der gestalt/ das wir jme derhalben wolten Jrrthumb vnd falsche Lere zuschreiben.

Also haben wir auch niemals mit denen gestritten/ gedencken auch hinfort nicht zu streiten/ als wider eine verfelschung jrgent eines Artikels vnsers Glaubens/ so da leren/ das die versönung oder friede mit Gott/ sey eine Frucht der zugerechneten Gerechtigkeit durch glauben an Christum/ welche Frucht aber mit nicht gescheiden wird von der zugerechneten Gerechtigkeit/ Gleich wie ein Gebew vom Bawmeister/ oder ein Apffel vom Baum.

Warumb wir aber in diesen Stücken niemand verfelschung der lere zumessen oder anathematisirn/ wollen die Herrn Collocutores in Gottes furcht anhören. Denn wo wir jrren/ wollen wir vns/ durch Gottes hülff/ gerne weisen lassen/ gedencken nicht halsstarrig oder Ketzer zu sein.

Es ist ein gemeine vnd bekandte Regel vnd art der heiligen schrifft/ Synecdoche genant/ dadurch etliche wörter in gemein gesetzt vnd gebraucht werden/ vnd viel Sachen in sich begreiffen/ Vnd dieselben gemeine Synecdochische wörter/ werden nicht allein von den *causis* oder vrsachen/ sondern auch von den *effectibus* oder früchten genomen/ Als das wir das Exempel anziehen/ Der HErr Christus setzet nirgent zugleich diese wort also zusamen/ wie S. Paulus/ Dem der da gleubet/ wird meine Gerechtigkeit zugerechnet/ Oder dem gleubigen wird mein

Z iij.   Ge=

gehorsam/oder mein verdienst/oder mein erfüllung des Gesetzes zugerechnet/sondern braucht anderer art vnd weise zu reden/so doch diesen nicht zuwider seind/Ob sie wol mit andern worten ausgeredt werden/als/Wer an mich gleubt/hat das ewige leben.

Nu ists aber gewis/das sonst das ewige Leben eine Frucht sey der zugerechneten Gerechtigkeit/vnd das ende vnsers Glaubens. Begreifft derhalben der Herr Christus mit dieser phrasi oder art zu reden/ alle die wolthaten/so er vns mit seinem heiligen leiden vnd Gehorsam erworben/Als nemlich vergebung der sünde/zurechnung der Gerechtigkeit/durchs Blut Christi zu wegen bracht/versünung mit Gott/annemung zur Gnade/erwelung zur Kindschafft/schenckung des heiligen Geists/vernewerung/aufferweckung von toden/vnd die ewige herrlichmachung. Denn da braucht er dieser art zu reden in gemein.

So ist auch diese Phrasis oder Regel der heiligen Schrifft nicht vnbekant/das bisweilen etliche wörter *generaliter* oder in gemein/bisweilen aber in *specie* oder sonderlich/vnd in einer engern bedeutung/vnd etwas kürtzer genomen werden. Als das wörtlein/ Ewiges leben/wird zu zeiten etwas weitleufftiger verstanden vnd gebraucht/wie droben angezeigt. Aber in andern Sprüchen der Schrifft/bedeut vnd heist es allein das ewige Leben/so nach der Aufferstehung der Toden den Gleubigen folgen wird/als Matt.25. Die gerechten werden ins ewige leben gehen. Wens sichs nu mit diesem nicht also helt/wie bisher ist gesagt worden/können wir wol leidē/das man vns eins bessern vnterrichte/deñ wir als *Studiosi Theologiæ*/begerē zu lernen/vnd scheme vns des auch nicht

nicht/auch im alter.Wollen aber allein das lernen/
das gut ist/das war ist/das nützlich ist.

Nu ist die frage võ dem wort versönung mit Gott.
Wenn wir hie Gottes wort rahtfragen/finden wir
erstlich/das es bisweilen *in genere* oder in gemein gebraucht wird für alle wolthaten/ so vns der HErr
Christus mit seinem gehorsam vñ tod erlangt hat/
wie auch zu zeiten das wort Rechtfertigung der gestalt gebraucht wird.Vnd auff diese weise haltē wir/
das es gebraucht werde 2.Cor. 5. Aber das alles
von Gott/der vns mit jm selber versönet hat durch
Jhesum Christ. Item Gott war in Christo/vñ versönet die welt mit jm selber/Eph.2. Vnd das er beide versünete mit Gott in einem leibe durch das Creu
tze. Item Col.1.Denn es ist das wolgefallen gewesen/das in jm alle fülle wonen solte/vnd alles durch
in versünet würde zu jm selbst. Bey diesen sprüchen
wollen wirs jtzt bleiben lassen.Weil nu der Apostel
in diesen angezogenen Sprüchen in gemein von den
geistlichen wolthaten Christi redet/halten wirs da
für/das alle güter oder wolthaten der Rechtfertigung/ so der Herr Christus erworben hat/hiemit
begrieffen werden.

Aber *in specie* oder in engerer bedeutung haltē wir/
wird es verstanden/Wenn S.Paulus ausser diesem
loco von der Rechtfertigung/vnd was dieselbig sey/
jhre Effect oder Früchte erzelet.Als im 5.Capitel zun
Römern/da er die Früchte der empfangenen Recht
fertigung nach einander setzet/welche er doch keines weges scheidet/Wie ein Apffel/der vom baum
abgebrochen/nu ausser dem baum ist/Sondern die
für vñ für der zugerechneten Gerechtigkeit anhengt/

Z iij also/

Also / das wo die zugerechnete Gerechtigkeit
durch Glauben / da sey auch die versünung / Wo aber
die nicht ist / da sey auch die versönung mit Gott
nicht. Bitten dennach die Herrn Collocutores vnd
alle Gottfürchtige Zuhörer vnd Leser / sie wollen
folgende vnsere vrsachen erwegen.

 Erste Vrsach vom vnterscheid der Sachen / welche
S. Paulus im 3. 4. vnd 5. cap. zun Römern handelt /
Gewis ist es vñ vnzweiuelhafftig / das S. Paulus
im 3. vnd 4. cap. zun Römern handelt / was vnsere
Gerechtigkeit für Gott sey / was es für ein form
oder gestalt damit habe / wie sie vns zugeeignet vnd
empfangen werde. Darnach im ersten teil des 5. ca.
handelt er von den Früchten / die wir durch die zugerechnete
Gerechtigkeit Christi im Glauben vberkomen.
Als dann fehet er an die *Analysin* oder fernere
auswickelung der Sachen / welche er zuuor gehandelt
hat. Vnd so viel das 5. cap. belanget / wollen
wir erst hören des Herrn Lutheri eigene wort / aus
dem Argument der Epistel an die Römer / da er also
schreibet / Am fünfften kömpt er auff die Früchte
vnd Werck des Glaubens / als da sind Friede / Freude
/ Liebe gegen Gott vnd jederman. Bisher Lutherus.
Vnd noch ferner D. Eberus selbst / in dem *scholio
marginali* in seiner Bibel / hat diese wort auff den
rand des anfangs dieses 5. ca. verzeichnet / *Epilogus de
iustificatione fidei, in quo effectus fidei ostenduntur.* Das ist /
Hie folget nu der Beschlus der Lere / von der Gerechtigkeit
des Glaubens / in welchem die Effect oder
früchte des Glaubens / angezeigt vnd beschrieben
werden.

 Auff diese weise sind die Herrn Collocutores wi

der sich selbst/in deme/das sie allhie in dieser Collation sprechen/ Jn diesen dreien Capiteln 3. 4. 5. erklert S. Paulus allein/was vnser Gerechtigkeit sey für Gott/worinne sie bestehe/vnd nicht/was sie für Früchte habe.

Denn D. Lutherus vnd sie selbs setzen vnd leren/das im 5. Capitel/fürnemlich aber im ersten Teil desselbigen/die Früchte der empfangenen Gerechtigkeit erzelet werden/vnd werde hernach erst die *Analysis* fürgenomen.

Die ander Vrsach. Jm 3. vnd 4. cap. wird vnser Gerechtigkeit nicht also beschrieben/das sie sey vnser versönung/sondern das sie sey die vergebung vnser sünden/vnd zurechnung der Gerechtigkeit Christi/durch Glauben. Denn allda hat der Apostel am allermeisten vnd gantz gewis in *specie* auffs aller eigentlichste reden wollen. Aber im 5. cap. erzelet er die vnzertrenlichen/vnd gewislich folgende früchte der Gerechtigkeit/vmb Christi willen zugerechnet vnd empfangen/Vnter welchen auch ist die versünung mit Gott/so zugleich mit der vergebung der sünden/vnd zurechnung der Gerechtigkeit vberkomen wird. Gleich wie der Tag zugleich gebracht wird/wenn die liebe Sonne auffgehet/vnd jre stralen sehen lesst/vnd ist nicht in dieser Welt tag/wo die Sonne nicht ist.

Die 3. vrsach. Die zwey wörter versünen vnd befriedigen/werden von S. Paulo für eins gebraucht Col. 1. Denn es ist das wolgefallen gewesen/das in jm alle fülle wonē solte/vnd alles durch jn versünet würde zu jm selbst/es sey auff erdē oder im Himel/damit das er friede macht durch das blut an seinem

A a   Creutz.

Creutz. Daher halten wirs/ das in diesem engern verstand/ das wort/ Friede machen/ vnd versünung mit Gott haben/ einerley sein/ vnd nicht vnterschieden. Denn es sind/ wie es die gelerten pflegen zu nennen/ *Termini conuertibiles*/ die versönung mit Gott/ ist friede mit Gott. Item/ Friede mit Gott haben/ Ist anders nichts/ als mit Gott versünet sein.

Nu aber spricht S. Paulus/ Das/ die gerecht worden sind durch Glauben/ haben friede mit Got. Die mercke das er von gerechtfertigtē/ welchen die Gerechtigkeit durch Glaubē in Christum zugerechnet/ redet/ vnd eignet demselben als eine Frucht der empfangen Gerechtigkeit zu/ den Friede mit Gott haben/ wie es D. Lutherus verdeudscht hat. Diesen Friede aber mit Gott haben/ nennet D. Eberus in dem angezogenen ort den Effect/ D. Lutherus aber/ wie angezeigt/ nennet jn die frucht/ der empfangenen vnd geschenckten Gerechtigkeit.

Die vierde Vrsach. S. Paulus zeucht alda in der langen vnd gantz in einander geflochtenen erzelung der fruchte/ der empfangenen Gerechtigkeit/ auch diese frucht mit ein/ nemlich/ Die Versönung/ Denn höre doch seinen *Catalogum*. Die Propositio ist/ Nu wir denn sind gerecht worden durch den Glauben/ so haben wir etc. Was haben wir denn? Darauff antwortet er/ vnd spricht/ Erstlich den friede mit Gott. Darnach einen zugang zu Gott/ zu dieser Gnad/ Rhümen in der hoffnung die Herrligkeit der Kinder Gottes/ Rhümen in den Trübsaln/ Die liebe Gottes/ Erlösing von dem zorn/ Versünung mit Gott/ Vnd das wir vns Gottes rhümen/ durch vnsern Herrn Jesum Christ/ durch welchen wir nu die versünung empfangen haben. Aus

Aus diesen früchten allen/erkennen vnd sehen alle frome hertzē/das S. Paulus mit sonderlichem fleis so einer hat wollen rhůmē vnd preisen die frucht/ die gerechtfertigten durch glaubē vberkomē/wie denn auch S. Pauli Propositio lautet. Denn er nennets Friede mit Gott/vn̄ gnade bey Gott/behaltung inn zorn/versünung. Nu wolte es aber zumal ein behendlich ansehen haben/wenn jemand S. Paulum reformiren wolte/vnd sprechen/ das die versünung mit Gott/nicht sey der friede mit Gott/ sey nicht der zugang zu Gott zu dieser Gnade/sey nicht die liebe Gottes.

Die fünffte Vrsach. Gottes zorn vn̄ die versönung mit Gott/werden gegē einander gesetzt von S. Paulo. Nu spricht er aber/ das die gerecht worden sind durch Glauben/die werden behalten fürm Zorn. Denn er spricht ausdrücklich/Nach dem wir sind gerecht worden (merck/sagen wir/das wol/das S. Paulus spricht/Nach dem wir sind gerecht worden/ Wie er denn auch droben in der Proposition gethan/Denn S. Paulus handelt hie nicht eigentlich dauon/was vnsere Gerechtigkeit sey/wiewol das mit eingeschlossen wird/Sondern von den Gerechtfertigten/was die haben) Nach dem jhr nu durch sein Blut gerecht worden seid/ Was habt jhr denn dauon? Das wir viel mehr durch jhn behalten werden für dem Zorn/ Item/ Das wir mit Gott versünet sind etc. Wie denn nu Gottes Zorn eine Frucht ist vnser Sünden/ Also ist auch die Behaltung fürm Zorn/ vnd die Versünung eine frucht des verdienstes Christi/ oder seines Gehorsams mit sein Blut zuwege bracht so vns durch Glauben zugeeignet wird.

Aa ij Die

Die 6. vrsach. S. Paulus spricht also/Der gehorsam oder gerechtigkeit Christi/ wird vns durch glauben zugerechnet. Nirgend aber spricht er/Die versünung wird vns zugerechnet durch Glauben/ Kan auch auff die weise nicht recht also geredt werden/ Sondern wenn vns die gerechtigkeit Christi durch glauben zugerechnet wird/ als denn geschicht auch zugleich die versönung. Den aus dem verdienst Christi/das vns geschenckt vnd zugeeignet wird/ fleust vnd kömpt her die versönung mit Gott/ Den so balde man setzt die zurechnung der gerechtigkeit Christi durch Glauben/ wird zugleich auch mit gesetzt die versönung mit Gott/ Vnd wo die nicht ist/ geschicht auch keine versönung mit Gott.

Wir bitten aber freundlich/Es wolle vns hie niemands den *statum causa peruertirn*, oder das ziel verrücken/ wie wir vns denn des von den Herrn Collocutoribus besorgen/das sie es nach jhrer gewönlichen art thun möchten. Denn wir reden allhie nicht von dem gemeinen verstand dieses Worts/ sondern von dem special oder engern brauch. Vnd ist vns durch Gottes gnad nicht vnbewust/ das/ wenn das wort versünung in gemein genomen wird/ wie denn auch etliche andere/ als denn alles in sich begreiffe/ was zur Rechtfertigung gehöret. Darnach bitten wir auch dieses/das sie nicht wollen vns die wörter *effectus* vnd *fructus*/wirckung vnd frucht/verkerlich vnd anders deuten/denn wir sie gemeinet. Weil der Herr D. Lutherus vnd sie selbst derer sich gebrauchen/ Wir trennen sie nicht von einander (gleich wie man ein Apffel vom Bawm bricht/ also/ Das wenn der etwa sonst beygelegt wird/ er nicht mehr auffm baū

ist) Sondern sagen/das sie in dem gerechtfertigten sein/ Erkennen vnd bekennen auch/ das der gerechtfertigte warhafftig mit Gott versünet sey/ so lang er gerecht vnd gleubig bleibt.

Derhalbē verwerffen wir den nicht/der das wort versünung in gemein braucht für alle geistliche wolthaten/ durch Christum erworben/ Wie auch den nicht/der es in *specie* gebraucht/ vnd spricht/ das es sey ein frucht/ die wir in zurechnung der Gerechtigkeit Christi empfahen.

Dieses alles habē wir(wie wir deñ das mit warheit bezeugen können) aus einfeltigem Hertzen vnd gemüt so schlecht vnd blos fürbracht/auff das menniglich desto ehe sich drein schicken vnd richten könne. Wo nu dieses Gottes wort zu entgegen ist/ vnd die Artikel vnsers Glaubens vmbstösset/ bitten wir in aller demut/ man wolle vns des berichten/ aber aus Gottes klarem wort vnd starcken gründen/vnd nicht mit solchen Prætorianischen vnd Bepstischen drawungen/ Ir seid Enthusiasten/ Antinomer/ Sophisten etc. Denn so haben der HErr Christus vnd die Apostel/ die schwachen nicht pflegen zu vnterweisen. Wir begeren von hertzen Schüler vnsers HErrn Jhesu Christi zu sein/ seine Stimme zu hören/ Vnd keren vns nicht daran/ ob gleich die hohen Schulen/ Concilia/vnd auch der Teufel selbst vns verdamnen/ wenn wir nur den HErrn Christum auff vnser seiten haben. *Hactenus Acta.*

Item Folio 188.

Darnach faren sie herausser vnd sagen/das alle zugethanen vnd verwanten der Augsp. Confession/ dieses alles/ gleich wie sie/ verstehen. Antwort. Wo bleibet aber die beweisung/ Denn jr blosses sage in der *Theologia* kan nicht für einē gewissen grund gehalten werden. Weiter ists ja ein anders/ so jemand etwas schreibt one sonderlichen fleis des *Methodi* vnd rechter ordnung/ Ein anders ists auch/ wen̄ die ding trewlich vnd gantz richtiger weise gehandelt/ vn̄ ein jedes (damit es besser gefast vnd verstanden werde) in seine rechte stelle vn̄ örter gesetzt wird. Wollen aber eins oder zwey zeugnis hieher schreibē/ deū mehr können zu ander zeit angezogē werden/ Jedoch wollen wir sie nicht für eine *Normam* vnd Richtschnur haben/ Sondern dieweil sie disfals mit vnser *Norma* gleichstimmen/ vnd die Herrn *Collocutores* hie vrsach zu geben.

Iustus Mænius im buch von der Alchimistischen *Theologia* Osiandri E 3. spricht/ Vnd derhalben das Erlösung vom tode/ vergebung der sünden/ versönung mit Gott/ vnd rechtfertigung des sünders/ Also wie *Causa* vnd *Effectus* vnzertrenlich/ aneinander hangen. Item/ Sintemal die versönung one die Rechtfertigung nicht geschehen kan/ so wenig als ein *Effectus sine causa efficiente*, geschehen kan. *Hactenus Mænius*.

Da höret man/ das *Mænius* die vergebung der sünden oder Rechtfertigung von der versönung abteile/ wie *Causa* vnd *Effectus* abgeteilet werden.

3. Also schreibet auch Abdias *Prætorius in Methodo* der Rechtfertigung ca. 20. von den nützbarkeiten vn̄ früchten der rechtfertigung/ Der erste Effect/ nutz/ vnd frucht/ so aus vergebung der sünden kömpt/ ist die versönung mit Gott/ vnd die gnedige annemnung des menschen/ Denn so bald dem menschen die sünde vergeben werden/ *ren siuntar.* wild er auch Gott ver-

versönet/ vn̄ wird aus Gottes feind Gottes freund/ aus des Teufels kind Gottes kind (mercke die auffnennung zur kindschafft) aus einem verfluchten vn̄ Fegopffer aller leut/ ein hausgenossen Gottes. So viel nutzes hat man aus vergebung der sünde/ Kan auch etwas tröstlichers gesagt werden? Doch wer den diese dinge vnterweilen gezogen auff *causam formalem*/ Vnd wie das wort der Rechtfertigung genomen wird/ vnd dennach geschicht hie auch.

1. Sarcerius im *Methodo* von der rechtfertigung im Titel Effect/ vnd was folge der rechtfertigung. Die rechten Früchte vnd Effect der Rechtfertigung sind diese/ vergebung der Sünden. Denn darumb werden wir gerecht fertiget/ das wir vergebung der Sünden empfahen/ Item friede des Gewissens/ von wegen der vergebung der sünden/Rom. 5. Nu wir denn sind gerecht worden durch den Glauben/ so haben wir fried mit Gott durch vnsern Herrn Jhesum Christ.

D. Simon Pauli/ *Professor* in der hohen Schulen zu Rostock/ in *Methodi* von der rechtfertigung/Am capitel/Welchs sind die *Effectus* Cc 4. Der dritte Effect/ nutz vnd frucht der Rechtfertigung/ ist Erlösung von Gottes zorn/ vnd versönung mit Gott.

Diese Männer alle vn̄ viel mehr/ so der Augspurgischen Confession zugethan/ die wir zu seiner zeit anziehen wollen/ haltens mit vns in diesem Stück/ vnd werden drüber in dieser Anklage von den Herrn *Collocutoribus* mit sehr harten worten/ Irrthumbs/ Coruptetln/ *Enthusiasmi* vnd *Antinomiae* beschuldiget vnd verdammet/ Ja also halten sie vber der einhelligen meinung der allgemeinen reinē Christlichen kirchen Vnd dahin bringet sie jr grosser eiuer zu schelten.

Von der andern Beschüldigung.
Folio 350.

Das die *Iusticia passiua*/ sey eingiessung der fülle der Gnaden.

WIr bitten erstlich alle frome Gottsfürchtige hertzen/ Das sie darauff wol acht geben wollen/ wie die *Notatores* den *Statum* vnd die *Proposition*/ darumb hie der Streit ist/ so gar mutwilliglich jres gefallens verendern. Denn in der vorigē Schrifft sind diese *Propositio*/ Das die *Passiua iusticia* darumb also genennet werde/ das Gott Rew vnd Glauben in vns wircket. Aber nu machen vnd setzen sie gar eine andere *Proposition*. Heist das auffrichtig/ one falsch vnd getrewlich gehandelt?

Zum andern/ Ist ein öffentlich falsches Zeugnis/ Vnd sie werden aus keinen vnsern Büchern beweisen können/ Das wir diese wort in massen/ wie sie sie zusamen gesetzt/ vnd die *Passiuam iusticiam* also definirt/ vnd beschrieben haben/ als sey sie ein Eingiessung der fülle der Gnaden. Solchs/ das sie gar vngehaltener/ mutwilliger/ vnd vnuerschempter weise küne sein/ klagen wir/ neben der Christlichen Kirchen/ auch zuförderst allein vnserm lieben Gotte/ der gewislich gegenwertig ist/ Vnd bitten jhn/ Das er den Herrn *Collocutoribus* Gnad verleihen wolle/ das sie ein wenig in sich selber schlahen/ vnd sich doch für dem lebendigen Gott/ der alles sihet vnd höret/ ein wenig schemen/ vnd zu warer Busse gebracht werden.

Wir haben aus vnd mit diesen worten/ so wir in gleichnis weise geredet/ keine sonderliche Propositi-

sition vnd Lere machen/oder setzen wollen/ Sondern wir bekennen mit andern deutlichen vnd klaren worten/ Das wir arme Sünder im Artikel der Justification für Gottes angesicht/ gar keine gute wercke bringen/ Sondern verlassen vns allein auff die Gnade vnd Barmhertzigkeit Gottes/ vnd auff das verdienst Christi/ welchs vns armen Betlern durch den Glauben geschenckt vnd applicirt wird/ in deme wir solche meinung gesetzt/ vnd ausgeredet/ haben wir gemeltes gleichnis gebraucht/ wie sie auch Lutherus selbst in der Vorrede der Epistel an die Römer gesetzt/ da er sagt/ Das Gott Christum vñ den Geist mit seinen Gaben in vns giesse/ Welchs gezeugnis vnd wort sie selbst/ ehe dann wir/ angezogen. Es wollen doch alle Gottsfürchtige Hertzen bedencken/ wie doch solche gespotte vnd hönische reden/ so berhümpten Theologis anstehe/ Vnd ob sie hiemit nicht hönisch verachten vnd verspotten auch der heiligen Schrifft wort vnd rede/ die vns trawen auch nennet gefesse der Barmhertzigkeit. Wir zwar wollen gar gerne bekennen/ das wir Gefeslein sein der barmhertzigkeit/ Vnd thut vns wehe/ das die Herrn Collocutorn/ für dem namen Gefeslein/ so grossen schew haben/ So doch Paulus vnd Jeremias auch sagē/ das wir ein Thon sein/ in der hand des Töpffers oder des HErrn.

Zu deme/ Warumb solten wir nicht mit den Aposteln bekennen/ das wir vnsere Himlische Schetze in irrdischen gefessen tragen/ so lang wir in dieser welt leben? Weil die Herrn Collocutorn verneinē/ das sie in der Rechtfertigung für Gott/ da allein auff die gnedige schenckung der gerechtigkeit Christi ges-

B b

sti geſehen wird/ledige Kreuslein oder Gefeſſe ſein/ die jnen ſelbſt gar nicht haben die Gerechtigkeit/ ſo für Gott gilt/ So wolten ſie vns doch ſagen/ mit waeſſen gutē ſie denn erfüllet ſein/wenn ſie für Gott gerechtfertiget werden? Kundt iſts vnd offenbar/ Das dieſe Rede/ die gegen ſo freundliche/ auffrich tige/vñ gütige Theologen geredt/darüber wir auch nicht ſo gar ſteiffſtreiten/vnd kempffen wollen/Eben dieſer vnd keiner andern vrſachen halben/ſo gar vbel verlacht vnd verſpottet wird/ Denn das ſie die Notatores/die gegenwertigkeit jrer guten wercke/ mit in den Artikel der Juſtification/vnterſchleiffen/ vnd einfüren/vber ſolcher jrer fülle vnd reichthumb jrer werck ſo feſt halten. Wir aber bezeuge für Gott vnd den Menſchen/ Das wir anders nichts haben ſagen wollen/denn das wir für Gottes Gerichte ei tel arme Sünder ſein/gar keinen rhum/ſondern die ewige Verdamnis verdienet haben. Es werde vns aber die Sünde vergeben/ Chriſti gerechtigkeit ge ſchenckt vnd zugerechnet/aus Gnaden vnd Barm hertzigkeit im Glauben.

Auff ſolche weiſe empfangen wir gnade vmb gna de/aus der fülle des Sons Gottes. Alſo werden wir durchs mündliche Wort vnd Sacramenta zuge richt zu gefeſſen der barmhertzigkeit Gottes. So nu die Herrn Collocutores dieſe jetzt erzelte vnſere mei nung verwerffen/So laſſen wir ſie jmer hin auff gut Schwermeriſch vnd Enthuſiaſtiſch/eine Schwer merey vnd Enthuſiaſterey vber die andere erdenckē/ bis ſie Gott ein mal bekere.

Item Folio 351.

War

Warumb aber Lutherus die Gerechtigkeit/da=
wir für Gott bestehen/vnd gerechtfertiget wer=
/ *Passiuam iusticiam* nennet/ Das wollen doch fro=
vnd Gottsfürchtige hertzen/ aus seinen Lutheri
enen worten vornemen. Also spricht Lutherus im
gument der Epistel an die Galater/ Derhalben
an solche vnsers HErrn Christi/ oder des Glau=
is Gerechtigkeit wol nennē mag *iusticiam passiuam*/
s ist/ Ein solche gerechtigkeit/die nicht wir durch
ser eigen thun schaffen oder wircken/ Sondern sie
en andern in vns schaffen vnd wircken lassen.

Aus diesem Spruch Lutheri ist offenbar/ Das
Passiua iusticia vom Artikel der Rechtfertigung/
serer Wirckung entgegen gesetzt werde/ vnd die=
bige ausschliesse.

Derhalben die Herrn Collocutores den Lu=
erum selbst straffen/vnd verspotten/in dem sie vns
agitiren/ Was aber das für eine böse That vnd
Sünde sey/ werden alle Gottfürchtige Hertzen be=
encken. *Hactenus Acta.*

Von der dritten Beschuldigung.

Das die Rechtfertigung nicht sey *continua*/stet
vnd jmerwerende/ sondern die *iterirt* wer=
de vnd wachsse.

Folio 194.

Nsere Meinung ist diese/ Wir haben nie
vnnd nirgends gesaget/ Das die Recht=
fertigung an ihr selbs wachsse/ vnnd zu=
neme. Man mag vns den Ort zeigen/ Wird
ich es anders befinden/ So wollen wir es/

Bb ij   Seinds

Seinds privat Schrifften/auslesschen/Oder ists
in offentlichem Druck ausgangen/offentlich wider
ruffen. Das aber die *Iustificatio iterirt* oder widerholet werde in denen/ so gefallen sein/ vnd wider zur
busse komen/das haben wir geleret.Das auch Got
tes furcht/Glaube/Hoffnung/Anruffung/vnd an
dere Tugende/ so der heilige Geist in vns wircket/
zunemen/ das haben wir auch geleret. Meinen nu
die Herrn Collocutores/das solchs vnrechte Lere
sey/So mügen sie sich dran machen/vnd es bewei-
sen/ So wollen wir es als denn besehen/erwegen/
prüfen/Vnd was gut ist/ nach Pauli Lere/ behalten. *Hactenus Acta.*

Item Folio 352.

Nur vom wort *Continua*/haben wir nu *obiter* bey-
felliger weise erinnerung gethan/ Vnd ist nicht das
fürnemste stücke vnsers Streits/wie solches beide
die *Theses* vnd *Hypotheses* klar ausweisen. Das Gott
zeit/stunden/vnd minuten wisse/wenn er diesen oder
jenen beruffen vnd newgeberen wolle/Das haben
wir aus vnd nach Gottes wort gesagt/ als da geschrieben stehet/ Gott hat jhnen nicht gegeben ein
verstendigs hertz/Gott öffnete der *Lydiæ* hertz/Euch
ist gegebē das jr gleubet/Der geist bleset wo er wil.
Vnd wie die Augspurgische Confession sagt/wenn
vnd wie er wil. Dieses haben wir darnach erkleret/
Es könne auch einer/der nicht newgeborn ist/Got-
tes wort hören vnd lesen/Aber seliglich könne es niemand hören vnd annemen/ wenn jhme nicht Gott
das hertz öffnet. Wir haben auch gesagt/das Gott
solches gebe durch das gepredigte Wort vnd aus-
thei-

teilung der Sacrament. Haben darüber auch dieses gesagt/Das ein jeglicher zu jeder zeit/wenn jm Gott sein Hertz öffnet/aus Gottes wort gewis sein vnd schliessen sol/das er angenomen sey.

Zum Andern/wolle der Christliche Zuhörer vnd Leser auch dieses wol mercken/Das die Collocutores mitten im Colloquio vnd Collation/pflegen etliche wörtlein/wie auch droben gesagt/flugs zu erhaschen/vnd dieselben als eine Corruptel/mit gewalt vns auffzudringen/ so frome vnd auffrichtige Leute seind sie/Meinen nicht anders/es gezieme jnen alles/wie sie es nur machen/vnd jnen gelüstet.

Zum dritten/Es ist ein öffentlich falsch Zeugnis/das wir solten gesagt haben/die Rechtfertigung wachsse vñ neme zu. Es kan aus vnsern schrifften mit nichte beweiset werden/Ja sie selbst sind nicht gewis/vnd geben jre kühnheit/anderer wort zu vorfelschen/vnuerholen an tag/fahren aber nichts desto weniger one scham vñ schew fort/beide Gott/ so gewislich gegenwertig ist/vnd die Menschen zu verachten/sintemal sie jnen einmal fürgenomen/vñ bey sich beschlossen haben/vns mit scheldt vñ schmeworten/grewlicher weise zu beschmitzen.

Zum vierdten/Es ist aber zu milde geredt/das wir von dem *primo actu iustificationis* geredet sollen haben. Denn wir je durch Göttliche Gnade wol wissen/das wir durch eine einige Gerechtigkeit/nemlich durch Christi Gerechtigkeit im Glauben/vns zugerechnet/für Gott im anfang/mittel vnd ende gerecht sein. *Hactenus Acta.*

Von der vierden Beschüldigung.

Bb iij   Den

Den Spruch Pauli Rom. 4. Dem der nicht mit Wercken vmbgehet/ sondern gleubet an den der die Gottlosen gerecht macht/ Dem wird sein Glaube zur Gerechtigkeit zugerechnet/ deuten/ Das nicht allein der verdienst guter werck/ sondern auch vnsere gute wercke selbst ausgeschlossen werden.

Folio 195.

Die erste Proposition wird beweiset aus der Dolmetschung Lutheri/ der die wort/ Dem der nicht wircket/ also verdeudschet hat/ Dem der nicht mit Wercken vmbgehet. Derwegen sagen sie/ So schleusst er alleine das Verdienst/ vnd nicht die guten Werck selbst. Antwort. Alle falsche Lerer pflegen wunderlicher weise/ rechte gute Sprüche auff jre falsche meinung zu zwingen. Das widerferet auch den Herrn Collocutoribus/ so da im Fundament vnd Grunde des Artikels der Rechtfertigung jrren. Das sie Lutheri wort also auslegen/ Als solte nicht mit wercken vmbgehen/ eben nur alleine so viel sein/ als der nicht seiner Werck verdienst Gott fürhelt/ So doch Lutherus besser dann sie vnd wir alle/ hat deudsch reden vnd dolmetschen können. Es heisset aber nicht mit wercken vmbgehen/ nicht wircken noch gute werck haben. Vnd sonsten pflegen wir also zu reden/ Er gehet nicht damit vmb/ das ist/ er hats nicht/ er weis nichts davon. Also saget man auch/ Er gehet mit Schalckheit vmb/ das ist/ er thut schalckheit. Item/ Er gehet mit der Warheit vmb/ das ist/ Er redet vnd thut die Warheit.

helt. Ist derhalbē diese der Herrn Collocutorn glossa/wider den Text Pauli vn̄ Lutheri dolmetschung.

Darnach so wird solches erweiset aus der Kirchenpostill Lutheri 98. Blat/da er spricht/das verdienst werde ausgeschlossen. Antwort. Die Herrn Collocutores solten den gantzen Text/vnd nicht alleine den kurtzen Inhalt anziehen. Item/das man folgern wolte/Lutherus schleust allhie aus den verdienst/Darumb schleusst er anderswo nicht aus vnsere gute werck im Artikel der Rechtfertigung. Dieses ist nichts gesaget/Denn die Herrn Collocutores thun Luthero gros vnrecht/vn̄ verfelschen greulich vnd gröblich seine Schrifften/in diesem höhesten Artikel/Das nach seinem Tode ergere Verfelscher der Bücher Lutheri nie gewesen sind/als eben die Herrn Collocutores. Ob nu wol an gebürendem Orte dieser grossen verfelschung vnd verkerung der Schrifften Lutheri weitleufftiger sol widersprochen werden. Jedoch wollē wir itzund nur aus etlichen Argumenten vnd kurtzen Auslegungen des Newen Testaments klar darthun/Das Lutherus nicht alleine das verdienst/sondern auch vnsere gute werck selbst aus dem Artikel der Rechtfertigung geschlossen habe. In der Vorrede auff die Epistel S. Pauli an die Römer/spricht er vnd schleusst/Das Abrahā on alle werck alleine durch den Glauben gerecht worden sey/So gar/das er auch vor dem werck seiner Beschneidung durch die Schrifft/alleine seines Glaubens halben/gerecht gepreiset werde/Gen. 15.

Item/Alle gute Wercke sind nur eusserliche Zeichen/die aus dem Glauben folgen/Vnd beweisen/

als die guten Früchte / das der Mensch schon für Gott inwendig gerecht sey. So viel Lutherus. So denn nu die werck folgen / vnd früchte sind der recht fertigung / Wie können sie denn im Artikel der recht fertigung gegenwertig sein?

Item im 4. cap. Rom. auff dem rande / Die gnade nus je für dem Werck sein. Item 11. cap. Merck diesen Heubtspruch / Der alle Werck vnd menschliche Gerechtigkeit verdampt / vnd alleine Gottes Barmhertzigkeit hebet / durch den Glauben zuerlangen.

In der Vorrede auff die Epistel S. Pauli an die Galater saget er also / vnd schleusset / Das one verdienst / one werck / one Gesetz / sondern allein durch Christum jederman nus gerecht werden.

Durch diese wort Lutheri / werden klerlich beide verdienst vnd werck in dem Artikel der Rechtfertigung ausgeschlossen.

In der Vorrede auff die Epistel S. Pauli an die Philipper. Die falschen Apostel vnd Wercklerer thun dem Glauben allzeit schaden.

Derwegen in dem die Herrn Collocutores des Arguments erste Proposition beweisen wollen / offenbaren sie sich der gantzen welt / als verfelscher Pauli vnd Lutheri / welches dann anderswo auch gesagt ist.

Von dem andern Teil der Schlusrede
Minore.

Die Herrn Collocutores sagen / Gallus habe also geleret / Vnd nennen das Buch / Aber doch setzen sie die wort selber nicht. Aber wir

wir bitten gleichwol nach ordnung des Colloquij/ das sie die wort selbst anziehen vnd setzen wollen. Denn jre Glossen vnd zusamen geflickte Summen vns nicht annemlich sind. So wissen die politischẽ/ wie vbel der thut/ der einen andern verklaget/vnd desselben eigene wort nicht meldet/oder doch sonsten solches felschlich fürnimpt. Gallus (sagen sie) hat geschrieben/ So arg ist keiner nicht/ das nicht etwas guts solt an jm erfunden werden/ Viel mehr ist das war von dem Gleubigen/ der zu Gott bekeret wird/ das er gute Werck habe.

Darauff geben wir diese Antwort/ Dieses ist nicht die Frage/ was ein gleubiger thun sol/ Sondern dis ist die Frage/ Ob der jenige/ so noch nicht gerechtfertiget ist/ im Artikel seiner Rechtfertigung notwendig bringen müsse seiner guten werck gegenwart. Die sagen wir mit der heiligen Schrifft/ Vnd bekennen/ das gute werck dem Glauben folgen/ Vñ der gerechtfertigte werde ein guter Bawm/ der gute Früchte treget/ wie Lutherus redet.   Nun ists je gewis/ das die zwey der Rechtfertigung folgen/ vnd in der Rechtfertigung gegenwertig sein/ nicht einerley sind/ werden auch dasselbige aus keiner *Dialectica* oder *Rhetorica* jemals erweisen können.

Zum andern sagen sie/ Illyricus hat also geleret. Antwort. Gebet vns seine Wort/ so wollen wir sie betrachten. Denn weil seine eigene wort nicht da stehen/ beweiset der Collocutorn sagen nichts. Ja bieweil sie das meiste teil vnrecht anziehen/ vnd sich vieler Irrthumb verdechtig machen/ Geben sie selbs vrsach dazu/ das man jnen hernachmals in der gantzen Christlichen kirchen deste weniger gleubet/ das vns deñ von hertzen leid ist.

Zum dritten sagen sie / Die Herrn Collocutores leren also. Antwort. Das reden sie one Beweis/
darumb faren sie imer hin. *Hactenus Acta.*

Von der fünfften Beschüldigung.

Das der wirckende vnd fruchtbringende
Glaube gerecht mache.
Folio 353.

Vff diese erdichte Corruptel antworten wir/
Das wider die ordnung des Colloquij/ fremb
de Sachen mit eingemenget werden.

Dann diese vermeinte Corruptel gehet Jlyri-
cum allein an/ der solches ausser diesen Landen geschrieben vnd ausgehen lassen.

So ist es auch der billigkeit vngemes/ einen ab-
wesenden beschuldigen vnd anklagen/ der zwar gerne erschienen / vnd sich zu stellen erbötig ist/ wenn
man jn nur versichern vnd vergleiten wolte. Zu dem
ist offenbar/ das Jllyricus solches nur *recitatiuè*/ vñ
nicht *assertiuè* geschrieben habe/ das ist/ er hats nicht
gesetzt vnd geschrieben/ als were es sein meinung/
sondern das die Papisten also leren. Weil er auch
sonderlich dieser Corruptel halbē beschüldigt wird/
Ist billich/ das jhm auch solche Beschüldigung
genug zugeschickt werde/ Zweiueln auch nicht / Er
werde sich der gebür nach darauff zuuerantworten
wissen. Die liebe Kirche mag selbst vrteilen/ Ob die
Colloxutori daran so wol vnd Christlich handeln/
das sie wider die Ordnung des Colloquij/ abwesen-
de Personen so vbel antasten vnd verunglimpffen. Ha
ctenus Acta.

Von

Von der sechsten Beschuldigung.

Das das wort *Necessarium* / Nötig / bedeute in seinem natürlichem eigentlichen verstande / vel acti-
uitatem nostrorum bonorum operum, vel causam,
vel meritum iustificationis. fo. 196.

Jis beweisen sie mit Amsdorffio / der also sol
geleret haben. Antwort. Man zeige seine eigene wort an / vermüge der ordnung des Col
loquij / So wird augenscheinlich erkandt werden /
das jn die Herrn Collocutores vnrecht thun.

Dieweil aber der Ehrwirdige Herr Bischoff
in Gott verschieden / vnd gegenwertigen seinen An-
klegern selbst nicht antworten kan / So mögen zwar
seine eigene gedruckte wort hie das beste thun.

Also stehet im Buch wider Maiorem / Anno
52. gedruckt / B 1. fac. 2. Denn wir sagen vnd bekennen alle / Das ein Christen nach der Vernewerung
vnd Widergeburt / sol Gott lieben vnd fürchten / vñ
allerley gute Werck thun / Aber nicht darumb / das
sie zur Seligkeit nötig sind / welche er schon zuuor
durch den Glauben erlanget hat / Sondern darumb / das er Gott lobe / liebe / vnd dancke / seinen Beruff fest mache / den alten Adam tödte / vnd dem
Nehesten diene / Vnd dis ist die rechte Prophetische
vnd Apostolische Lere / Vnd wer anders leret / Nem
lich / Das gute Werck zur Seligkeit nötig sind / der
ist schon verflucht vnd vermaledeiet.

Derhalben sag ich Niclas von Amsdorff / Wer
diese Wort / wie sie da stehen (Gute Werck sind
nötig zur Seligkeit) leret vnd prediget / Das derselbige ein Pelagianer / Mammeluck / vnd verleug-
Cc ij neter

neter Christ/ vnd zwiefeltiger Papistist. Denn die
Papisten/ Witzel vnd Cochleus/ diese wort (Gute
werck sind zur Seligkeit von nöten) eben der form
vnd gestalt/ wie Georg Maior/ wider vns füren vñ
gebrauchen. Denn diese wort (Gute werck sind von
nöten zur Seligkeit) haben alle München vnd Pfaf
fen wider Doctorem Martinum/ heiliger gedecht=
nis/gestritten vnd verteidiget/ wie sie itzund Georg
Maior wider vns mit ein Kliplein schlahen für die
Nase (wie gefellt euch das) streitet vnd verteidiget.

Darumb auch Georg Maior mit der Papisten
Geist gantz vnd gar besessen ist/ dieweil er hie on al=
le Not mit solchem Trotz vnd freuel/ die Witzeli=
schen vnd aller Papisten wort (Gute werck sind zur
Seligkeit von nöten) verteidiget vnd streitet.

Item B 2. fac. 2. Ja so schreib ich/ vnd hab
also für 23. Jaren geschrieben/ wider D. Mensing/
vnd Rotbart/beider Münche hie zu Magdeburg/
mit wissen/ rath vnd willen Doctoris Martini hei
liger gedechtnis/ vnd wil hinfürder so schreiben/
Vnd trotz dem losen Heuchler Georg Maior/das
ers vmbstosse. Vnd sage noch/ Das diese Münch=
sche vnd Papistische wort (Gute werck sind zur Se
ligkeit von nöten) nicht zu dulden noch zu leidē sind.
Denn sie schliessen in sich *Meritum* / Gleich ob die
Werck verdienten vnd erwürben die Seligkeit/ wel=
ches wider Gott/ sein Wort/ vnd alle Schrifft ist.
Darumb sol vnd kan man solcher Gottlosen vnd
Papistischen wort/ in der Kirchen Christi nicht ge=
brauchen/ als nemlich (Gute werck sind nötig zur
Seligkeit) welche alle Papisten wider vns teglich
füren/ leren vnd predigen.

Vnd

Vnd wenn Georg Maior drauff dringen vnd bleiben wil/das diese Wort/wie sie da stehen (Gute Werck sind nötig zur Seligkeit) solten vnd müssten geleret werden/ So ist er nicht alleine von der reinen Lere abgefallen/Sondern ist auch ein Mameluck/ der Christum vnd sein Wort verleugnet hat.

Vnd ob wol ein Christen/ so durch den Glauben Gnad vnd Seligkeit erlanget hat/gute Werck zu thun verpflicht ist/das er hinfort/ wie ein Christ vnd Kind Gottes/lebe/Gott lobe/dancke vnd preise/dem Nechsten diene/So sind doch solche Werck jhm zur Seligkeit nicht von nöten/ Welche er aus Gnaden/one verdienst aller Werck/durch den glauben schon erlangt vnd erworben hat.

Item B 4. Jch rede aber jtzt nicht/wie es Georg Maior verstehet/vnd glosirt/Sondern vom natürlichen verstande dieser Wort (Gute Wercke sind von nöten zur Seligkeit) Welche nicht allein nach Art vnd Natur der Sprach/ Sondern auch nach aller Papisten willen vnd meinung lauten *meritum salutis*.

Dieweil nu solche Wort von des Antichrists Meßbischoffen vnd Opfferpfaffen gebraucht werden/ vnd im Artikel der Justification haben wollen/Das der Glaube nicht allein/ Sondern der Glaube vnd gute Wercke/den Menschen für Gott from/gerecht vnd selig machen/ So kan man solcher Wort (Gute Werck sind von nöten zur Seligkeit) mit gutem Gewissen nicht gebrauchen.

Vnd weil man das Wort (*sola*) den Meßpfaf-

Cc iij.   fen

fen schon eingereumet/ vnd nachgelassen hat/ das sie es nicht mehr streiten wollen/ Vnd darzu klerlich in jhrer newen Ordnung/ an einem Ort des Pegischen Bedenckens schreiben/ Der Glaub macht fürnemlich gerecht/ Vnd Georg Maior jtzt in seiner Antwort schreibt (Gute Werck sind nötig zur Seligkeit) So können die drey Stück zusamen gefasset/ keinen andern verstand geben/ wenn man gleich nicht mit Papisten handelte/ Denn das der Glaub vnd die guten werck semptlich mit einander/ den Menschen für Gott gerecht vnd selig machen.

Item ¶ 1. Denn bey denen/ die gute Werck haben/ machen sie vermessenheit vnd sicherheit/ das sie sich auff jre Werck verlassen. Bey den aber/ so keine gute Werck haben/ machen sie verzweiuelung/ das sie zur Seligkeit keine hoffnung haben können/ dieweil sie keine gute Werck/ so zur Seligkeit von nöten sind/ gethan haben/ Vnd sonderlich in der Anfechtung/ da sie keine fülen noch sehen/ Vnd das wil der Teufel durch Georg Maior haben/ das die Leute in Vermessenheit oder Verzweiuelung fallen sollen.

Darumb gehöret die Predigt von guten Wercken nicht an diesen ort/ da man leret/ wie man sol selig werden/ da sol man guter Werck schweigen/ vnd gar nicht gedencken/ Vnd solche Predigt von guten Wercken sparen/ bis an seinen Ort/ da man die Christen vermanen vnd erinnern sol/ Das sie als Kinder Gottes/ vnd nicht wie die kinder dieser welt/ Christlich leben sollen/ Gott jren himlischen Vater/ als gehorsame Kinder/ lieben/ loben/ preisen/ vnd dancken. *Hæc Amsdorffius.*

Aus

Aus diesen worten wolle die Christliche Kirche
vrteilen/ wie trewlich die Herrn Collocutorn den
todten Herrn Amsdorffium anziehen/ vnd bey den
Haren auff ihre vernicnte Hypothesin zerren vnd
dehnen.

DIe andere Beweisung ist/ Gallus hat also ge=
leret. Antwort. Man lasse sie seine Wort anziehen.
So ists auch wider die angenomene Ordnung des
Colloquij/ die jenigen mit anklagen vnd scheltwor=
ten anzutasten/ so ausserhalb dieser Landen sind. Je
doch wollen wir wenig wort aus seinem Buch an=
ziehen. Er wird hernachmals sich besser erkleren.
Also schreibet er im angezogenem Buch. C.I.

Warlich MAIOR sehe zu/ das nicht EX MA=
XIMO, damit er vber Gottes Wort Meister sein
wil/ PARVVS, MINOR, vnd MINIMVS werd/
nach dem vrteil Christi Matth. 5. *Qui solverit unum
de mandatis istis minimis, & docuerit sic homines, Minimus vo=
cabitur in regno cœlorum.* Wer eines von den geringsten
Geboten Gottes aufflöset/ vnd leret die Leute also/
der wird der Kleinest heissen im Himelreich.

Die ist nu nicht der geringsten eins/ sondern das
aller grössest Gebot/ welchs Gott auch seinem Son
gegeben/ vnd jn auch darumb in die welt geschickt/
Er der Son selbs auch nicht zu endern macht hat/
wie er spricht Joha. 12. Der Vater/ der mich gesand
hat/ hat mir ein Gebot gegeben/ was ich thun vnd
reden sol/ Vnd ich weis/ das sein Gebot ist das
ewige Leben. Darumb das ich rede/ rede ich also/
wie mir der Vater gesagt hat.

Wider dis allerhöheste Gebot Gottes/ von der
Lere vnser Seligkeit / redet Maior mit Worten

vnd erkleret sich in der meinung anders vnd wider-
wertig/denn Christus vnd seine liebe Aposteln dauon geredt/vnd sich erkleret haben.

Denn er spricht/Gute Werck sind nötig zur
Seligkeit/Vnd erkleret sich im erstē seinem Schreiben also/Das/Ob wol die Seligkeit allein durch
den Glauben wird empfangen/gute Werck doch
auch müssen vorhanden oder dabey sein.Vnd im andern Schreiben/Das sie nötig sind/die Seligkeit
zu behalten.So spricht Paulus dagegen/Aus gnaden seid jr selig worden/durch den Glauben/Vnd
dasselbige nicht aus euch/Gottes Gabe ist es/
NICHT AVS DEN WERCKEN/ auff
das sich nicht jemand rhüme/Ephes.2. Item Ro-
ma.3. Wir halten/das der Mensch gerecht werde/
ON DES GESETZES WERCK/ allein
durch den Glauben.Vn darnach am 4.Dem aber/
der nicht mit Wercken vmbgehet/gleubet aber an
den/der dei GOTTLOSEN gerecht machet/
dem wird sein Glaube gerechnet zur Gerechtigkeit.

Mit welchem letzten Spruch sonderlich/gleich
wie auch mit den andern beiden/vnd dergleichen
Sprüchen/der Apostel ausdrücklich vnd klerlich
ausschleusst(wie oben gehört)nicht allein vom ver-
dienst/sondern auch von dem beysein zur Seligkeit/
vnd behaltung derselben/die andern gute Werck al-
lesampt/Das einige werck des Glaubens hierinne
ausgenomen/Welcher allein Christum/vnd mit jm
alle dieselben himlischen Güter/Vergebung der sün-
den/Gerechtigkeit/heiligen Geist/vnd Seligkeit
ergreifft/empfehet/oder auch gnug dabey ist/vnd
allein behelt. *Hæc Gallus.*

Was

WAs kan doch daher auff die Hypothesin der Collocutorn gezogen werden? Was taddeln sie doch?

DJe dritte Beweisung ist/ Jllyricus hat also geleret. Wir antworten wie zuvorn/ Das sie seine Wort setzen sollen/ Als denn wird der Betrug der Herren Collocutorn offenbar werden. Jedoch wollen wir auch hie kürtzlich seine Wort anziehen. Also spricht er B. 4. C. 1. Es ist aber gewis/ Das diese Rede/ so man sagt/ Das ist zu diesem oder jenem Werck oder Sachen nötig/ eben so viel bedeutet/ Als wenn man sagte/ Dis ist ein Vrsach/ oder durch dis oder jenes werck/ richtet man dis oder das aus. Darumb wenn sie den Papisten zu gefallen in jhrem Interim nicht sagen/ Der Glaub allein/ sondern die Werck sind auch nötig zur Seligkeit/ So ists eben so viel/als wenn sie sagten/ Wir werden auch durch die Werck selig. *Hec Illyricus.*

Hieraus wollen doch die Zuhörer abnemen/ wie fein sich reimen die angezogene wort ernanter Menner/ auff die Hypothesin der Herren Collocutorn. Jn weltlichem Gericht würde solches anziehen vnd beweisen/schwerlich vngestrafft bleiben.

Die vierdte Beweisung ist/ D. Wigandus hat also geleret. Antwort/ Warumb bringen sie doch nicht seine wort für? So könten nicht allein die Herren Zuhörer/ sondern auch alle warhafftige sehen/ ob JHesu in Christi recht Vrteil fellē. Aber es heisst/ Wer arges thut/der hasset das Liecht. Es wissen die Herren Collocutorn wol/ das die Leute nicht viel jre Bücher haben/ dieweil jnen durch öffentliche

Mandat dieselben zu keuffen vnd zu lesen verbotten worden. Vnd darumb gedencken sie auch nur ein wenig der Bücher/vnd lauffen vberhin/wie ein Dan vber die heissen Kolen/ Setzen auch offt zusamen/ vnd reissen von einander/das nicht zusamen gehöret/oder aber solte von einander getrennet werden. Dann Amsdorffius/Gallus/vnd Illyricus/streiten wider diese gantze rede/Gute Werck sind nötig zur Seligkeit/Setzen derwegen zusamen diese wörter/ ZUR SELIGKEIT nötig/vnd streiten nicht vmb das Wort/nötig/also abgezwackt vnd abgesondert von den Worten zur Seligkeit. Es ist aber ein vnerbar betrug/also in einem gantzē spruch die Wörter zureissen/das man verschweiget das jenige/darumb man fichtet/vnd des anzeucht/darumb niemand streittet/Vnd also die streit heubtsache verkeret. Es stehet jn ja vbel an/ Ist auch jrer Profession vnd Autoritet zu wider/Das sie sich den Zorn so gar lassen einnemen/ vnd so greisliche Lesterwort reden.

Aber Wigandi wort/ so sie anfechten in der notwendigen Ermnering auff die Acta Synodica C.I. komen billich ans Liecht/vnd leiden erkentnis/Denn also schreibet er mit folgenden Worten/Diese Rede/Gute Werck sind nötig zur Seligkeit/kan in allen Sprachen nach jrer Art vnd Natur/nicht anders verstanden werden/ Deñ das eine Causa, eine Vrsache/mit eingeschlossen vnd fürbracht werde. Dieses sind Wigandi Wort/vnd ist hieraus gantz offenbar/Wie es denn kein Ehrlicher noch fromer Man leugnen wird/Das Wigandus mit nichtē rede von dem Wort nötig/alleine/vnd ausser der gantzen

Pro-

Proposition/Sondern er nimet den gantzen spruch zusamen/vnd saget/Wenns also beyeinander stehet/ vnd drauff gedrungen wird/ als Nötig zur Seligkeit/ So werde eine Vrsache mit eingeschlossen/ vnd könne solches durch keine Dialecticam/keine Rhetoricam/keine Glossen vnd Teuschereien/eludirt vñ abgewand werden. Dieses solten die Herren Collocutores angreiffen/ vnd mit jhren Waffen darniderwerffen/ Aber da können die zornigen vnnd sehr bewegten Leute/ auch nicht das geringste thun. Hactenus Acta.

Von der 7. Beschüldigung.
Das man nicht leren sol/die Christen müssen gute Wercke thun. Fol.199.

ER hat also geleret: Gallus vnd Anthonius Otto. Darauff geben wir diese Antwort. Erstlich/Weil die Herren Collocutorn die Ordnung vnd Gesetz des Colloquij/so offt vnd kün lich vbertretten/ Bitten wir die Herren Zuhörer/ Sie wolten dieser vngehaltenen/ fürwitzigen/vnd vngebürlichen Frecheit wehren. Sintemal gemelte Personen auswertig/vnd in diesen Landen nicht gesessen/Oder man beruffe sie anhero/vnd versichere sie/mit gebürlichem glaubwirdigem Gleidt/Sonder zweinel/sie werden sich einstellen/ Vnd sich für den Herren Collocutorn mit nichten entsetzen/oder sich solch grausam drawen vnd schelten hindern vnd abschrecken lassen.

Fürs dritte/So werden weder Galli noch Ottonis wort/ ausdrücklich erzelet vnnd angezeigt/
Dd ij Aber

Aber solch proclamirn vnd Außschreien der Herren Collocutorn/hat in der Theologia keine krafft/ wird auch für keine Warheit gehalten vnd angenomen.

Zum vierden/So wil hinfort die Notdurfft erfordern/das man solche grausame Anklage/gemelten Personen zuschicke/Damit sie jhre eigene Vnschuld/welche so hefftig vnd Tyrannischer weise angegrieffen vnd zurissen wird/selbst reiten.

Weil dann diese der Herren Collocutoren Pfeile/ alleine in die Lufft geschossen werden/vnd vns nicht treffen noch angehen/Lassen wir sie auch hinwischen. Den wir je vnd allzeit geleret haben/ vnd noch leren/Das gute Werck nötig sein/vnd dem Glauben folgen sollen. *Hactenus Acta.*

Von der 8. Beschüldigung.

Das es falsch sey/Leren/das die armen Sünder/ so am Todbette bekert werden/vergeblich vergebung der sünden suchen/vnd keinen trost haben können/so man leret/das jre gute werck im Artikel der Rechtfertigung/aus Notwendiger gegenwart von nöten sein.

Folio 354.

ERstlich/wenn das Erbarkeit vnd auffrichtigkeit sein solle/das man der Leute rede so böslich verkere/endere vnd verdrehe/so ist eigentlich der Teufel kein Teufel mehr. Denn er eben von solchem stümmeln/verkeren vnd vbel deuten/ seinen namen bekomen.

Die Proposition oder Heuptfrage aber darob allhie der streit/ist diese/das durch die Lere/von nöt wendi-

ndiger gegenwertigkeit vnserer guten Werck/im
ikel der Rechtfertigung für Gott/vnd in denen/
a selig wollen werden/den sterbenden nötiger
t entzogen werde.

Aber die Herrn Collocutores/reden von der
cht des newen gehorsams/so nach der Gerech=
eit des Glaubens folgen solle/darob doch zwi=
en vns kein streit.

Wenn wir aber nun sagen wolten/das solcher
ger) aussprung aus der ban/vnd verkerung der
ubtfrage/ein zimliche klawe sey des löwens/so
umb gehet die Scheflein Christi zuverschlingen/
vrden die Herrn Collocutorn bald vber vnser
fftigkeit schreien vnd klagen. Wir wollen sie aber
ichwol/auff die sachen gut achtung zu geben/
d in Gottes furcht dieselbe zubetrachten/freund=
h erinnert haben. Denn dis ist eigentlich/wirds
ch wol bleiben/der fürnembsten kunststücklein
ns/desselben vnsers abgesagten feindes/dadurch
viel tausent armen Gewissen zubestricken/vnd in
grund der hellen zuverschlingen pfleget/wenn
an leret vnd helt/das im Artikel der Rechtferti=
ung/vnd in denen so da wollen vnd sollen selig wer
en/gute Werck notwendig gegenwertig sein müs=
n/Welche Lere denn eine rechte quelle vn vrsprung
t/der verzweiflung vnd vielerley schweren anfech=
ungen/so sich auch mit keiner Rhetorica oder rede=
unst/abweisen vnd vertreiben lassen.

Wie sie aber bitten/das der Christliche Leser jre
igne wort fleissig ansehen vnd vrtheilen wolle/Al=
o bitten vnd wünschen wir solches selbst auch. Wir
haben zwar vns droben beflissen/solche schlipfe=

Dd iij   rige

rige Leute mit jren eigenen worten zuzreiffen. Aber
wir sehen auch hie an diesem ort/wie geschwinde
sie sich verdrehen. Jtzt sagen sie ja/bald nein/jtzt
weis/bald schwartz/wie dann verwirrete vnd ver=
irrete Leute zuthun pflegen.

Auff den Spruch des Propheten Ezechielis: So
war ich lebe/wil ich nicht den tod des Sünders/
etc. haben wir zuuor geantwortet/das es eine böse
nichtige folge sey/*à mandato ad posse*, das ist/Wenn
man von dem/das Gott zu thun geboten/folgern
wil/das wirs auch vermügen zu leisten vnd zuerfül=
len.

Was geben vns aber die D. Collocutores für ei=
ne antwort darauff. Sie sprechen/Es sey ein nichti=
ge/vnd zu diesem spruche gantz vngehörige Sophi=
sterey/ja ein gespöt Gottes vnd der Menschen/dar=
umb das berürter spruch kein Gesetz Lere/sondern
ein recht Euangelium vñ tröstliche verheissung sey.

Antwort. Siehe da lieber Luther/da hastu aber=
mal eine gute schlappe/weil du selbst diesen spruch
des Propheten im *Seruo arbitrio*, das ist/im Buch das
der freye Wille nichts sey/erklerest vnd auslegest/
da du also schreibest/Erasmi Diatribe klügelt ein=
her also/Ezechiel sagt: So sich der gottlose beke=
ret/vnd thut das gericht vnd gerechtigkeit/so wird
er leben. Darumb so kan vnd vermag auch der gott
lose also das thun/vnd thuts auch.

Ezechiel zeigt nur an/was der mensch thun sol/
Die Diatribe verstehets also/das es darumb auch
so bald gethan sey/vnd möge gethan werden. Vnd
ist abereinmal der newen *Grammatica*, vñ newen weise
nach bey dir ein ding/schüldig sein vnd bezalen/fo=
dern

dern vnd geben/heischen vnd bekommen. Haec Lutherus Tomo 6. Germ Vitenb.

Nun sagen wir aber sampt Luthero nit schlechts/ wie vns die Collocutorn auffs bitterst beschüldigē/ Das obberürter spruch/ nur ein Gesetzpredigt sey/ Sonder wir sagen/das er ein solcher spruch sey/darinnen beide leren/als in einer Summa zusamen verfasset v̄ begriffen werdē/Nemlich die liebliche tröstliche verheyssung des heiligen Euangelij/vnd was Gott vom Menschen gethan haben wil/Nemlich/ das er sich bekeret. Folget derhalben nicht Gott wil das sich der mensch bekere/Derhalben so kan er sich bekeren.

Weil denn Lutheri Discipel vnd nachkommen/ so an seiner stat sitzen vnd Leren/den Man Gottes so vbel zerzausen vnd zur schul füren/ists nicht gros wunder/das sie es vns auch thun/vngeacht/das sie sich jrer sonderlichen gedult vnd bescheidenheit/zu merma'en wider vns fast rühmen.

Es wolle aber der Christliche Leser vnd Zuhörer dieses fleissig merckē/das die Collocutores gar keinen Grund vnd beweisung jhrer sachen fürbringen/sondern es schlecht dafür halten/das was sie sagen recht sey/vnd von jederman müsse gegleubet vnd angenommen werden. Soviel die deutelung des Spruchs Jeremie belangt/stosset sie sich selbst vmb/vnd wissen die Collocutorn nicht/was sie in dē fal von vns vrtheilen sollen/wie sie selbst fürgeben.

Vom Schecher am Creutz sprechen sie/das er viel gute Werck gehabt habe. Antwort. Nach dem er bekeret worden/hat er ja gute werck gehabt. Deñ ja vnwidersprechlich war/das der Baum zu erst müsse durch den Glauben gut gemacht werden/ehe

Dd iiij denn

denn er frucht bringt / daher Paulus die guten Werck / früchte nennet der Gerechtigkeit. Vnd ist Lutheri Spruch hell vnnd klar / das er sagt: Gute Werck sind früchte des durch den Glauben gerecht=fertigten Baums.

Ferner sprechen sie / Lutherus Leret / das die so in sünden halsstarrig bleiben / nicht selig werden können.

Derhalben so Leret er / Das gute Werck nötig seind im Artikel der Rechtfertigung.

Antwort.

Die folge gild vnd schleust sich nicht. Denn Lutherus lehret nichts anders / Denn das erstlich durch das Gesetz die sünde offenbaret vñ verdampt, vnd der mensch getödt / vnd als denn erst durchs E=uangelium im Glauben gerechtfertigt werde / vor / vnd one liebe / vnd alle andere gute werck.

Wenn er aber nun gerecht worden / Das als denn auch der newe gehorsam / vnd gute Werck fol=gen sollen / als früchte des durch den Glauben ge=rechtfertigten baums. Daraus ist offenbar / das Lu=therus dieser falschen Lere der Collocutorn / von notwendigkeit vñ gegenwertigkeit der guten werck / im Artikel der Rechtfertigung für Gott / mit nichte beipflichte.

Möge derhalben nun die liebe Kirche Christi / so da billich vber warem bestendigen trost der ge=wissen helt vnd halten sol / selbst von den Irrthu=men vnd verkerungen / darinnen die Collocutorn fort fahren vnd zuuerharren gedencken / richten vnd vrteilen. Hactenus Acta.

Von der 9. Beschuldigung.

Es

Es sey kein vnterscheid zwischen den worten Gerechtigkeit vnd Seligkeit.

ALhie verrucken erstlich die Collocutores abermal die Heuptfrage/ vnd thun einen aussprung. Denn wir nicht gesagt/ das gantz vnd gar kein vnterscheid sey zwischen gedachten zweyen worten/ Sondern das haben wir gestritten/ das sie im Artikel der Rechtfertigung/ einerley bedeutung haben. Denn wir haben je klar gesagt/ das das wort Salutis/ seligkeit/ ausser dem Artikel der Rechtfertigung auch andere bedeutung habe. Weiden derhalben abennals alle Christen/ vnserer Collocutorn auffrichtigkeit allhie zu spüren haben. Jtzt wollen wir auch jhre gründe vnd vrsachen/ ein wenig erwegen vnd auff die prob legen.

In betrachtung des Artikels von der Rechtfertigung für Gott (sprechen sie) seind auch die andere güter vnd wolthaten des Sons Gottes/ nicht auszuschliessen/ noch aus den augen zu setzen.

Derhalben/ so ist ein vnterscheid zwischen den worten der Gerechtigkeit vnd Seligkeit.

Antwort. Es folget nicht/ Denn man ja allhie nicht redet noch handelt/ von den früchten der Gerechtigkeit/ oder von den gütern vnd wolthaten des Sons Gottes in gemein/ die fast vnzelich/ Sondern man redet vnd handelt nur vnd alleine/ vom Artikel der Rechtfertigung.

Ja sprechen sie/ die wörter Salus vnd Saluare, Seligkeit vnd Selig machen/ oder werden/ werden ja bisweilen weitleufftig gebraucht/ vnnd bedeuten nicht allein einerley/ Sondern vielerley/ wie dann viel andere wörter heiliger schrifft mehr.

Derhalben so werden sie allhie auch also gebraucht.   L e   Ant-

Antwort. Wo wollen doch die Herrn Collocutores hinaus/vñ was dienet doch solch vmbschweifen zur heupt frage? Sol mã also aus der bane springen? Offenbar ists/vnd den H. Collocutorn wol bewust/das man allhie an diesen ort/vnd in dieser frage/nicht von allen vnd jedē bedeutungen oder eigenschafften des wörtleins Seligkeit/handele/Sondern nur von der bedeutung/die es hat im Artikel der Rechtfertigung vnd zugerechneten Gerechtigkeit Christi.

Ephe.2. spricht Paulus/Aus gnaden seid jr selig worden/etc. Itē Tit.3.Er hat vns Selig gemacht/ durch das badt der widergeburt/etc. Derhalben so heisset vnd bedeutet das wort *Salus* oder Seligkeit/ eben allhie im Artikel von der Rechtfertigung vnd seligkeit/nicht allein die zugerechnete Gerechtigkeit/sondern auch die zukünfftige Herrligkeit des ewigen lebens.

Antwort. Sihe nur einer den deuteleien zu/wie sie so wünderliche vnd frembde Glosen vnd deutungen/dem waren text/auch wider aller rechtverstēndiger gelehrter Leut vrtheil/auffrichten. Aber hievon ist auch in vnser nechsten schrifft/etwas weitleufftiger gehandelt worden. *Hactenus Acta.*

Von der 10. Beschüldigung.

Gute Werck sollen geschehen/nach gelegenheit des vermügens/zeit vnd dergleichen. fol.203.

Der Herr Michael Coelius/seliger/Pfarrherr weiland im Thal Mansfeld/welches zu der zeit Wigandus Collega vnd Mitgehülffe im Wort des HERRN war/welchen Coelium auch (das wir
ihm

Jhm billich zu Ehren sagen) Doctor Luther nur sehr wol vnd sich leiden köntte/ Jhm auch sein letztes Ende besessen hat/ der schreibet nu in der Mansfelder Bedencken wider D. Maiorem/ A. 2. & 3. dergestalt: Gott hat vnter dem Himel keine Creatur geschaffen/ denn den Menschen/ der vnter bösem vnd gutem/ Tugent vnd Vntugend/ einen Vnterscheid machen könne/ Vnd das darumb/ Das man dem guten anhange/ vnd das böse meiden/ Der Tugent sich vleissen/ vnd die Vntugent fliehen sol. Er hat auch die Gliedmas des Menschlichen Leibes also geschaffen/ Vnd die Hende in zehen Finger ausgetheilet/ das wir den gantzen Leib im Gehorsam der heiligen zehen Gebot halten sollen.

So ist ja die Menschliche Creatur/ für allen andern geschaffen zum Gehorsam/ Ehr vnd Preis/ auch zur Dancksagung jhres Schöpffers/ vnd zu dem Ende/ das sie durch Tugend allen andern Creaturn fürziehen sol. Darumb denn Sanct Paulus vermanet zun Philip. am vierden Capitel vnd spricht/ Lieben Brüder was warhafftig ist/ was erbar/ was gerecht/ was keusch/ was lieblich/ was wol lautet/ ist etwa eine Tugend/ ist etwa ein Lob/ dem dencket nach/ Welchs jhr auch gelernet vnd empfangen/ Vnd gehöret/ vnnd gesehen habt an mir/ das thut/ So wird der HERR des friedes mit euch sein. Gott hat vns seinen Son gesand/ das er vns von Sünden erlöset/ Nicht das wir sündigen/ sondern der Gerechtigkeit leben sollen/ Darauff lassen wir vns auch teuffen/ das wir der sündlichen Natur absterben/ vnd in einem newen Leben wandeln wollen.

      Ee ij   Chri-

Christus gebeut vnd verheisset den guten Wercken allhie/vnd in dem zukünfftigen Leben grossen Lohn/den er vmb seiner Verheissung aus gnaden geben wil seinen Gleubigen.

Er gibt vns seinen heiligen Geist/der vns zum guten erwecken/vnd newe Creaturen machen wil/ vnserer Schwacheit auffhelffen/reitzen vnd trösten/Vnd mit vnaussprechlichem Seufftzen für vns bitten wil. Er versamlet vns in die Gemeinschafft der Heiligen/Darinnen wir gleuben vnd haben/ Vergebung der sünde/alles darumb/Das wir heilig vnd vntreffllich leben/Vnd jm in warhafftiger Heiligkeit vnnd Gerechtigkeit dienen sollen/Vnd müssen endlich darumb sterben vnd aufferstehen/ Das wir dadurch gereiniget vnnd geseget/in aller Heiligkeit vnd Reinigkeit/Gott ewiglich lobē vnd ehren. So wil er durch vns auch allhie in diesem Leben geehret vnd bekand sein/Vnd das wir vnserm Nechsten nütz sein vnd dienen/Auch vnsern Beruff fest machen sollen. Daher seine Gleubigen vergleichet werden einem fruchtbaren Bawm/der zu seiner zeit Frucht bringet/Psalm.1.Vnd Esaie am 61. heisset vns der Prophet Pflantzen des HERRN/ die wir zu seinem Lobe sind geschaffen. Christus sagt/Wir sollen vnser Liecht/das ist/vnsern Glauben/leuchten lassen/das die Menschen vnsere gute Werck sehen/vnd den Vater im Himel preisen. Er mietet *Operarios* Erbeiter vnd nicht Müssiggenger in seinen Weinberg. Er heisst vns Weinreben/die wir in ihm Frucht tragen sollen/Vnd saget/Ein itzlicher Baum/der nicht Frucht bringet/wird abgehawen/vnd ins Fewer geworffen. Diese vñ dergleichen.

chen sind vber alle masse viel Sprüche/Gleichnisse/ Exempel/Verheissung/vnd Drawung in der heiligen Schrifft/die vns reitzen vnd vermanen zu guten Wercken/Das also ein jeder Christ fest schliessen sol/Das gute Wercke geschehen müssen/wo es das vermögen/zeit vnd gelegenheit gibt/Oder ist gewislich da kein rechter Glaube/kein heiliger Geist/kein rechter Brauch der Göttlichen gnade. Denn wie die Früchte natürlich dem Baum folgen/Also folget dem Glauben/Gottes Gnaden/vnd heiligem Geiste/ein gut Leben. Darumb denn alle Prediger vnd Lerer mit vleis vnd mit trewen auch leren vnd vermanen sollen/zu guten Wercken/wie sie leren vom Glauben an Christum/*Hæc Cœlius.*

Nu kan ein jeder Christliebender/vnd in Gottes wort geübter Mensch leicht sehen vnd verstehen/ das diese wort/Wo das vermögen/zeit vnd gelegenheit gibt/keines weges diesen *sensum*, meinung vnnd verstand mit sich bringen/oder in sich haben/Das der Glaub müssig sey/vnd nicht sich in guten Wercken vben/vnd derselben beuleissigen solle/welches die vorgehende vnd nachfolgende Worte/ausdrücklich vnd klerlich bezeugen/Sondern sie reden vnterschiedlich vom schwachen Glauben.

Darnach zeigen sie auch an/welches des Glaubens *obiecta* sind/darauff der Glaube sihet/vnd sich darauff gründet/Nicht das der Glaube darumb müssig sein solte. *Hactenus Acta.*

Item fol. 204.

Es schreiben aber die Mansfeldischen Theologen in ihrer obgenanten Apologia B. 1. fac. 2. also.

Ee iij. Das

Das ist aber ein offentliche mutwillige Calumnia/vnd verkerung vnser Sprüche/durch welche wir nichts anders verstehen/dann das junge Kinder jhres Alters halben/Vnd alte Leute/so sich letzlich für jhrem Ende bekeren/Vnd durch den schnellen Todt vbereilet werden/nicht können eusserliche gute Werck thun. Vnd da nu gute Wercke zur Seligkeit nötig sein/vnd ohne dieselbige niemand kan selig werden/Vnd gute Wercke nicht allein aber in innerliche/Sondern auch in eusserliche abgetheilet werden/So würde hierdurch/beides den Kindern/welche Alters halben zu eusserlichen guten Wercken nicht gelangen möchten/vnd den Alten/die sich nechst für jhrem Ende allererst bekereten/die Seligkeit abgeschnitten/Das dann zu hören schrecklich were. Oder es müsste notwendiglich folgen/Das allein innerliche gute Wercke zur Seligkeit nötig weren: Wo nu dem also/So hette es das ansehen/das die eusserlich hierzu vergeblich gebotten weren. Wie würde dann aber diese gemeine Rede bestehen können/Gute Werck sind nötig zur Seligkeit? Wir aber haltens für gewis/ das beides die Kinder vnd auch die Alten/welche nechst für jhrem Ende zur Bekerung greiffen/können selig werden/Ob sie gleich alters vnd vbereilens halben/nicht vermögen eusserlich gute Werck zu thun. Vnd eben das bekennen auch etliche vnserer Missgönner/so vns mit viel gedachter Vnwarheit beschweren/hin vnd wider in jhren Büchern/wie das zu beweisen. Item B.2. fac.2.

Damit aber der fromme Leser deutlich vnd eigentlich vnser Vnschuld erkennen vnd verstehen
möge/

möge/ So verwerffen/ verfluchen/ vnd verdammen wir selbst/ samptlich vnd sonderlich vorgesetzte/ vnd auff vns ertichte Rede (Das man gute Werck nach gelegenheit thun sol/ Wenn es einem jeden wol gelegen vnnd gelüstet) Als eine solche Rede/ welche die Leute zu allen guten Wercken sicher/ vnwillig/ vnd verdrossen machet/ In der Menschen wilkör setzet/ sie zu thun oder zu vnterlassen/ zu allen Sünden vnd Lastern alle Fenster auffsperret/ Vnd zum schendlichen abbruch aller Zucht vnnd Disciplin dienet. *Hac Mansfeldenses.*

Von der II. Beschüldigung.

Das gute Werck zur Seligkeit schedlich sind. fol. 204.

Hie ist die Frage/ Wie vnd waserley Meinung der Herr Amsdorffius/ so wider die Papistische Reden vnd falsche Lehre Maioris gestritten/ diese Rede geführet hat/ Gute Werck sind schedlich zur Seligkeit. Vnd wollen den Herrn Amsdorffium für sich selbst lassen antworten/ Also saget er *in libro de Prepositionet:* Gute Werck sind zur Seligkeit schedlich/ B. I. fac. 2. Denn Paulus schreibet deutlich vnd klerlich/ Das seine Gerechtigkeit nach dem gesetze/ das ist/ seine gute wercke/ sind jm schedlich vnd verdamlich gewesen. Desgleichen sagen die Propheten/ das der Jüden gute Wercke/ als jr Opffer vnd Reuchern/ Sünde sind vnnd Abgötterey/ Das ist zur Seligkeit auffs höchste schedlich. Diesen beiden/ den Propheten vnd Paulo/ volget Lutherus heiliger gedechtnus/ Vnnd schreibet mehr dann an einem Orte/ mit ausgedrückten Worten/

Haeresis Nicolai Amsdorffii & Lutheri, bona opera sunt perniciosa ad salutem.

Das gute Wercke zur Seligkeit schedlich sind/als in seinen Galatis To. 3. fol. 21. spricht er/Alle wercke/auch des Gesetzes/sind Sünde/vnd machen den Menschen nur erger/Vnd Tomo 7. Mein Gerechtigkeit mir nicht nütze/sondern viel mehr schedlich sein kan/etc. Vnd wer wissen wil/was/wie vnd welcher gestalt Lutherus von vnsern guten wercken redet/der lese seine Postil/vber die Epistel/des drey vnd zwentzigsten Sontages/da schreibet er vnter andern also/Darumb ist sie (die Gerechtigkeit des Gesetzes) mir für Gott nichts hülfflich/sondern mehr schedlich gewesen. Vnd bald hernach/Die sihe/ist das nicht all zu grob vnd verechtlich geredt/von der Gerechtigkeit des gesetzes/das er (Paulus) sie helt/vnd damit halten leret/vor solche ding/das nicht allein hindert oder nichts nützet/sondern auch schaden thut/vnd als ein eckel vnd grewel zu halten ist. Wer dürffte das Maul so weit auffthun/vnd von solchem vnstrefflichem Leben/nach dem Gesetz also reden/wer nicht wolte von jederman des leidigen Teufels Apostel vnd Diener heissen/wo es S. Paulus nicht selber thet? Oder wer wil mehr solche Gerechtigkeit halten/wenn man also dauon predigen wil? *Hæc Lutherus.*

Item/in der Kirchen Postil/in auslegung des Euangelij am Sontage nach dem Christage/saget Lutherus also: Die gantze Schrifft verwirfft die Werck als vnnichtig/ja ergerlich vnd hinderlich zur Rechtfertigung.

Wir aber haben solcher rede in vnsern Schrifften nie gebraucht/wollen derselben auch noch nicht gebrauchen. Es mügen aber die Herren Collocutori

tom gleichwol mit zusehen/wie sie mit dem fürtreff
lichen Man Gottes D. Luthero/vñ darzu mit dem
Herrn Amsdorff sich wollen vertragen/Ob sie
auch dieselbigen in dem fall wollen zu Ketzern vnd
Schwermern machen. Wir wollen sie zwar zusam
men lassen/vnd wie wir gesagt/der Proposition
vns enthalten. *Hactenus Acta.*

Item fol. 357.

Ambsdorfius verteidigt sich in seiner Antwort/
auff D. Maiors Vorrede (wie auch noch sein hand
schrifft vorzulegen) mit diesen worten.

Zum vierden/So handelt Georg Maior mit vns
gantz vntrewlich/denn er citirt meine Schrifft vn
recht vnd verstümpelt sie. Denn da ich geschrieben
habe/Gute Werck/wenn man gnade damit verdie
nen wil/so sind sie schedlich zur seligkeit/so schreibt
er blos dahin/Ich habe gesagt/Gute Werck sind
schedlich zur seligkeit/vnd lesset diese wort (gnade
damit zuuerdienen) aussen/Welchs ein recht bubens
stück ist/vnd keinem frommen Man zustehet/ich ge
schweige einem Prediger.

Ich habe geschrieben vnd gesagt/Gute Werck
In causa iustificationis, sind zur seligkeit schedlich/ wel
ches der fromme Man verschweigt/vnd vergisset/
das ich *In loco iustificationis* solches geschrieben habe/
Vnd fürt meine Wort *extra locum iustificationis,* vnd
schreibt/ich habe diese blosse wort gesagt/Gute
Werck sind schedlich/Welchs er von Witzels lü
gen vnd mordgeist gelernet hat/das mich des ar
men Menschen tawret vnd erbarmet.

Item/Darumb sag ich noch einmal/Gute
Werck (die Gott gebotten hat/die wir zu thun schül
dig

dig vnd pflichtig sind) wenn man gnade damit verdienen wil/ so sind sie schedlich zur seligkeit/ wie Lutherus an vielen orten schreibt. Aber S. Paulus machts noch viel gröber vnd ergerlicher denn Lutherus/ Der spricht dürre heraus mit runden worten: *Qui ex operibus legis sunt, sub maledicto sunt.* Die des Gesetzes werck thun (welches je gute Werck sind) die sind verflucht. Ist das nicht für den Juristen vnd allen hochgelerten ergerlich? Solte man darumb Paulum verdammen? Wie jhn Georg Maior verdampt in deme/ das er seine rede verdampt/ Gute Werck verfluchen den der sie thut.

Wen schendet vnd lestert nu Georg Maior/ mit seinem anhang/ wenn er mich lestert vnd verdampt? Niemand denn den heiligen Geist in Paulo vnd Luthero/ die aus Gottes Geist/ deutlich vnd klerlich sagen vnd schreiben/ Das die Wercke des Gesetzes/ welches die besten Werck sind/ nicht allein schedlich/ Sondern auch verdamlich seind zur zur seligkeit/ wenn man dadurch wil selig werden.

Nun hab ich nichts anders geschrieben/ denn was die beide auserwelten Werck zeuge Gottes vnd Christi diener/ reden vnd schreiben/ wil auch nichts anders geredt noch geschrieben haben/ das ich mit dieser schrifft öffentlich bezeuge vnd bedinge. *Hæc Ambsdorfius. Hactenus Acta.*

Von der /2. Beschüldigung.

Der Spruch Galat. 3. die mit des Gesetzes Werck vmbgehen/ die sind vnter dem fluch/ fasse auch die Wercke des Glaubens/ wie Amsdorff geleret habe. Fol. 205.

Sie setzen nicht des Herrn Ambdorffij seligen wort

wort hinzu. Wer kan den nun erraten vnd wissen/ was sie mit ernst taxirn vnd straffen. Hactenus Acla.
Von der 14. Beschüldigung.
Das man den Spruch Pauli / Ore sit confessio ad salutem, vnrecht deutet/ salutis, de salute, ad testandam salutem. Fol. 206.

Vnd das es ein Irrthumb sey/vnterstehen sie sich aus folgenden vrsachen zu beweisen. Erstlich wollen sie es also beweisen/Die widersprechen sie/streiten vnnd stehen/die vorgehende Wort Pauli/da er also sagt/So du mit deinem Munde bekennest/das Jhesus der Herr sey/vnd gleubest in deinem Hertzen/das jn Gott von Todten aufferwecket hat/so wirstu selig werdē. Die fasset ja der Apostel Bekentnis vnd Glauben zusammen/ vnd saget in gemein von beiden stücken/Wer also bekennet vnd gleubet/ sol selig werden/etc. Dis sind jre Wort.

Antwort.

Wir wollen nichts liebers wünschen/denn das die Herrn Collocutorn nicht allein so blos etwas dahin sagten/Sondern auch der Application ingedenck weren / das doch ein einfeltiger Leser gewis sein könte/wie diese meinung die Exposition vnd erklerung/ so in der Hypothesi gesatzt/vmbstosse/das sichs jrem fürgeben nach gewis also erhielte/Das dieselbige dem Glauben nicht ehnlich sey. Da begeren wir gründlichen bericht/ Vn̄ bitten wir darumb gantz freundlich/das man vns solches nit verhalte.

Zu dem sollen auch fromme Christen wol mercken/jre Interpretation vnd folge/Nemlich/Das der da bekennet vnd gleubet / selig werde: Wie ihr eigene wort lautē/ nemlich /die fasset jeder Apostel

Ff ij   Beken-

Bekentnis vnd Glauben zusammen / vnd saget in gemein von beiden stücken / Wer also bekennet vnd gleubet / sol selig werden.

Jr ander Vrsach vnd Beweis mus der sein / wie jre eigene wort lauten / Vnd allem zweiffel vnd misuerstand zuuorkomen / Teilts der Apostel selbst in den folgenden worten / *Corde creditur ad iusticiam, Ore sit confessio ad salutem*, Vnd kan hie der *Interpres* im ersten stück nicht fürüber / er muses *ad iusticiam* bleiben lassen / Das ander theil aber dieses Sprüchleins / weil es jnen nicht dienlich / kan sich jres nötigens vnnd glossirens nicht erwehrē / nemlich / man mus auch / *ad salutem*, im folgenden stück / stehen lassen / etc. Antwort / Wer wolt so Gottlos / kün vñ vermessen sein / das er aus dem Text diese wort auskratzen wolt? Derhalben bleibet billich Gottes Wort vnuersehret / vñ in seinem rechten verstand / ob es gleich nicht jederman recht einnimmet vnd verstehet. Wir wolten aber dennoch gerne weiter berichtet werden / wie diese jre angezogene vrsach / die *interpretation*, welche sie so hönisch anstechen / vmbstösset / verwirfft vnd verdampt.

Fürs dritte mus das auch jrer behelff vnd vermeinter beweis einer sein / in dem sie also schreiben. Dieser verfelschüg widerspricht zum vberflus auch Herrn Lutheri version. Denn er beide stücke eintrechtiglich also dolmetschet / So man von hertzen gleubet / so wird man Gerecht vnd so man mit dem munde bekennet / so wird man selig / etc. Antwort / Wir möchten auch gerne vnterrichtet werden / wie diese löbliche version / oder dolmetschung Lutheri / die angezogene *interpretation* vmbstösset / Solches berichts sind wir gewertig. Fürs

Fürs vierde / die Herren Collocutorn erkleren S. Paulum mit dem Spruch Christi. Matthei 10. Wie sie denn sagen / welches alles mit der ernste Rede Christi vberein stimmet / Wer mich bekennen wird für den Menschen / den wil ich auch für meinem Himlischen Vater wider bekennen / Wer mich aber für den Menschen verleugnen wird / den wil ich auch für meinem Himlischen Vater wider verleugnen. Antwort / diese erklerung lassen wir in jhrem werd. Es wird aber erstlich gleichwol noch keine vrsach allhie vermeldet / Warumb in dem Spruch S. Pauli / *ad salutem.* So wird man Selig / hinzu gesatzt wird.

So ist auch das gewis vnd vber gewis / das mit dem Spruch S. Pauli Rom. 10. keines weges D. Maiors falsche Lehre bestetiget werde. Nemlich / Das gute Werck zur Seligkeit nötig sind / vnd das es vnmüglich sey / one gute Werck Gerecht vnd selig zu werden.

Wir können fürwar nicht wissen / wie sich nu andere angezogene Sprüche zum handel reimen / vnd dazu dienstlich sein / Haben derwegen die Herren Collocutorn / mit jhren vrsachen noch keines weges / ausdrücklich erwiesen vnd dargethan / Das diese *interpretation* oder erklerung in dem Spruch Pauli (*Confessionem fieri ad salutem, hoc est, de salute nostra, seu ad testificandam salutem,* das ist / Vnsers mundes Bekentnis / ist ein offentlich zeugnis von der gegleubten Seligkeit / ein verfürischer Jrrthum sey / darumb einer billich anzuklagen vnd zuuordammen / wo er nicht einen offentlichen widerspruch thete.

Derhalben ist vnd bleibet noch darüber die frage / Ob

ff iij

ge/Ob die *interpretation*,oder erklerung/welche in der Hypothesi für falsch angezogen wird/der heiligen Schrifft gemes/vnd dem Glauben ehnlich sey oder nicht? Denn wo sie nicht etwan wider einen Artikel des Glaubens leufft/so solt mans ja auch nicht für einen Irrthumb anziehen. Leid derwegen den Herrn Collocutorn noch dieses auff/wo es nicht sol *Petitio Principij* bleiben/das sie darthun vnd beweisen/warumb vñ in waserley verstand S. Pau. Rom. 10. sagt. *Confessionem fieri ad salutem*, Wenn man mit dem munde bekennet/so wird man selig/Solches hetten vns die hochgelerten Professores in Vniuersiteten/deutlich vnd ausdrücklich/sollen erkleren/Welches/so es geschehen/viel Christen neben vns für eine sonderliche wolthat erkenneten/vnd wir jhnen des guten danck wüsten.

Das aber die Herren Collocutorn so milde/dis dürffen eine künheit nennen vnd schelten/Weñ man nemlich einen Spruch der heiligen Schrifft richtig erkleret/also/Das dieselbige erklerung dem Glauben nicht zuwider/sondern demselbigen ehnlich sey/ Bitten wir sie/sie wollen doch gemach thun/vnd sich jres hefftigen stachelns vnd schmehens enthalten/oder ja auffs wenigste messigen. Denn der tewre Man Gottes vnd bewerter Geistreicher ausleger der heiligen Schrifft Lutherus selbst/in der disputation von des gesetzes wercken/vnd Gnade/diese erklerung oder auslegung vber gemelten spruch S. Paul. Rom. 10. gefüret vnd an tag gegeben hat/mit diesen Worten/*Confessio est fructus de bona arbore, & fidem sequitur tanquam effectus, AD SALVTEM TESTANDAM, NON autem requiritur ad salutem,* Das ist/Bekentnis

nis des mundes/ist eine frucht von einem guten baum/ vnd folget dem Glauben als ein Effect/die seligkeit zu bezeugen/wird aber nicht als nötig zur Seligkeit erfordert/macht auch nicht selig etc. Hæc Lutherus.

Solche herrliche erklerung Lutheri/als die dem Glauben ehnlich/können vnd sollen wir keines weges für einen mutwilligen Irthum halten/verwerffen vnd verdammen/ist vns auch sehr wol/Gott lob/bewust/das auch ander ansehnliche vñ bewerte Lerer der reinen Kirchen Gottes/den angezogenen Spruch S.Pauli dergestalt in jren Schrifften ausgelegt vnd erkleret haben.

Wir wollen aber folgend etliche vrsachen vermelden vnd erzehlen/Warumb solche auslegung oder erklerung des Spruchs S.Pauli Rom.10. dem Glauben ehnlich sey. So aber jemand noch wichtiger vnd gründlicher vrsachen fürbringen/vnd klerern bericht davon thun kan vnd wird/Wollen wir sampt andern frommen Christen/solchs mit danckbarkeit anhören vnd annemen. Erstlich ist kein zweivel/das S. Paulus sehr offt den Sprüchen des alten Testaments nachfolget. Derwegen hat es das ansehen/das S. Paulus mit diesem spruch des Königlichen Propheten Davids Wort fast hat wollen geben vnd erkleren/die also lauten/Ich gleube/darumb rede vnd bekenne ich. Denn gleich wie in den worten Davids/beide des glaubens vñ bekentnis gedacht wird/also geschicht auch in dē spruch Pauli.

Fürs ander/sol man dunckele Sprüche durch klerer vnd heller sprüche auslegen. Paulus aber leret nirgend der guten werck Notwendigkeit/das die guten Werck auch zur seligkeit sollen nötig sein/vnd

Ff iij das

das es vnmüglich sey one gute Werck selig zu werden/Sondern also redet er von den wercken/das er sie Früchte/*indicia*/anzeigung/ vnd zeugnis der Gerechtigkeit vnd Seligkeit nennet.

Fürs dritte/Rom.3. & 4. Gal.2. & 3. Handelt der heilige Paulus diese Lere/wie man für Gott Gerecht werde/*ex professo*, fürnemlich vnd mit sonderm vleis: Er redet aber daselbst nirgend also draus: Das die Seligkeit dem Menschen widerfare im Glauben vnd guten Wercken/oder/das die Seligkeit ergriffen werde/mit dem Glauben/vnd mit dem Bekentnis/oder das die Gerechtigkeit nicht gegeben werde/wenn nicht gute Werck dazu komen: Sondern treibet viel mehr gewaltig die *Exclusiuas*. One werck/ one Gesetz / nicht aus den Wercken/ aus Gnaden. Ist derwegen zuuermuten/ Ja man sols gewis dafür halten/ das Paulus auch an diesem orte nicht wider einreisse/das er hart zuuor auff so gute vnd feste gründe gebawet hat.

Fürs vierde/ Man sihet in Pauli schrifften/das er im leren diese weise helt/ Wenn er handelt von der Gerechtigkeit für Gott / treibet er mit grossem vleis die *Exclusiuen*: One Werck/aus Gnaden etc. Wenn er aber ausserhalb dieser Lere ist/ vnd vom Christlichen Leben redet/als denn setzt er zu weilen gemeine Sententz/ welche vom Glauben vnnd Guten Wercken reden / doch also/ das er einem jglichen das seine gibt.

Wir köndten noch mehr Vrsachen oder Beweisungen einbringen/ Aber wir wollen vns an den jtzt erzelten genügen lassen / Denn wirs dafür achten/ das aus solcher vleissiger Collation oder gegenan-

der-

derhaltung der Lere Pauli erscheine/das des Lutheri auslegung/das die Guten Werck den Glauben bezeugen/weil sie dem Glauben ehnlich/nicht Irrthume wider die Artikel des Glaubens sein.

Von der 14. Beschuldigung.
Das die Gerechtigkeit des Glaubens
Primaria sey.fol. 359.

Hierauff ist kürtzlich vnser antwort. Erstlich/ Es hat niemand in diesen landen also geleret.

Fürs ander/So beschuldigen vnd verdammen die Herrn Collocutorn den/so nicht gegenwertig ist/welchs dem Bapst zu Rom mehr als jnen gezimet vnd gebüret.

Zum dritten/Wird der Herr Illyricus für sich wol antworten/vnd von dieser seiner bekentnis vnd lere/wird die Kirche Gottes auch richten vnd vrteilen. *Hactenus Acta. Colloq. Altenb.*

Vom 7. Stück.
Von der Augspurgischen Confession. fol. 465.

Erhalben bestehen noch/vnsere vrsachen vnd gründe fest vnd vnumbgestossen/damit wir dargethan/das die Gottfürchtige frome Hertzen/billich die alte oder erste reine vnd warhafftige Augspurgische Confession/der newen vnd von Philippo geenderten Confession/vorziehen. Das aber dieselben vrsachen vnd gründe nicht verachtet/sondern wol betrachtet werden mögen/wollen wir aintzlich die vornemisten wider erholen.

1. Die erste/alte/reine vnd warhafftige Confession/ist nicht allein mit des einigen Philippi rath/

Gg auch

auch nicht vom Philippo allein/zusamen getragen oder geschrieben/Sondern Lutherus hat beide erinnert vnd darzu geholffen/von welchen Artikeln vnd Sachen man handeln sol /hat hernach auch die gestalte Confession vbersehen/ Corrigirt vnd gebessert. Es haben auch andere Theologen/so damals zu Augspurg versamlet / mit jren stimmen/ Censuren/ hülff vnd rath das jhre dabey gethan/welchs Doctor Schnepffius vnd andere/ in offentlichen Druck bezeuget haben.

2. Gemelte erste/vnd elteste Augspurgische Confession/ist aus begeren der Protestierenden Fürsten vnd stende damals gestalt/vnd sein die versamleten Theologen/damals allein Werckzeug/vnd/so zu reden/schreiber gewest.

3. Die erste vnd vhralte Confession/ist von Fürsten vnd jren zugethanen stenden/damals als jhr eigene Bekentnis angenomen/vnterschrieben/vnd Keyser Carolo dem fünfften vberantwortet.

4. Vnd ist gemelte Confession/nicht allein im Namen des einigen Philippi/ oder der andern versamleten Theologen/damals Exhibirt vnd vbergeben worden/Ist auch niemals Philippi/sondern der Stende Confession / je vnd allwege genennet vnd gehalten worden.

5. Derhalben Philippus keines weges gewalt/ vnd macht gehabt/ seines gefallens zu endern die Confession / so nicht seine / Sondern der Stende Confession eigentlich gewesen ist.

6. Die Stende des Römischen Reichs/ haben nicht die newe vnd verenderte/sondern die erste reine Confession/von den Protestirenden stenden verlesen hören.

hören vnd empfangen/ Vnd zeugen auch von der ersten Confession/ wie sie damals vbergeben/ Die geenderte ist jnen damals vnbekant gewesen.

7. Die alte vnd erste vbergeben Confession/ ist von den Papisten damals examinirt worden/ vnd von den vnsern mit jhrer Apologie statlich verantwortet/ Wie solch klar vnd offenbar zu sehen ist/ im fünfften Tomo Jenensi fol. 308. vnd 309. Ja *Eccius* selber/ vnd andere seines gleichens des Bapsthums Patronen/ haben sich damals vnuerholen vernemen lassen/ das die erste vbergebene Confessio/ aus vnd mit Gottes Wort/ nicht könte widerlegt vnd vmbgestossen werden/ Mit oder aus den *Patribus*, wolten sie wol einen schein vorbringen/ Wie ein jeder solchs Lesen kan im fünfften Tomo Jenensi fol. 41. 295. 298. 309.

8. Die warhafftige Kirche Christi/ helt noch heutiges Tages die erste oder alte *pro autentica*, für die rechte vnd Glaubwirdige Confession/ Berufft sich auch darauff/ weil sich auch dauon nicht abweisen lassen.

9. <u>Die newe vnd verenderte Confession/ ist allein von Philippo/ one wissen vnd willen der stende/ vnd rath anderer Theologen gestellet.</u>

contrarium asserunt Philipp Tract. sup. cit. fol 14. 6.

10. So hat auch Philippus/ keine erhebliche vrsach gehabt/ die erste vnd alte Confession zu endern/ welche nicht allein/ wie vorhin gemeldet/ also verwaret vnnd gestellet/ das sie wol bestanden/ da sie der Papistische hauff Examinirt/ vnd durch jre hechel gezogen/ Sondern das ist auch gewis vnnd lengbar/ das diese Punct/ so hernachmals geendert sind word̄/ keines weges wider Gottes wort/ vnd D. Luthers bewerte Lere gewesen sind. So

11. So man ja etwas het wollen darzu thun oder setzen / doch das es der ersten Confession nicht zu wider / so het man solchs / in einer besondern schrifft können thun.

12. Es mügen vnsere *Antagonistæ* sagen vnd fürwenden / was sie können vnd wollen / so weis man wol / das Lutherus niemals damit zu friede gewest / das Philippus die einmal gestalte vnd vbergebene Confession / nicht hat lassen in seinem werd bleiben / sondern dieselben zu endern sich vnterfangen hat.

*Contrarium vide
œc. à me pro*
cit.

13. So ist auch jedermenniglich vnuerborgen / das die newe vnd verenderte Confession / in keinem statlichen *Synodo* oder versamlung fürtrefflicher Theologen / ist approbirt vnd subscribirt worden.

14. Ist auch niemals mit einhelligem Consens / von den Fürsten vnd Stenden angenommen / welche zu Augspurg Anno 1530. die ersten varhafftigen vnd reinen Confession / mit jrer subscription approbiert vnd sich dazu bekent haben.

15. So haben auch die Chur vnnd Fürsten / so auff dem tage zu Naumburg Anno 1561. versamlet / sich entschlossen / der ersten vnnd nicht der verenderten Confession / auff ein newes sich zu vnterschreiben.

16. Die newe vnd verenderte Confession / ist gefehrlich. Denn sie ist nicht der gestalt vnter den henden der Papisten gewesen / vnd von jnen Examinirt worden / wie die erste. Vnd gibts die erfarung / das sich vnter der verenderten Confession / die Sacramentirer / Maioristen / Antinomer / vnd etliche andere schwermer mehr verkrichen / vnd etlichen behelff vnd ausflucht daraus zu zwacken vnd zu suchen / sich vnterstehen wollen.

*NB NB.
Via castricta [?]
confusion war
Augspurg hülff
mit allen
[...]*

So

17. So ist auch nu am tage/vnd durch den Druck offenbar/Das Eccius, Staphilus, Osius, Canisius, Lindanus vnd andere/dem Bapst zugethanen Scribenten/ sich garstig vnd vnnütz gnug auff alle vnsere Kirchen gemacht haben/das man so vnbestendig gehandelt/vnd die erste vbergebene Confession/mehr denn ein mahl geendert hat.

18. Die verenderung der ersten Confession/hat nicht ein wenig die schwachen Christen geergert/ das sie fast vber dem grund der Warheit/in ein zweivel sind geführet vnd gesatzt/viel auch von der annehmung reiner Lere abgeschreckt worden.

19. So ist auch das wol zu bedencken/das solche verenderung/eine Occasion vnd vrsach gegeben hat/vnd ferner geben wird/in der Kirchen Gottes sich drüber zu zancken oder zu disputirn/welcher Confession man mehr gleuben sol.

20. Die verenderte Confession/lest etliche Artikel/wie sie in der ersten gesatzt/nicht gantz vnd vnuersehret bleiben/sondern verstümlet dieselbigen/ als im Artikel vom Abendmal des HERRN/lest sie aussen vnd fallen/die sehr notwendige Antithesin vnd verdammung der gegenlere/Als nemlich/ *Improbant secus docentes*, Mit welchen Wörtlein/die verfürische Sacramentirer verstanden werden. Mit welchen gesetzten Worten in der ersten reinen Confession der Sacramentschwermer Jrrthumb gerürt vnd verworffen wird. In der andern verenderten Confession aber/lest man sie vngerürt/frey durch hin passiren.

21. Item die newe vnd verenderte Confession/

depra=

depravirt vnd verfelschet mit vngewissen vnd zwey
uelhafftigen *Formulis,* den Artikel vom Freien willen/
in dem sie außenlest/klare/dürre/helle/vnd der hei=
ligen Schrifft gemesse Wort/so in der ersten stehen/
Alsnemlich/ *Spiritus sanctus fidem efficit , vbi & quando*
visum est Deo , in ijs ,qui audiunt Euangelium &c. Vnd der=
gleichen mehr/ hiezu lang zuerzelen.

N.B.

So ist auch vnleugbar/ das die geenderte Con=
fession vnd Apologia/ Die Lere von der sünde vnd
Rechtfertigung/etlicher mas anders setzt/denn in
der ersten befunden wirt.

22. Dieses ist auch wol zumercken/ das Gott=
fürchtige Hertzē in der Christlichen Kirchen/mehr
halten vnd fussen auff die erste/ reine vnd Warhaff=
tige Confession/ denn auff die andere/die hernach
Philippus seines gefallens geendert hat/ welche
man zu Augspurg/Anno 30. nicht gesehen noch ge=
lesen hat.

23. Die alte/erste vnd reine Augspurgische Con=
fession/ artet sich sehr nach Lutheri Bücher oder
Schrifften. Die newe/verenderte/schmeckt etwas
nach den letzten Schrifften Philippi. Das ist aber
klar vnd offenbar/ Das Philippus erkant vnd be=
kant hat/das er von D.Luthero/ die Göttliche Le=
re empfangen habe. Denn dieses sind seine eigene
Wort in seinem Testament/ so er Anno 1540.gestel=
let/in dem er spricht. Ich dancke aber fürs erste dem
Herrn Doct.Mart.Luth.Denn ich von jm das E=
uangelium anfenglich empfangen/ vn gelernet ha=
be/darnach dancke ich jm auch dafür/das er sich
gegen mir gutwillig vn freundlich erzeiget hat/vnd
ist das mein wille/das solchen Man/Nemlich Lu=
therum

therum/die meinen gleich als für jhrem Vater halten vnd ehren sollen. Ich zwar hab allzeit viel von jhm gehalten/ Denn ich gesehen vnd erfaren/das in jhm ein sonderlich vnd heroisch Ingenium/vnd ausbündigen verstand vermerckt/dazu mit schönen herrlichen Tugenden gezieret/ Vnd er daneben ein Gottfürchtiger/vnd vberaus gelerter man gewesen.

Daher ist niemand drumb zuuerdencken/der es mit Philippo nicht halten kan noch sol/wo er von D.Luthers Lere/welche mit Gottes Wort vberein trifft/etlicher mas abweicht/ vnd nicht gleich stimmig mit jm leret/Vnd doch gleichwol rhümet/vnd in seinem werd helt/was Philippus sonst recht vnd Christlich geschrieben vnd geleret hat.

24. Dieses ist auch der Warheit nicht gleich/ das man der Confession/so hernachmals von Philippo verendert/eben die erste vnd alte *præfation*, oder Vorrede/vorgesatzt hat/in welcher gesagt wird/ das sie sey aus dem ersten Exemplar/auff guten glauben abgeschrieben/welche *Carolo. V.* zu Augspurg Anno 1530. vberantwortet/vnd vergleichen keines weges von der letzten verenderten Confession/könne noch solle mit grunde vnd Warheit gesagt werden. *Hactenus Acta.*

Von den Locis. fol. 369. b.

Fürs ander/so beruffen sich die Herrn Collocutorn auff jr *Corpus doctrinæ*, bey dem sie zu bleiben entschlossen. Darauff geben wir kürtzlich diese antwort/ was in denselben Buch recht vnd gut/vnd Gottes wort/der waren Augspurgischen Confession vnd Lutheri schrifften gemes/das lassen wir vns jtzt als vor vnd vor als jtzt gefallen/ vnd haltens billich hoch

Gg iij. vnd

vnd werd. Aber in den stücken / darinnen der Autor dem fleisch nach geöhmet / vnd von der Richtschnur Göttlichs worts abgewichen / da müssen wir Gottes wort mehr vnd höher achten / denn Menschen wort. Derhalben können viel Gottfürchtige leute / gedachtes Corpus doctrinæ / aus etlichen büchern Philippi zusamen getragen / nicht allerding für ein Normam oder Richtschnur Christlicher Lere vnd Glaubens annemen / aus denen vrsachen.

1. Das die Exemplar vnnd Bücher des ersten drucks / die ware alte Confession / so Anno 30. zu Augspurg Keyser Carolo vbergeben / nicht haben / Sondern an der selben stat ein solche Confession / die zu Augspurg wider geschrieben noch vbergeben / oder von den stenden Augspurgischer Confession approbirt vnd vnterschrieben ist worden. Jm andern Druck aber berürts Corporis doctrinæ / werden zwey Exemplar der waren rechten / vnd vnrechten Augspurgischen Confession in einander gemengt.

Nu hat aber der Autor oder schreiber desselben buchs / nicht macht gehabt / dasselbe / als sein eigen buch / darumb seines gefallens zu Corrigirn / bessern / mehren oder mindern / vrsach / das es erstlich nicht in vnd vnder seinen namen / Sondern der Jenigen namen / so derselbigen vndterschrieben / Key: May: vbergeben worden / vnd hernach in druck aus gangen.

Zudem / so hat nicht allein Philippus Melanthon dieselbe geschrieben / Sondern Lutherus hat auch dazu geholffen / vnd Philippo die materiam, vnd etliche Artikel darzu gegeben vnd fürgeschrieben / auch selbst dieselbe hernachmals corrigirt vnd ge-
bes-

Vber das/ So hat Philippus so offt gedachte Augspurgische Confession geendert/ das er auch endlich den Sacramentirern vñ Caluinisten ein fenster auffgethan/ dadurch in dieselbe einzuschleichen/ Mag man trawen zusehen/ das nicht mit der zeit die Papisten ein solch Schliepfloch finden/ sich in dieselbe mit einzudrehen.

Die andern Vrsach/ Warumb man mehr gedachts *Corpus doctrinæ* nicht aller ding könne annemen/ ist/ Das in etlichen Büchern desselben/ etliche nicht geringschetzige stücke vnd Artikel mit eingestreuet worden/ so Gottes wort vnd der waren Augspurgischen Confession nicht gemes/ als da sind.

1. Die verfelschung der Lere vom Freien willen/ des menschens/ welche in den *Locis communibus* vñ andern büchern zu befinden/ da dann ausdrücklich gesagt vnd verteidiget wird/ das der Freie wille sey *facultas applicandi se ad gratiam*/ das ist/ das er aus seinen krefften/ sich zur Gnade schicken vnd keren möge.

Item/ Das drey thetige vrsachen sind der Bekerung des menschens zu Gott.

Item/ Das in vns ein vrsach sey/ oder sein müsse/ darumb wir von Gott angenomen werden etc.

2. Wird auch die Lere vom Gesetz vnd Euangelio/ gefehrlich ineinander vermengt vnd verkeret.

3. Wird in dem der Artickel der Rechtfertigung/ auch in der Definition vnd beschreibung desselben/ der zugerechneten Gerechtigkeit/ vñ des gehorsams Christi an vnser stat geleistet/ nicht so ausdrücklich gedacht/ Vnd werden vber das mit gefehrlichen reden/ die guten Wercke in den Artikel der Rechtfertigung eingemengt vnd eingeschoben.

4. Jn Artikel vom Abendmal des HErrn/wird kein recht eigentliche Definition vnd Beschreibung gesetzt/auch kein einige Refutation oder widerlegung des Sacramentirischen Jrrthums gefunden/wie offt auch der Autor von guten Freunden solches zu thun ermanet vnd gebeten/auch von den Sacramentirern selbs in öffentlichen Schrifften/als das ers mit jnen hielte/mit namen prouocirt vnd angestochen worden.

5. Jn dem Artikel von der Oberkeit wird gesagt/Das vnser Gerechtigkeit sey *lux in corde*, ein Liecht im Hertzen.

6. Des Römischen Antichrists offenbarung wird nirgend darinnen der gestalt gescherfft vnd getrieben/wie in Lutheri Schrifften.

Es sind auch noch mehr opiniones im gedachten *Corpore doctrinæ* vnnd *Locis communibus* zu finden/Gottes wort nicht fast gemes/Aber hieuon kan etwan zu ander vnd gelegener zeit/vieleicht weitleufftiger vnd ausfürlicher gehandelt werden.

Die dritte Vrsach ist/das in gedachtem *Corpore doctrinæ*/ausgenomen die ware vnuerfelschte Augspurgische Confession vnd Apologia/viel dinges zu finden/das wunderlich gesetzt vnd geschrieben/das es rechte vnd falsche Lerer vnd Christen/auff jre meinung zugleich ziehen können.

Die vierdte Vrsach ist/Das im gedachten *Corpore doctrinæ* vnschüldige Leute/one gründliche vnd volkomene erzelung ergangener handlung/vbel angetastet vnd geschmehet werden.

Die fünffte Vrsach ist/Das zu diesem *Corpore doctrinæ* kein buch Lutheri/auch nicht die Schmalcaldi caldischen Artikel/von Philippo selbst vnd vielen andern approbirt vnd vnterschrieben/verfasset vnd gedruckt worden.

Die sechste Vrsach/Das im 1561. Jar/etliche Corrupteln vnd Jrrthumb derselben Bücher Philippi/auch von den Sechsischen Kirchen auff ju Synodo zu Lüneburg gehalten/angezeigt vnd gestrafft worden.

Die siebende Vrsach/Das viel Gottfürchtige Menner/Lerer vñ Zuhörer/so gerne die thewre werde Beylag der Bücher Lutheri rein behalten/vnd one alle vnterscheid alle Bücher gedachtes *corporis doctrinæ* nicht haben annemen wollen/sondern demselben widersprochen/darob jre Empter haben faren lassen.

So können auch Gottsfürchtige Leute Philippum Melanthonem Luthero seligen nicht gleich halten vnd achten/aus der vrsachen/das Gott Luthero die ehre vnd gnade erzeigt/das er vor allen andern Menschen die Warheit des heiligen Euangelij erkennet vnd bekennet/vnd den Römischen Antichrist mit munde vnd finger gezeigt vnd offenbaret.

Vnd bekennet Philip.selbst recht vnd wol/das er Lutheri Discipel vnd Jünger sey/vnd seine Lere in eine kurtze Summam vnd Handbüchlein/hab bringen vnd verfassen wollen.

Wo er nu solches recht/rein vnd trewlich thut/ ist er warlich aller ehren vñ danckes werd. So offt er sich aber die *Philosophiam*/menschliche Vernunfft vnd fleischliche weisheit lesst anders wohin verleiten/da ists offenbar/das er nicht gerade zugehe/ sondern irre vnd strauchele.

Jn Luthero ist je vnd allwege ein grosse standhafftigkeit gewesen/ so jhm Gott sonderlich/ bis an sein ende verliehen.

Das aber Herr Philippus zu mehrmalen/ aus menschlicher schwacheit gestrauchelt/ ist vnverborgen/ Vnd wolten wirs zwar lieber verschweigen/ wenn vns nicht die Collocutores selbs darzu drüngen vnd verursachten. Denn sie wissen ja wol/ wie Philippus bald anfenglich gewancket/ da Carlstat zu Wittenberg/ vnd etliche andere/ abwesend Luthero/ des Wagens vnd Fuhrmans Jsrael/ mit dem Bawer leben zu schwermen anfieng.

Wie kleinmütig er auch gewesen/ vnd hin vnd wider gewanckt/ eben zu der zeit/ da die Augspurgische Confession geschrieben/ vnd vbergeben worden/ vnd wie bestendiglich jn auch Lutherus dazu mal getröstet vnd gestercket/ bezeugen von diesen sachen/ die öffentlichen ausgegangene Brieff vnd Episteln.

Wie fast er auch des Bapsts primat vnd geistlicher hoheit geneigt gewesen/ ist aus den Schmalkaldischen Artikeln vnd Religions handlungen abzunemen.

Es bezeuget auch gnugsam die einige disputation/ darinnen Lutherus die Bepstische Proposition/ von notwendigkeit guter werck zur Seligkeit/ aus der Kirchen verworffen vnd verdampt/ vnd die enderung vnd vnterdrückung derselben dictaten Philippi durch Lutherum erlanget/ wie offt Philippus habe aus der Ban springen wollen/ vnd doch von Luthero zu rück gezogen vnd gehalten worden.

Wie auch Philippus die Sacramentirer in jrer Schwer

Schwermerey gestercket/ bezeuget nicht allein Calvinus in öffentlichen ausgegangenen Schrifften/ sondern auch der Brieff an den Churfürsten Pfaltzgrauen/ vñ etliche andere an Hardenbergium/ welcher zu Braunschweig durch des Nidersechsischen Kreis Theologen erklerung/ als ein Sacramentirer/ verwiesen/ geschrieben.

Wie er sich auch zur zeit des Interims gehalten/ vñ was er den Papistē nachgegeben vñ eingereumet beweiset nicht allein sein Brieff an Carolouicium geschrieben/ welcher Kay. May. selbst zu lesen gegeben/ vnd schier durch gantz Europam ausgesprenget worden/ Sondern auch seine Schrifften vnd Rahtschlege/ den Actis Synodicis einverleibt.

Letzlich/ so werffen vns die Papisten selbst/ vnd nicht on vrsach für/ Das Philippus seine Bücher/ sonderlich da Lutherus alt worden/ vnd aus diesem Leben abgescheiden/ so offt geendert/ gemindert/ vnd gemehret.

Dis haben wir von Menschen vnd jren schrifften erinnern müssen/ auff das wir allein heiliger göttlicher Schrifft das Lob geben/ das sie sey *Norma fidei*, ein Regel vnd Richtschnur des Glaubens.

Andere Bücher vnd Schrifften aber / nemen wir on alles ansehen einiger Personen vnd Menschen/ so fern an/ so weit sie mit heiliger Göttlicher Schrifft vberein komen.

Vnd haben wir vngern solches allhie erzelt/ wie wir denn zuuor auch bezeuget. Aber/ weil die Herrn Collocutores so hart dringen/ haben wir auch in diesem fall der warheit zeugnis gebē müssen. Doch haben wir allhie keine ausfürliche volkomene Di-

Oh iij   spu-

sputation anstellen wollen/sondern sind solchs/
mit Gottes gnediger hülff vnd beistand/zu gelegener
zeit in warer Furcht Gottes/so man es begeret/
Christlich vnd freundlich zu thun erbötig. Hactenus
Acta.

Von Schmehbüchern. Fol.470.b.

Der Scholasticorum oder Studenten etlich Jar
her ausgegangene Famosos libellos, vnd Schmehbücher belangend/haben sich gedachter Studenten
eigene Pastores/Seelsorger/vnd Præceptores nicht
geschewet/mit offentlicher klarer Stimme/in diesem Colloquio/dieselben zu schmücken vnd zuuerteidigen.

Wiewol aber solches Gott/vnd seiner lieben
Kirchen gefallen werde/wird zeit vnd ende geben.

Denn es ja schrecklich zu hören/das man solch
grausam vñ vnmessig lestern/liegen/verleumbden/
hassen/spotten vnd verachten/redlicher vnschüldi-
ger Leute/vnd trewer Diener des heiligen Euange-
lij/Ja wüten vñ toben den Kindern Gottes zuschrei-
ben/vnd solchs alles mit dem herrlichen Spruch
vnd Zeugnis Christi/ Ex ore infantium &c. Aus dem
Munde der Kinder vnd Seuglingen etc. entschüldigen vnd verteidigen sol. Da solche Lesterer mehr den
bösen Buben/so zu Bethel des Propheten Elisæ
spotten/vñ von den Beeren zurissen wurden/Dann
der Hebreer knaben/so Christo das fröliche Ho-
sianna sungen/gleich sein/vnd verglichen werden
sollen.

Wir halten eigentlich solches alles für eine grosse schwere Sünde/aus denen Vrsachen. Erstlich/
das

das sich kein Student namhafftig zu denselben Inuectiuen vnd Lesterschrifften/ hat bekennen dörffen oder wollen/ Viel auch dieselbe/ ehe dann sie in den druck verordnet worden/ nie gesehen/ Viel auch öffentlich bezeugt vnd protestirt haben/ das sie daran keinen gefallen tragen. Zu dem ist ein gemein Geschrey/ das nicht einer oder viel Studenten/ solche Lesterbücher geschrieben vnd ausgehen haben lassen/ Sondern etliche Professores vnter der ehrlichen Larven vnd Namen der Studenten. Sind derhalben im grund der warheit *Famosi libelli*, vnd verbottene Schmehbücher/ beides darumb/ das sie keinen/ oder viel mehr falschen ertichten namen füren/ vnd das/ was drinnen stehet/ falsch vnd erlogen.

Zum andern/ So ists eine grosse schwere Sünde wider das ander Gebot/ den Namen Gottes missbrauchen/ Wie dann Gott auch selbst im gedachten andern Gebot/ auff solchen Missbrauch/ eine schwere schreckliche Straffe getrawet vnd gesetzet.

Nun ist aber am tage/ das obberürte *Famosi libelli* vnd Schmehbücher/ in vielen Stücken Gottes werden Namen/ schendlich missbrauchen/ Als/ das sie jre Antinomische Lere/ vom Euangelio/ das dasselbige/ eigentlich davon zu reden/ sünde straffe/ vnd ein Buspredigt sey/ Item/ D. Maiors vnd der newen Pelagianer Schwermereien/ offentlich bißlichen vnd verteidigen. Ja auch der Caluinisten/ vnd des Antichrists Lehre zum guten theil entschuldigen.

Zum dritten/ das gedachte *Famosi libelli* oder Schmehebücher/ voller Lügen/ beides was die

Oh iiij Sachen

Sachen selbst/ vnd auch die Personen betrifft. Zu dem/ so sind so grausame vnfletige Lester vers drinnen zu befinden/ das es der Teufel selbst/ in solchem fall/ nicht erger/ gröber/ vnd vnfletiger machen könte oder dörffte/ welches denn alles wider das 8. Gebot Gottes streitet.

Ist derhalben nicht ein geringe Sünde/ das die Herrn Collocutorn/ böser Buben mutwillige kunheit zu liegen vnd lestern/ rechtfertigen vnd bestetigen sollen.

Zum vierdten/ Christus spricht Matt. 18. Wer da ergert dieser geringsten einen/ die an mich gleuben/ Dem were es besser/ das ein Mülstein an seinen hals gehengt würde/ vnd er erseufft würde im Meer/ da es am tieffsten ist. Nun stercken die Collocutores mit solchem jrem willigē vñ billichen/ vñ vnchristlichē rhümen/ die arme einfeltige Jugend in solchen jren Sünden/ lassen sie drinnen stecken vnd verderben/ Vnd ergern sie auch dermassen/ das sie hernach desto küner vnd trotziger werden/ jres mutwillens mit liegen vnd lestern/ schenden vnd schmehen zu geleben/ weil sie sehen/ das es jren Seelsorgern vnd Præceptorn selbst wolgefellet. Also sol man nu die arme/ vnuerstendige/ blühende Jugend auff den hohen Schulen leren/ vnd zur Hellen zufüren/ vnd die Seelsorger vnd Præceptores jnen selbst fürgehen/ vnd den weg zur verdamnis zeigen/ weisen vnd leren.

Zum fünfften/ So dienen die jenigen der lieben Christenheit vnd gantzem menschlichen geschlecht warlich nicht wol/ welche Lesterer vnd auffrhürische Leute vnd personen/ zu den Schul vnd Kirchen

emptern/auch weltlichen Regimenten/ausschi-
cken/erheben vnd befördern.

Nun bekennen aber die Collocatores selbst vn-
verholen/das sie solche Leute aus jren Schulen/zu
Schul vnd Kirchen emptern/auch weltlichen Re-
gimenten schicken/vnd befördern wollen/die da *Famosos libellos*, vnd Schmehlügen vnd Lesterbücher zu
schreiben gelernet haben. Derhalben so mügen wol
alle Gottfürchtige Christen selbst vrteilen/Was
das für ein Christlich/löblich Werck vnd Fürnemen sey/Das doch bey jnen on zweivel zur Seligkeit so hoch von nöten sein sol/das vnmüglich ohne
dasselbe selig zu werden.

Zum sechsten/So ists vnleugbar/das nicht allein die Keiserlichen Rechte/sondern auch anderer
vnd geringerer Oberkeiten Gesetz vnd Statuten/
Famosos libellos, vnd schmeh vnd lesterbücher verbie-
ten vnd straffen.

Nun loben vnd verteidigen aber die fürnemsten
Seelsorger vnd Præceptores der Hohenschulen vnsers Gegenteils/die Tuckmeuser vnd Nachteulen/
so vnter dem werden Titel der Studenten zu Wit-
tenberg/*Famosos libellos* vnd Schmehbücher geschrie-
ben/vnd durch den Druck in die gantze Welt ausgehen lassen. Derhalben machen sie sich jrer Sünden teilhafftig/Vnd thun nichts anders/dann das
sie den Edicten der ordentlichen Obrigkeit gleich-
sam ins angesicht widersteben.

Aber wir wollen auff dismal mehr vrsachen

ten nicht gemeinet haben/ sintemal dieselben sich
der erlogenen/ Teuflischen/ ehrenrürigen Famos
libellen mit nichten gebrauchen. Hactenus Acta.

Vom 8. Stücke.
Von der Einigkeit. fol. 361. b.

Js allein müssen wir noch gedencken/ das
die Herrn Collocutores in jrem beschlus/ allen unglimpff auff uns zudrehen sich unter-
stehen/ in dem/ das sie unverholen frecher küner
weiss sagen/ wir haben kain lust noch lieb zur Einigkeit. Darauff antworten wir/ das wir von hertzen wündschen/ das die Collocutores sich für Gott
dem Allmechtigen/ ein wenig fürchten/ vnd falscher zeugnis messigen wolten.

Heilsame Christliche einigkeit stehet nicht in
vertuschung oder verteidigung der Corruptelen vnd
Jrrthumb. Haben auch derhalben die fürnemsten
Corruptelen dieses Artikels einfeltig angezeiget/ vnd
vns erkleret/ das wir nichts liebers auff Erden wol-
ten/ denn das dieselben aus der Kirchen Gottes
auffgehaben würden/ wie wir deñ auch nochmals/
vmb Gottes Ehre vnd vieler Menschen Seligkeit
willen drumb gebeten haben wollen.

Sagen derhalben/ das sie die jenigen sind/ so
Jsrael verwirren/ damit vnd dadurch/ das sie die
Corruptelen vnd Jrrthumb/ welche viel Jar her
von vielen Kirchen/ sind gestrafft worden/ so listig-
lich bementeln/ entschuldigen vnd verteidigen.

Sie sagen auch/ das wenn wir ja jhnen nicht
hetten

hetten welchen/Sondern auff vnserm sinn behar-
ren wollen/das wir solchs bald anfenglich hetten
anzeigen/vnd vns erkleren sollen/damit nicht Kost
vnd arbeit vergebens zubracht würde/ Darauff
antworten wir/das wenn sie ja bey sich entschlossen
gewesen/die Bepstliche Jrrthumb D. Maiors vnd
anderer zuuerteidigen/warumb haben sie denn in
dis Colloquium gewilliget?

Das sie vns aber fast *pontificialiter* erinnern vnd
vermanen/das wir zu jnen tretten/vnd mit jnen eins
sein sollen/Antworten wir kürtzlich vñ Christlich/
das sie vorhin die Corrupteln vnd Jrrthumb/aus
der Kirchen auffheben wollen/als denn wollen wir
im HErrn vnd seiner Warheit/ von hertzen gern
zusamen treten vnd eins sein.

Denn so lang sie Jrrthumb verteidigen vnd ent-
schuldigen/ Können wir one verletzung Göttlicher
ehre/vnd nachteil der warheit/ auch mercklich ergernis der Kirchen/mit jnen nicht eins sein/Denn
es stehet geschrieben/ Wehe denen/ die böses gut/
vnd gutes bös heissen. Jtem/ wie stimmet Christus mit Belial? Jtem/Wehe den Men-
schen/welcher ergert dieser geringsten
einen etc. *Hactenus Acta.*

Dieses haben die Fürstlichen
Sechsischen Theologen zum
Colloquio deputirt bekant.

www.ingramcontent.com/pod-product-compliance
Lightning Source LLC
Chambersburg PA
CBHW020800230426
43666CB00007B/775